U0958539

PUHUA BOOKS

我们一起解决问题

人力资源管理实践与技能提升丛书

人力资源管理风险防控操作指南

——风控规划+应对措施+典型案例+政策法规

乔继玉　主编

人 民 邮 电 出 版 社

北　京

图书在版编目（CIP）数据

人力资源管理风险防控操作指南 ：风控规划+应对措施+典型案例+政策法规 / 乔继玉主编. -- 北京 ：人民邮电出版社，2021.6
（人力资源管理实践与技能提升丛书）
ISBN 978-7-115-56457-3

Ⅰ. ①人… Ⅱ. ①乔… Ⅲ. ①人力资源管理－风险管理－指南 Ⅳ. ①F243-62

中国版本图书馆CIP数据核字(2021)第074089号

内容提要

随着各企业人力资源管理问题的增多，企业越来越关注用人方面的合规性，这也对企业的人力资源管理风险防控工作提出了更高的要求。那么，人力资源管理工作中都有哪些风险，规章制度中常见的违法事项有哪些，如何依法签订劳动合同，如何防范商业秘密泄露风险呢？

针对这些问题，本书结合国家相关法律法规，并辅以相关案例、管理工具等，详细介绍了人力资源管理风险防控的相关知识，具体包括规章制度中的风险防范、招聘入职环节风险防范、劳动合同签订风险防范、在职管理风险防范、商业秘密泄露风险防范等内容，旨在帮助读者快速掌握人力资源管理风险防控技能。

本书适合企业中高层管理人员、人力资源管理人员、管理咨询人士、企业培训师，以及高等院校相关专业的师生阅读、使用。

◆ 主　　编　乔继玉
责任编辑　刘　盈
责任印制　胡　南
◆ 人民邮电出版社出版发行　　北京市丰台区成寿寺路 11 号
邮编　100164　　电子邮件　315@ptpress.com.cn
网址　https://www.ptpress.com.cn
大厂回族自治县聚鑫印刷有限责任公司印刷
◆ 开本：800×1000　1/16
印张：16.5　　2021 年 6 月第 1 版
字数：350 千字　　2021 年 6 月河北第 1 次印刷

定　价：79.80 元

读者服务热线：(010) 81055656　印装质量热线：(010) 81055316
反盗版热线：(010) 81055315
广告经营许可证：京东市监广登字 20170147 号

前言 Preface

人力资源是企业发展壮大的根本保证。企业能否做大做强，关键在于人力资源的质量和数量。人力资源管理是指根据企业发展战略的要求，有计划地对人力资源进行合理配置，通过招聘、培训、考核、激励等方式，调动员工的工作积极性，激发员工的潜能，促使员工为企业创造价值，给企业带来效益。确保企业战略目标的实现，是企业制定一系列人力资源政策及开展相应管理活动的前提。

随着社会的不断发展，人力资源管理在企业管理中发挥着越来越重要的作用，这主要体现在以下几个方面。

第一，通过科学的人力资源管理，企业可以根据人才的专业优势和特长来决定人才配置，使人才能够发挥自己的专长和特点，更好地为企业发展服务。

第二，通过科学的人力资源管理，企业可以营造一种轻松、愉快、和谐的工作氛围，使员工之间相处融洽，共同为企业的发展努力。

第三，通过科学的人力资源管理，企业可以充分调动员工的工作热情，促使其将复杂的工作完成得更好，最大限度地发挥潜力。

第四，通过科学的人力资源管理，企业可以加强对员工各方面素质的培养。

第五，通过科学的人力资源管理，企业可以提升员工的工作绩效。

第六，通过科学的人力资源管理，企业可以有效地利用与企业发展战略相适应的管理人才和专业技术人才，最大限度地发掘他们的才能，推动企业战略的实施，促进企业的发展。

为了帮助人力资源管理工作者更好地完成本职工作，充分发挥人力资源管理工作在企业发展中的作用，我们组织有关专家学者编写了“人力资源管理实践与技能提升丛书”。该丛书涵盖了人力资源管理最重要的五大板块，具体包括《薪酬与绩效管理操作指南》《员工关系管理操作指南》《人力资源管理风险防控操作指南》《人力资源培训与开发操作指南》和《人力资源规划操作指南》五本图书。

其中，《人力资源管理风险防控操作指南》一书主要包括规章制度中的风险防范、招聘入职环节风险防范、劳动合同签订风险防范、在职管理风险防范、商业秘密泄露风险防范、竞业限制风险防范等内容。

本丛书采用图文解读的方式，并辅以学习目标、学习指引、管理工具等模块，让读者在轻松阅读中了解人力资源管理的要领并能够学以致用。本书尽量做到去理论化、注重实操性，以精确、简洁的方式描述重要知识点，最大化地满足读者希望快速掌握人力资源管理技能的需求。

通过学习本丛书，人力资源管理者可以全面掌握人力资源管理的各项技能，更好地开展人力资源管理工作。同时，本丛书可以作为人力资源管理入门者、中小企业管理者、各高校人力资源管理专业的学生、大型企业中层管理者自我充电、自我提升的学习手册和日常管理工作的指导手册，还可以作为相关培训机构开展岗位培训、团队学习的参考资料。

由于编者水平有限，书中难免存在疏漏与缺憾之处，敬请读者批评指正。

Contents

目录

第一章　规章制度中的风险防范

用人单位的规章制度，也称为内部劳动规则，是企业内部的“法律”。规章制度内容广泛，包括用人单位经营管理的各个方面，如劳动合同管理、工资管理、社会保险福利待遇、工时休假、职工奖惩以及其他劳动管理规定。用人单位制定规章制度时，要严格执行国家法律法规的规定，保障劳动者的劳动权利，督促劳动者履行劳动义务。制定规章制度，应当遵循权利与义务一致、奖励与惩罚结合的原则，不得违反法律法规的规定。

第二章 招聘入职环节风险防范

招聘入职是人力资源管理的第一个环节，也是人力资源管理的难点所在，其中隐藏着诸多风险。企业深入分析招聘入职环节中潜在的风险并提出相应的防范措施，有助于降低用人成本，提高企业的生命力。

第三章 劳动合同签订风险防范

劳动合同是劳动者与用人单位之间确立劳动关系，明确双方权利和义务的协议，合同内容不得违反相关法律、行政法规的规定。劳动合同关系到劳动者的权利与义务，是与用人单位之间的重要凭证，劳动合同的签订过程中也存在很多风险，因此企业在拟定及与员工签订劳动合同的时候应注意法律风险的防范。

第四章 在职管理风险防范

当企业决定正式录用一名员工后，企业与该员工之间就会发生劳动关系及其外延的许多其他法律关系。有些企业管理者可能对劳动合同的签订非常重视，但忽视了有些看似平常的细节。在这些细小而烦琐的法律关系中，更加需要企业管理者谨慎、耐心地处理，否则随时可能面临劳动纠纷，甚至演化为劳动争议。

第五章　商业秘密泄露风险防范

商业秘密是指不为公众所知悉、能为权利人带来经济利益、具有实用性并经权利人采取保密措施的技术信息和经营信息。很多企业对商业秘密的管理仅限于在劳动合同或者规章制度中设置一条或者几条简单的保密条款，又或者与员工签订一个保密协议。如此薄弱的制度设计导致商业秘密面临被审判仲裁机构否定的风险，最终导致企业相关权益无法得到保护。企业应采取更多的保密措施，包括订立保密协议、建立保密制度及采取其他合理的保密措施。

第六章 竞业限制风险防范

员工泄露不外乎泄露公司的商业秘密、客户资料等，公司通常会通过签署各种保密协议和竞业限制协议来进行防范。竞业限制的主要目的是保护用人单位的商业秘密不会随着员工的流动流向竞争性的用人单位，以保持用人单位在竞争中的优势地位。

第七章 离职环节风险防范

离职是员工流动的一种重要方式。员工流动对企业人力资源的合理配置具有重要作用，但过高的员工离职率会影响企业的持续发展。同时，对员工离职处理得不好也会给企业带来很大的法律风险。

第一章

规章制度中的风险防范

用人单位的规章制度，也称为内部劳动规则，是企业内部的“法律”。规章制度内容广泛，包括用人单位经营管理的各个方面，如劳动合同管理、工资管理、社会保险福利待遇、工时休假、职工奖惩以及其他劳动管理规定。用人单位制定规章制度时，要严格执行国家法律法规的规定，保障劳动者的劳动权利，督促劳动者履行劳动义务。制定规章制度，应当遵循权利与义务一致、奖励与惩罚结合的原则，不得违反法律法规的规定。

学习目标

（1）了解规章制度中常见的违法事项。

（2）掌握企业规章制度的法律生效要件。

（3）了解规章制度中的风险与防范措施，如规章制度的制定要合法、依法进行公示等，掌握规章制度的设计和制作要点。

规章制度风险防范学习指引

序号	培训内容	时间安排	期望目标	未达成目标时的改进措施
1	规章制度中常见的违法事项			
2	企业规章制度的法律生效要件			
3	确保规章制度的制定合法			
4	规章制度要依法进行公示			
5	规章制度的设计和制定要点			

1.1 规章制度中常见的违法事项

企业规章制度中常见的违法事项如下。

1.1.1 录用制度

录用制度中容易出现的违法事项包括以下两种情况。

（1）录用制度中出现就业歧视。

（2）录用时要求员工提供担保或扣押证件。

1.1.2 试用期制度

试用期制度中容易出现的违法事项见表1-1。

表1-1 试用期制度中容易出现的违法事项

序号	违法事项	可能导致的风险
1	试用期过后再签订合同	超过一个月双倍工资
2	随意约定试用期的期限	支付赔偿金（《中华人民共和国劳动合同法》第八十三条）
3	单独签订试用期合同	视为放弃试用期（《中华人民共和国劳动合同法》第十九条第四款）
4	试用期内不给员工上社保	员工随时走人（《中华人民共和国劳动合同法》第三十八条）
5	试用期内给员工的工资低于最低工资标准	补足差额，支付赔偿金
6	试用期不符合条件可再延长	视为试用期已过
7	续签合同再规定试用期	无效
8	试用期内随便辞退员工	违法辞退，双倍成本

1.1.3 劳动合同变更制度

劳动合同变更制度中容易出现的违法事项包括以下两种情况。

（1）用人单位单方面变更劳动合同。

（2）无法达成变更协议时，用人单位解除劳动合同。

1.1.4　劳动合同解除制度

劳动合同解除制度中容易出现的违法事项包括以下四种情况。

（1）出现侵权类条款，如侵犯员工的婚姻权、生育权等。

（2）提前通知即可解除劳动合同条款。

（3）增加员工通知期条款。

（4）自定退休年龄条款。

1.1.5　离职手续办理制度

离职手续办理制度中容易出现的违法事项有：变无条件为有条件。《中华人民共和国劳动合同法》（以下简称《劳动合同法》）第五十条规定，离职证明应该在离职之日出具，并于15天内为离职员工办理社保和档案转移手续。

1.1.6　商业秘密保护制度

商业秘密保护制度中容易出现的违法事项包括以下两种情况。

（1）竞业限制无补偿条款。《劳动合同法》第二十三条规定，竞业限制期限内用人单位需按月给予劳动者经济补偿。

（2）竞业限制期限超过条款。《劳动合同法》第二十四条规定，竞业限制的期限最多不超过二年。

1.1.7　培训制度

培训制度中容易出现的违法事项包括以下两种情况。

（1）出资培训概念的滥用。《劳动合同法》第二十二条规定，用人单位为劳动者提供专项培训费用，对其进行专业技术培训的，可以与劳动者订立协议，约定服务期。

（2）违约金的返还。《劳动合同法》第二十二条规定，用人单位要求劳动者支付的违约金不得超过服务期尚未履行部分所应分摊的培训费用。

1.1.8　违约金制度

违约金制度中容易出现的违法事项包括以下两种情况。

（1）滥设违约金。《劳动合同法》第二十五条规定，除劳动者违反服务期约定或竞业限制约定的，用人单位不得与劳动者约定由劳动者承担违约金。

（2）违约金数额畸高。违反服务期的，等额递减原则支付；违反竞业限制的，双方约定，注意合理性。

1.1.9 薪酬制度

薪酬制度中容易出现的违法事项包括以下六种情况。

（1）无底薪。

（2）试用期离职无工资。

（3）工资发放拖延。

（4）工资扣减。

（5）年终奖不合理。

（6）加班费。加班工资的计算比例不符合法律规定，自定加班工资计算基数，计算加班工资时每月按照30天计算，用调休拒付加班工资，计件工资无加班费，将特殊工时制作为拒付加班工资的挡箭牌，加班费打包支付。

1.2 企业规章制度的法律生效要件

根据《劳动合同法》第四条的规定，企业规章制度必须具备以下条件，从而具有法律效力。

1.2.1 制定的主体必须合法

《劳动合同法》第四条规定："用人单位应当依法建立和完善规章制度，保障劳动者享有劳动权利、履行劳动义务。"制定企业规章制度的主体必须合法，必须有权代表用人单位制定规章制度，应在用人单位的行政系统中处于最高层次，对用人单位各个部门和全体职工有权实行全面和统一的管理。

1.2.2 内容必须合法

《中华人民共和国劳动法》（以下简称《劳动法》）第八十九条规定："用人单位制定的劳动规章制度违反法律法规规定的，由劳动行政部门给予警告、责令改正；对劳动者造成损害的，应当承担赔偿责任。"用人单位应当根据自身生产、经营、管理体制的特点，将法律条款具体化，使其具有操作性。法律没有规定的，企业可制定相应的条款来规范。

劳动规章制度的内容应涉及企业劳动关系的各个方面，体现在企业劳动关系运行过程中的各个环节中。其内容一般包括以下八个方面：

（1）劳动合同管理方面的规章制度；

（2）工资报酬方面的规章制度；

（3）工作时间及休息休假方面的规章制度；

（4）安全卫生与特殊保护方面的规章制度；

（5）社会保险及员工福利方面的规章制度；

（6）职工培训、商业秘密、竞业限制方面的规章制度；

（7）劳动纪律方面的规章制度；

（8）员工关系沟通渠道及劳动争议处理方面的规章制度。

1.2.3 制定的程序必须合法

企业劳动规章制度的制定有法定的程序，也有非法定的程序。法定程序是指法律法规规定必须遵守的程序、必须经过的步骤。非法定程序是指企业根据自身实际情况而自行决定的某些程序。

法定程序主要有三个方面，具体如图 1-1 所示。

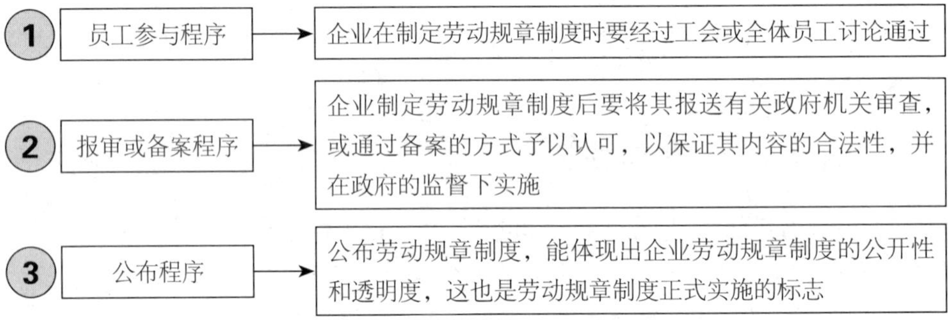

图 1-1 法定程序的三个方面

制定、修订劳动规章制度时应遵守相关程序，没有工会的企业应尽快推选职工代表，否则法院将很可能否认用人单位所制定的劳动规章制度的效力和适用性。

1.2.4 须正式公布规章制度

用人单位应当以正式文件的形式向全体职工公布企业劳动规章制度，从公布之日起在用人单位生效。

1.3 确保规章制度的制定合法

企业规章制度的制定是企业的一种内部“立法”行为，是法律赋予企业的一项重大权利，用以体现和贯彻企业的管理意志。但是，企业规章制度必须按照法律规定的程序来制定。根据《劳动合同法》的规定，企业需要从以下方面加以考虑。

1.3.1 企业职工民主参与

现代企业以民主管理为基础，强调全员管理，充分调动广大职工的积极性，从而提高内部管理水平，增强企业经营决策的准确性和透明度。而且，企业规章制度只有在吸收和体现职工一方的意志，或者得到职工认同的情况下，才能很好地实施。但是，职工代表大会的通过不能作为企业规章制度生效的首要条件。因为职工代表大会仅存在于全民所有制企业，而《中华人民共和国公司法》（以下简称《公司法》）只对国有股参股的公司要求有职工代表大会和职工股东、监事，而对非国有股参股的公司却没有规定。

1.3.2 规章制度内容要符合要求

（1）内容要系统全面。

内容的全面性包括两层含义，具体如图 1-2 所示。

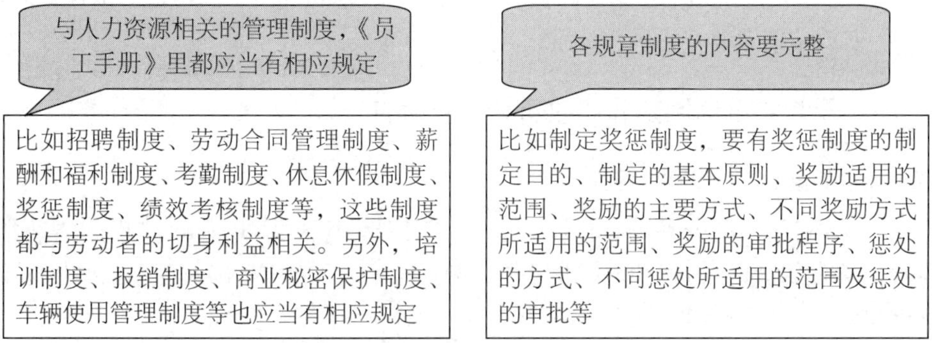

图 1-2 内容全面性的含义

（2）内容要合法。

内容的合法性是规章制度得以存在的基础。规章制度的内容不但不能违反《劳动法》及其配套法规，也不能违反《中华人民共和国民法典》（以下简称《民法典》）《中华人民共和国妇女权益保障法》《中华人民共和国残疾人保障法》等基本法律。另外，对于国家机关出台的一些政策性规定，企业在制定规章制度时也必须考虑进去，要防止步入“雷区”。

（3）要体现人性化管理。

规章制度所适用的对象是人，企业在制定规章制度时要处处体现以人为本的思想。有些企业的规章制度非常严格，甚至超出了常人所能想象的范畴。比如某公司规定，旷工 1 天，罚款 2000 元。这种制度虽然在短时间内能起到震慑职工、严肃纪律的目的，但是从企业的长远发展来看，肯定会导致人心涣散。毕竟，规章制度是企业文化的窗口，人性化的规章制度才能聚集人气。

（4）可操作性要强。

企业在制定规章制度时固然需要一些原则性、指导性的内容作为基础，但是在执行时所依据的条款规定要具体、有可操作性。有不少企业在规章制度中规定了劳动者应当怎么做、禁止怎么做，但是对于职工做或不做某一行为并未规定该如何处理，或者是制度条款的原则性过强，导致不同的人有不同的理解，甚至在制度的执行上，企业制定了一些自我障碍条款，导致束手束脚。比如关于“职工旷工 5 天，经批评教育无效，公司可以解除劳动合同”的规定，其中“批评教育无效”就属于自我限制条款，这导致企业在没有履行批评教育程序的情况下就不能解除劳动合同。

（5）术语、名词要规范。

根据法律规定，在处理、结束职工劳动关系这个问题上有不同的方式，如开除、除名、解除劳动合同、解除劳动关系、辞退等。但应当清楚的是，这些处理方式不但针对的行为、处理的程序、适用的法律不同，结果也是有所区别的。只有弄清不同术语的法律含义，企业才能合法、有效地处理劳动关系。

1.3.3 规章制度的制定和修改符合法定程序

（1）规章制度和重大事项的制定程序。

①平等协商的内容。这些内容直接涉及职工的切身利益。其中，规章制度涉及工作时间、休息休假、劳动安全卫生、劳动纪律及劳动定额管理等；重大事项涉及劳动报酬、保险福利、职工培训等。

②具体的制定程序。根据《劳动合同法》第四条第二款的规定，用人单位制定规章制度

或者决定重大事项，应当经职工代表大会或者全体职工讨论，提出方案和意见，与工会或者职工代表平等协商确定。所以，这个程序分为两个步骤：

第一，经职工代表大会或者全体职工讨论，提出方案和意见；

第二，与工会或者职工代表平等协商确定。

一般来说，建立了工会的企业，与企业工会协商确定；没有建立工会的企业，与职工代表协商确定。

（2）规章制度的异议程序。

用人单位的规章制度既要符合法律法规的规定，也要合理，符合社会道德。《劳动合同法》第四条第三款规定，在规章制度的实施过程中，工会或者职工认为用人单位的规章制度不适当的，有权向用人单位提出，用人单位应通过协商予以修改完善。

（3）规章制度的告知程序。

直接涉及职工切身利益的规章制度应当公示或告知职工。告知的方式有很多种，比如用告示栏张贴告示；把规章制度作为劳动合同的附件发给职工；向每个职工发放《员工手册》。无论哪种方式，只要让职工知道就可以了。规章制度的制定和修改程序如图 1-3 所示。

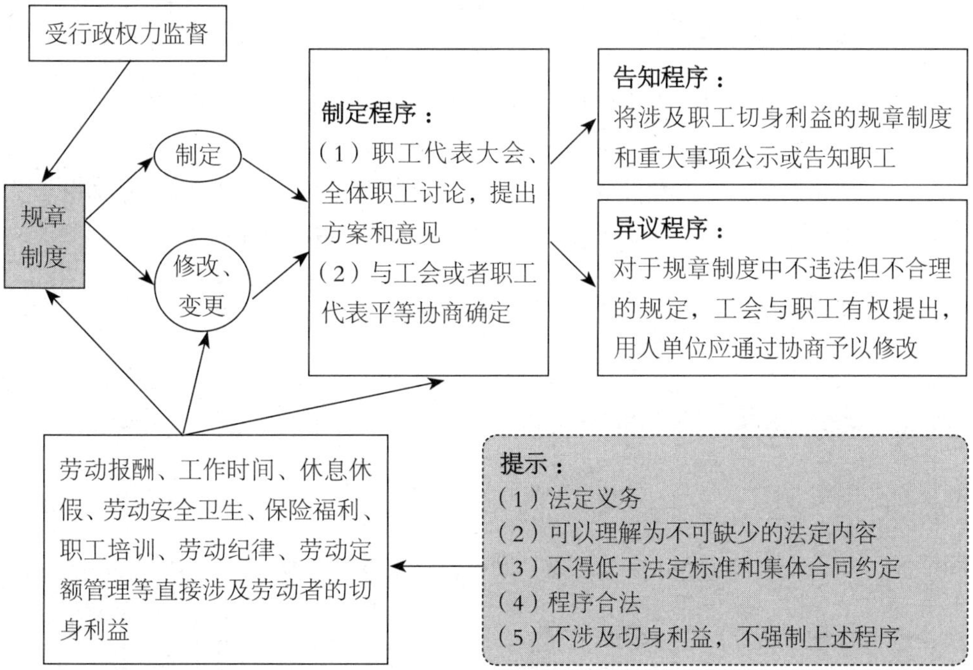

图 1-3　规章制度的制定和修改程序

（4）保留制定过程的证据。

企业在采取上述方式制定规章制度的过程中，应注意保留职工代表大会、工会或者员工参与制定规章制度的证据：

①讨论的证据，包括关于《员工手册》讨论的通知、公告及回复；

②平等协商的证据；

③职工代表选举的证据，如会议记录（需与会者签字）。

1.4　规章制度要依法进行公示

企业规章制度的适用对象是本企业的全体职工和本企业的各个组成部分，所以它必须被企业的所有成员所知悉。《劳动合同法》对此已有明确规定："用人单位应当将直接涉及劳动者切身利益的规章制度和重大事项决定公示，或者告知劳动者。"

企业在对规章制度进行公示的时候，要注意保留已经公示的证据。通常情况下，企业可以采用以下方法实现这样的效果。

1.4.1　通过培训方式公示

对于新员工，企业可以采取入职培训的方式，让受训人员在培训会议签字簿上签字，并在签字簿上记录培训内容（如《员工手册》），这样就达到了公示效果。对于老员工，很多企业担心新制定的规章制度不方便向其公示。其实，对老员工也可以采取培训的方式，如在不加班的时候或生产任务比较少的时候要求老员工参加培训，程序如前所述。

1.4.2　公告并记录备案

在企业公共区对规章制度的内容进行公告，将公告的现场以拍照、录像等方式记录备案，并可由企业公共区的治安、物业管理等人员见证。

1.4.3　召开职工大会并公示

召开职工大会，在职工大会中公示规章制度，并以适当的方式保留证据。

1.4.4　采取劳动部门备案的方式公示

合法合理的规章制度可以在劳动部门备案，以证明规章制度的民主性、合法性及公正性，劳动部门会出具证明以证实公示的时间。

劳动部门在用人单位备案时会对规章制度进行审查，审查的内容包括以下五个方面：

（1）规章制度是否与现行法律、法规、规章和规范性文件相抵触；

（2）规章制度是否符合社会公序良俗；

（3）规章制度的具体内容是否公正、实际、完备；

（4）规章制度的名称、结构、用语是否恰当、准确；

（5）规章制度是否经本单位权力机构审议通过，并征求工会或员工意见。

1.4.5 采取员工签收方式公示

将印刷成册的《员工手册》发给每一位员工，并让员工签收。这种方式对于老员工可能存在一定的操作障碍，但对新员工来说则简单易行。

1.4.6 通过公司网站公布

在公司网站或者局域网中发布公示。

1.4.7 通过电子邮件公示

向员工发送电子邮件，通知员工阅读规章制度并回复确认。

1.5 规章制度的设计和制定要点

1.5.1 《员工手册》

《员工手册》既是企业规章制度的汇编，也是企业进行员工培训的教材，反映的是企业形象、企业文化，是企业所有员工必须遵守的行为准则。

《员工手册》没有固定的格式，也没有法定的内容，通常是根据每个企业的实际情况及管理需求而定，但一般包括三大部分，即总则、人力资源管理制度及附则，具体说明见表1–2。

表1–2 《员工手册》内容说明

序号	部分	内容说明
1	总则	总则部分包括编制《员工手册》的目的、规章制度的适用范围、某些用语的定义、企业简介、企业组织结构、企业经营宗旨、企业经营目标、企业精神等

（续表）

序号	部分	内容说明
2	人力资源管理制度	人力资源管理制度部分包括招聘制度、劳动合同制度、工资支付制度、保险福利制度、工时休假制度、劳动安全卫生制度、考勤制度、劳动纪律制度、奖惩制度、绩效考核制度、教育培训制度、保密与竞业限制制度、后勤管理制度、申诉对话制度等
3	附则	附则部分包括《员工手册》和规章制度的制定程序、公示程序、修订与解释权、员工查询权及修改建议权、施行时间等

人力资源部在制定《员工手册》时，一项很重要的工作就是审核《员工手册》内容的合法性。

1.5.2 员工招聘录用管理制度

员工招聘录用管理制度是对企业的员工招聘计划、程序、职能、录用标准等进行规范的劳动用工管理制度。

（1）制定员工招聘录用管理制度的必要性。

制定员工招聘录用管理制度可以达到以下目的：

①明确新员工招聘录用的职权；

②明确增员的审批程序；

③有利于与《劳动合同法》第四十一条第二款的衔接。

（2）员工招聘录用管理制度应明确的内容。

员工招聘录用管理制度应明确的内容包括以下五项：

①除了人力资源部门，任何部门不得擅自招聘、录用新员工；

②未经审批程序，人力资源部门不予办理新员工的招聘和录用手续；

③制度中需明确不得录用的人员范围；

④明确通知面试、通知录用的负责人；

⑤明确面试、录用程序。

1.5.3 新员工试用期考核制度

为了提高新员工的留置率，以及提升对新员工的甄选能力，降低在新员工试用方面的风险及人力成本，企业必须对新员工进行试用期考核。新员工试用期考核制度是明确新员工试用期考核的责任和管理方式，提高考核工作执行效率的劳动管理制度。

（1）新员工试用期考核制度必备内容。

本制度必备内容有以下四项：

①试用期的期限；

②试用期工资；

③试用期考核的内容、方法及流程；

④终止试用期的程序。

（2）新员工试用期考核制度中容易出现的问题。

新员工试用期考核制度中容易出现的问题见表1-3。

表1-3　新员工试用期考核制度中容易出现的问题

序号	问题	说明
1	试用期限与劳动合同期限的问题	企业要多了解相关法律关于试用期限与劳动合同期限的规定，不可签订试用期劳动合同，对于法律规定的 × 年以上含与不含的准确定义要明确
2	延长试用期的问题	试用期不得延长，试用期满或解除或转正，要做出决定
3	试用期不签订劳动合同的问题	试用期包含于劳动合同期限之内，未签订劳动合同的试用期属于事实劳动关系
4	试用期不缴纳社会保险的问题	建立劳动关系后必须依法缴纳社会保险。用人单位如未依法给劳动者缴纳社会保险，劳动者可随时解除劳动合同，并要求用人单位支付解除劳动合同的经济补偿金
5	试用期待遇的问题	试用期工资不得低于约定工资的80%
6	转正手续的问题	转正手续不是法定手续，不是必须手续；试用期满当日24时，若用人单位未与劳动者办理劳动合同解除手续，则视为建立正式劳动关系
7	终止试用期（解除劳动合同）的问题	若劳动者被证明不符合录用条件，则用人单位应告知其原因，办理劳动关系解除手续；用人单位与劳动者解除劳动关系必须符合法定解除条件，并持有不符合录用条件的证据；新员工身体不能适应工作需要，经调整岗位后仍不适应的，可以作为解除试用期劳动合同的依据

1.5.4 劳动合同管理制度

劳动合同管理制度是专门规范劳动合同的制度，用以明确劳动合同订立规程和劳动合同的生效条件。

（1）劳动合同管理制度的必备内容。

劳动合同管理制度的内容包括但不限于以下 8 点：

①劳动合同签订的时间和地点；

②规范查验劳动者解除、终止劳动关系的证明；

③规定劳动合同签订的要求；

④明确代表企业签订劳动合同的签订人；

⑤规定代表企业签订劳动合同的签订人的权利与义务；

⑥规定劳动者拒绝签订劳动合同的后果；

⑦规定劳动合同保管制度；

⑧规定劳动合同的变更、解除、终止、续订程序。

（2）制定劳动合同管理制度时的注意事项。

企业制定劳动合同管理制度时的注意事项如图 1-4 所示。

事项一　劳动合同订立的时间：《劳动合同法》第十条规定劳动合同应自用工之日起一个月内签订，逾期签订须支付双倍工资

事项二　劳动合同变更的程序及记载方式：变更劳动合同应采用协商程序，变更劳动合同应使用书面方式

事项三　确定劳动合同附件的构成：明确附件的内容（员工手册、规章制度名称），明确劳动合同附件的法律效力

事项四　劳动合同续订或终止的程序和手续：终止劳动合同是否需要提前通知（参照本地区的相关法规），终止时间（约定终止日期 24 时之前），规定转移社会保险和人事档案的程序

图 1-4　制定劳动合同管理制度时的注意事项

1.5.5 考勤管理制度

考勤记录是明确员工出勤情况、计算员工工资的重要依据。在有关工资支付、休息休假等劳动争议处理中，考勤记录是属于用人单位掌握的证据之一。如果用人单位不提供考勤记录，将承担不利后果。考勤管理制度是企业规章制度中重要的制度之一。

（1）考勤管理制度的内容。

考勤管理制度一般包括以下内容：

①作息时间（午休时间）及考勤记录载体；

②漏打卡的补救措施；

③迟到的界定；

④早退的界定；

⑤旷工的界定；

⑥加班审批程序；

⑦倒休规定。

（2）考勤管理制度的制定要点。

考勤管理制度的制定有以下要点：

①注明考勤记载方式；

②时间要明确；

③逻辑要清晰；

④定义要准确，无歧义；

⑤加班的定义要精确，加班程序须完善；

⑥语言要精练，用语要准确。

1.5.6 休假管理制度

休假管理制度是管理员工工作时间的重要制度，是确定员工假期及请假规程的依据，也是计算员工加班费的依据。

（1）休假管理制度的内容。

休假管理制度的内容如下：

①休假的种类（病假、事假、带薪年休假、婚假、产假、丧假、探亲假等）；

②休假规则；

③休假审批程序。

（2）休假管理制度应注意的要点。

休假管理制度应注意的要点如下：

①病假请假程序；

②不应对病假时间加以限制；

③对探亲假的规定要符合相关法律规定；

④批准假期不应与法律法规相抵触。

1.5.7 劳动纪律与奖惩制度

劳动纪律是规章制度的一部分，所有的违纪行为都必须在规章制度中规定，若员工的行为违反了规章制度的相关规定则构成违纪。若规章制度中未将某行为列为违纪行为，则劳动者即使触犯了该行为也不构成违纪，用人单位不能借此与员工解除劳动合同。

（1）劳动纪律与奖惩制度的内容。

劳动纪律与奖惩制度的内容主要包括工作守则，禁止行为，上下班考勤，迟到、早退及缺勤的处理程序，以及奖励条件、奖励方式、奖励程序、处罚方式、处罚事由、处罚程序、处罚异议申诉机制等。

（2）企业制定劳动纪律与奖惩制度时常见的错误。

企业制定劳动纪律与奖惩制度常见的错误见表1-4。

表1-4 企业制定劳动纪律与奖惩制度时常见的错误

序号	类别	错误举例
1	常见“不合法”规定	（1）公司内部员工之间不允许结婚，并且已经结婚的员工中有一人必须主动办理离职手续，否则视为严重违纪 （2）不按公司要求加班的，属于严重违纪行为 （3）公司于每年年底对所有员工进行绩效考核，并根据考核结果排出名次，对考核名次排在最后两位的员工视为严重违纪行为，公司可予以辞退 （4）无任何特殊情况，生产人员在工作时间内不得上洗手间，休息铃响后才能上洗手间，违者一经发现属于违纪行为，每人罚款××元 （5）公司招聘的非城镇户口员工受工伤的，自行承担各项费用 （6）女员工未婚先孕的，属于严重违纪行为
2	常见“不合理”规定	（1）旷工一天即解除劳动合同 （2）在办公室发现吸烟一次即解除劳动合同

（续表）

序号	类别	错误举例
2	常见“不合理”规定	（3）当月迟到一次即解除劳动合同 （4）上班时间看手机被查实一次即解除劳动合同 （5）网聊私事一次即解除劳动合同

（3）如何设计劳动纪律及奖惩制度。

①“违纪行为”设计要点见表1-5。

表1-5 “违纪行为”设计要点

序号	技巧	具体说明
1	明确规定并列明严重违纪行为种类	（1）原《企业奖惩条例》中规定的违法行为可以直接引入用人单位自行制定的规章制度中 （2）原《企业奖惩条例》没有规定的违法行为在综合考虑合理性的情况下引入
2	明确规定处理方式的种类	将违纪行为与处理方式一一对应，不要针对一个违纪行为规定多种处理方式
3	用词要准确、规范，切忌笼统	例如，“以上”或“以下”应明确规定是否含本数，“辞退”的法律用语是“解除劳动合同”等

②“失职行为”设计要点。失职行为是指劳动者的表现或行为不符合其所处职位的要求和应尽的职责。

“严重违纪”与“严重失职”的对比见表1-6。

表1-6 “严重违纪”与“严重失职”的对比

	严重失职	严重违纪
相同点	主观过错	
不同点	主观过失 未履行工作职责	主观故意 明知劳动纪律仍违反
	强调造成的损失严重，侧重于从客观结果程度判断	强调违纪的情节严重，侧重于从主观恶劣程度判断

“严重失职”的设计步骤如图 1–5 所示。

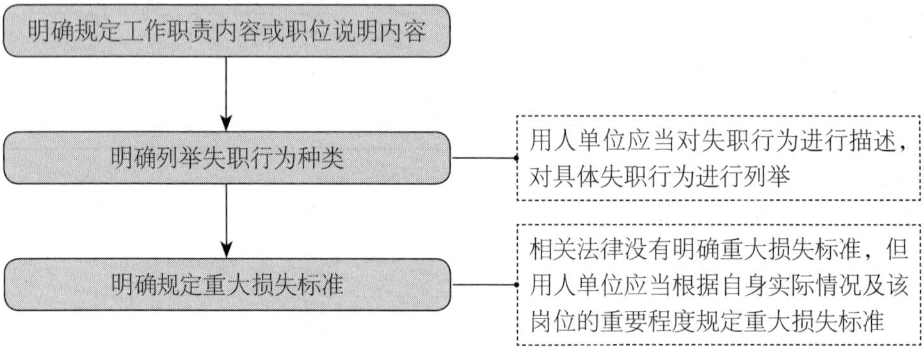

图 1–5 “严重失职”的设计步骤

③对“兼职行为”的处理。近年来，法律对“兼职行为”处理的规定有所变化，《劳动法》规定可以按严重违纪处理，而《劳动合同法》则规定不能按严重违纪处理（见第三十九条第四款）。《劳动合同法》的规定既为用人单位解决员工兼职问题提供了解决途径，也限制了用人单位通过严重违纪方式处理兼职问题。

“兼职行为”的处理原则为：“兼职行为”必须具备法定解除条件，履行法定程序，企业才可以行使劳动合同的解除权；企业不能规定“兼职行为”为严重违纪或以严重违纪为理由解除劳动合同；规定劳动者在职期间的“竞业限制义务”，以保护企业的合法权益。

对“兼职行为”的处理方式有两种，具体说明见表 1–7。

表 1–7 对“兼职行为”的处理方式

步骤	方式一	方式二
第一步	核实劳动者是否与其他用人单位建立了劳动关系，并保留证据资料	同方式一
第二步	评估兼职人员是否对完成本职工作造成严重影响，并保留证据资料	“兼职行为”未造成严重影响的，用人单位必须通知劳动者改正，并保留相关证据资料
第三步	用人单位解除劳动合同，并通知送达	同方式一

④“一般违法行为”的处理。刑事责任是指依据国家刑事法律的规定，对犯罪分子追究的法律责任，包括公民被人民法院认定有罪，判处刑罚，如管制、拘役、有期徒刑、无期徒刑、死刑及附加刑，以及被人民法院认定有罪，但被人民法院依据《中华人民共和国刑法》（以下

简称《刑法》）第三十七条的规定免予刑事处罚的。

“一般违法行为”与刑事责任是有区别的，其处理原则见表1-8。

表1-8 “一般违法行为”的处理原则

序号	行为种类	处理原则
1	劳动者因涉嫌犯罪被司法机关收容审查、拘留或逮捕的	（1）书面通知中止劳动合同的履行 （2）可暂时停止劳动合同的履行，用人单位不承担劳动合同规定的相应义务
2	劳动者被公安机关予以治安行政处罚的	建议将这类违法乱纪行为明确规定为严重违纪行为
3	劳动者被劳动教养的	同行为二

⑤行为及结果设计技巧——“递进累计制”。在实践中，人们常常会对某种行为是否属于严重违纪产生争议，为了减少争议，企业可以将违纪行为及处理结果设计为“递进累计制”，具体说明见表1-9。

表1-9 “递进累计制”的设计

序号	步骤	具体说明
1	违纪行为分级设计	（1）将违纪行为分为一般违纪行为、较重违纪行为和严重违纪行为 （2）规定一般违纪行为累积到一定数量的即按较重违纪行为处理；较重违纪行为累积到一定数量的即按严重违纪行为处理
2	处理方式分级设计	（1）针对不同的违纪行为，分别规定处理方式 （2）建议不要规定“口头警告”这类处理方式，该方式不利于保留证据资料。设计处理方式时应以利于保留证据为宗旨

1.5.8 员工福利待遇管理制度

员工福利待遇一般是指《劳动法》所规定的劳动保障和社会保障，包括基本月薪、社会保险及其他保险和休假制度。养老保险、医疗保险、失业保险、工伤保险、生育保险及住房公积金是我国劳动部门规定各类企业必须为员工提供的社会保险福利。

（1）员工福利待遇管理制度的内容。

员工福利待遇管理制度的内容主要包括以下两个方面：

①企业及员工个人参加社会保险的种类、缴费基数、缴费比例；

②福利的种类、福利给付条件及范围等。

（2）员工福利待遇管理制度的要求。

①明确企业的福利项目，尤其是国家法定的福利项目（如社会保险、法定假期等）一定要按照法律规定的要求予以办理。

②对于企业福利待遇的类别、标准、享受的人员及要求，也需有明确的规定。

1.5.9 员工培训制度

员工培训作为人力资源管理的一项基础工作，越来越受到企业的重视。但由于其风险较大，培训对企业的价值随时间的流逝呈现递减趋势。在激烈的市场竞争中，各种复杂的因素造成受训者对企业忠诚度的不稳定。由此造成的人才流失，一方面会削弱企业人才队伍的实力，另一方面由于接受培训后走向重要、关键岗位的受训者也可能会流向竞争对手，他们掌握大量的生产经营信息，会对本企业构成威胁。

（1）员工培训制度的内容。

员工培训制度的主要内容包括培训种类、培训条件及程序、培训费用、培训期间的工资及福利待遇、培训考核、培训后劳动合同的变更，以及需要另行起草的培训协议、培训考勤表等。

（2）制定员工培训制度时的注意事项。

企业在制定员工培训制度时一定要注意以下事项：

①明确培训的内容；

②明确培训对象的选择标准；

③培训中应进行全程控制；

④把合同管理纳入培训管理；

⑤对关键性、特殊性岗位要规定服务年限及违反要求的处罚办法。

1.5.10 保密与竞业限制制度

保密即保护商业秘密。商业秘密是指不为公众所知悉，能为权利人带来经济利益，具有实用性并经权利人采取保密措施的技术信息和经营信息。针对商业秘密，用人单位应采取保密措施，包括订立保密协议、建立保密制度、确定密级及采取其他合理的保密手段。

总体来说，竞业限制是指用人单位与劳动者约定，劳动者在劳动合同终止后一定期限内，出于保密的目的，不得自营或为他人经营与本单位同类的业务，它是对劳动者就业权的一种限制，有利于保护用人单位的权利。

（1）保密与竞业限制制度的内容。

保密与竞业限制制度的主要内容包括保密范围、适用对象、保密方式、保密措施、保密资料的保管和借阅及复印、泄密责任、竞业限制的时间、竞业限制补偿金及违约金的标准、竞业限制的适用人员等。

（2）制定保密与竞业限制制度时的注意事项。

制定保密与竞业限制制度时应注意以下事项。

①对于竞业限制期间的费用，法律上并无明确规定，用人单位和劳动者约定双方满意的数额即可。法律规定竞业限制费用需按月支付，所以不得约定到期一次付清或按季度支付。

②在拟定该制度时应考虑全面，对于违约的处理等问题，需写明违约责任的承担方式，用语不要含糊不清、模棱两可。

管理工具

【工具1-01】

集团规章制度管理办法

1. 总则

1.1 为了加强公司规章制度的制定与管理工作，保证公司规章制度的科学性、规范性和可执行性，现根据国家相关法规及公司章程，制定本办法。

1.2 本办法所称规章制度是指公司或各部门、各市州分公司和直属单位（以下简称“分支机构”）按照规定程序制定发布的、能够反复适用的规范经营管理活动的文件。

1.3 规章制度的制定和管理应当遵守以下原则。

1.3.1 合法合规原则。规章制度的内容应当符合国家法律、行政法规、地方性法规、部门规章、规范性文件等（以下简称“外部规范”）和公司章程的规定，并与公司其他规章制度保持协调和衔接，科学地设计规章制度的结构与内容。

1.3.2 完整适时原则。单项规章制度内容应当涵盖所规范事项涉及的主要合规要点，所有规章制度应当实现对公司各项经营管理活动的全覆盖，并应根据外部规范的更新与经营管理活动的发展进行适时的制定、修订与废止。

1.3.3 简明易行原则。规章制度应具有可操作性，而且表述应当规范、简洁明了。

1.3.4 公开权威原则。公司制度须按规定程序公布后方可实施。制度一旦实施，即在其适用范围内具有权威性，任何人员都不应违反。

1.4 规章制度按照效力从高到低划分为以下层级。

1.4.1 基础制度：包括公司章程以及其他依照外部规范或公司章程规定需要董事会或出资人审议通过的公司基本制度。

1.4.2 管理制度：是指以公司名义发布的规范经营管理活动的制度。

1.4.3 规范性文件：是指以公司名义发布的具体规范经营管理活动中某类事项或流程的通知、意见等文件。

1.4.4 部门（分支机构）制度：是指各部门（分支机构）自行制定发布并仅适用于其内部的用以规范该部门（分支机构）内部管理或业务流程等的规章制度及规范性文件。

下一层级的规章制度不得与上一层级的规章制度相抵触。

1.5 公司法律事务部是规章制度的归口管理部门，其职责如下。

1.5.1 拟定规章制度管理的规范与流程等。

1.5.2 组织对规章制度的制定、修订及废止进行研究，提出建议。

1.5.3 对规章制度草案及其修订方案进行审查。

1.5.4 对规章制度进行备案管理、整理汇编。

1.6 已通过审批、审议的公司基础制度、管理制度与规范性文件的颁布工作依照《××公司公文办理暂行办法》执行。

1.7 公司各部门、各分支机构负责各自职责范围内规章制度的起草、执行或监督执行，并应根据外部规范的更新及自身业务管理活动的需要，及时整理、修订或废止相关规章制度。

2. 起草

2.1 公司各部门负责其职责范围内基础制度、管理制度、规范性文件的起草工作。

2.1.1 各部门、各分支机构负责本部门（分支机构）规章制度的起草工作。

2.1.2 重大的或涉及多个部门职责的规章制度，由公司领导根据相关部门的请示或法律事务部的建议，指定主办部门和协办部门共同起草。

2.2 起草单位应指定专门人员具体负责起草工作。

规章制度由多个部门共同起草的，应各自指定专门人员组成起草小组具体负责起草工作，小组组长由主办部门指定的人员担任。

2.3 起草单位应当收集并研究现行有效的相关外部规范和公司既有制度，确保起草的规章制度不与外部规范相抵触，不违反公司更高层级规章制度的规定。

2.4 公司各部门起草的规章制度内容涉及其他部门职责或者与其他部门关系密切的，起草部门应当征求相关部门的意见并充分协商；规章制度的内容与分支机构关系密切的，起草部门应当听取分支机构的意见。

2.5 在起草涉及员工切身利益的规章制度时，应当听取公司工会的意见，或通过职工代表大会或者其他形式听取员工的意见和建议。

2.6 新起草的规章制度拟取代现行规章制度的，应当在草案中写明拟废止规章制度的名称、文号；新起草的规章制度对现行规章制度的部分内容予以修改的，应当在草案中写明所修改的规章制度的名称、文号、条款或内容。

2.7 规章制度草案应当逻辑清晰，内容一般包括制定依据和目的、适用范围、基本原则、实体规定、程序规定、施行日期和解释权归属等部分。

2.8 规章制度草案应当符合以下形式要求。

2.8.1 名称中包含发布单位的称谓、制度的规范对象等要素。

2.8.2 结构清晰，尽量以条文方式表述，如果内容较多，条文间可区分章、节等，条文下可区分款、项、目。

2.8.3 用语准确、简练，规范使用编号、简称、数字与标点符号等，对于具有特定含义的用语，应有明确的定义或者说明。

3. 审批

3.1 规章制度草案应按层级履行以下审批或审议程序后方能发布生效。

3.1.1 基础制度在通过合规审查并经公司领导审批通过后，按相应程序报公司董事会或出资人审议。

3.1.2 管理制度在通过合规审查后，由公司领导审批；公司领导认为有必要的，可以报请公司总经理办公会议审议。

3.1.3 规范性文件在通过合规审查后，由公司领导审批通过；公司领导认为有必要的，可以报请公司总经理办公会议审议。

3.1.4 部门（分支机构）制度由该部门（分支机构）负责人审批通过后，报法律事务部备案。

3.2 规章制度草案由起草部门负责报送审批；共同起草的，由主办部门报送审批。

3.3 规章制度草案报批时，起草部门应当说明以下事项。

3.3.1 起草部门、起草人员、报送日期。

3.3.2 规章制度的名称、层级。

3.3.3 对制定规章制度的必要性、目的、背景等进行简要说明。

3.3.4 规章制度起草所依据的外部规范和公司相关规章制度的名称。

3.4 起草部门应当将规章制度草案作为报批附件，必要时将相关外部规范或公司规章制度、征求意见情况说明及其他相关材料作为报批附件，并由本单位负责人签署意见；多个部门共同起草的，由共同起草的各部门负责人签署意见。

3.5 起草部门负责人签署意见后，对于除本部门（分支机构）制度之外的其他规章制度草案，按草案内容涉及的其他部门，将草案送相关部门会签意见。

会签部门应当对是否同意规章制度草案出具结论性意见。认为规章制度草案需要修改的，应当提出明确的修改意见。修改意见不明确或未提出修改意见的，视为同意。

3.6 各部门完成会签后，由法律事务部对规章制度草案进行以下合规审查。

（1）规章制度草案内容是否符合相关外部规范或更高层级的公司规章制度。

（2）规章制度草案的体例编排是否合理，条文表述是否准确。

（3）起草程序是否规范，是否征求和考虑了各有关方面的意见。

（4）是否含有违反规范性文件规定的内容。

3.7 规章制度草案经各相关部门会签及法律事务部审查后，起草部门应按照各部门意见及法律事务部合规审查意见对规章制度草案进行补充、修改。

起草部门认为无法执行法律事务部或其他部门修改意见的，应说明理由。

3.8 规章制度草案经相关会签部门及法律事务部审查通过的，或起草部门已经按照法律事务部及各会签部门的修改意见对草案内容进行了修改并经提出意见的相关部门确认的，或起草部门认为无法执行修改意见并已说明理由的，由公司办公室报送公司领导审批。

3.9 公司领导对规章制度草案进行审批后，应出具是否审批通过的结论性意见。

3.10 规章制度草案需报送公司总经理办公会议审议的，起草部门应就草案制定的背景、主要依据及其目的、征求意见及修改情况向总经理办公会议进行汇报，并回答相关问题。

规章制度草案需报送出资人、董事会审议的，按相应的程序报送。

4. 发布与备案

4.1 公司基础制度、管理制度及规范性文件草案经审批、审议通过或原则通过的，起草部门按照审批、审议意见进行修改，经公司领导签发后，由公司总经理办公室依照《××公司公文办理暂行办法》公开颁布，并留存两份套红加盖印章纸质原件备查，同时送交一份原件至法律事务部备案。

4.2 审批通过的各部门（分支机构）规章制度草案，由各部门（分支机构）自行发布。

各部门（分支机构）应以部门（分支机构）内部发文或其他适当形式，向部门内部所有员工公开发布部门（分支机构）规章制度，并于发布后五个工作日内抄送分管领导及相关部门，同时报送法律事务部备案。规章制度发布部门应留存加盖印章的纸质发文原件备查。

4.3 法律事务部认为报送备案的部门（分支机构）规章制度与外部规范、公司更高层级的规章制度相抵触的，应当要求报备部门进行修改。报备部门应当在根据要求进行修改后重新发布与报备。

5. 修订与废止

5.1 出现下列情况时，应当及时修订规章制度。

（1）所依据的外部规范发生修正、废止或出现新的外部规范，有必要做相应修改的。

（2）因公司业务与管理活动的发展需要，有必要做相应修改的。

（3）所涉及的公司内部组织机构或者其职责出现变化的。

（4）其他需要修订的情形。

5.2 确定修订后，公司各部门（分支机构）应及时组织修订其职责范围内的或由本部门（分支机构）起草的规章制度。

5.3 公司基础制度的修订应参照其起草、审批流程进行，并按照相应程序报送公司董事会、出资人审议。

5.4 需要对公司管理制度、规范性文件进行局部修订，不涉及主体内容实质性变更的，由原起草部门参照制度起草、审批流程草拟修订稿，报相关部门会签及法律事务部审查后，由分管领导做出是否审批通过的决定。管理制度、规范性文件中明确规定其修订需要经过总经理办公会议审议的，按规定执行。

公司管理制度、规范性文件进行全面修订或涉及主体内容发生实质性变更的，应当重新履行起草及审批程序。

5.5 部门（分支机构）规章制度的修订，参照其起草、审批流程进行。

5.6 规章制度的修订稿经审批、审议通过后，应当发布修订案，并附修订后的规章制度全文。

5.7 规章制度有下列情形之一的，应当予以废止。

5.7.1 规定的事项已执行完毕或不必继续执行。

5.7.2 因相关外部规范已废止或修正，规章制度无法继续执行。

5.7.3 同一规范对象已由新的规章制度做出规定并已发布实施。

5.7.4 其他应予废止的情形。

5.8 规章制度需要废止的，由起草部门提出申请，并按照其制定时的审批、审议程序做出决定。

5.9 废止现有规章制度时，可以单独或集中进行公告，或者在用以替代的新规章制度中明确注明。

5.10 公司法律事务部可以对规章制度的修订、废止向原起草部门提出建议。原起草部门应当及时进行修订、废止。

公司其他部门、分支机构可以向规章制度的原起草部门及法律事务部提出规章制度的修订、废止建议。

6. 执行与监督

6.1 规章制度在其规定的生效日期开始生效；未规定生效日期的，自公开发布时生效。

6.2 公司领导对其分管范围内规章制度的制定、执行、整理、修订与废止工作承担领导责任，负责督促其分管部门执行相关规章制度及定期对规章制度进行整理、修订及废止。

6.3 公司各部门按照本部门的职责范围对规章制度的执行进行监督，对违反规章制度的行为进行制止或做出处理。

6.4 公司全体员工都应当切实遵守公司规章制度。

6.5 公司员工如发现已生效的公司规章制度之间有冲突、遗漏或与管理业务活动的实际需要不符，有权向法律事务部或相关部门反映。

6.6 规章制度内容的具体含义在执行中需要解释的，由规章制度中规定的机构负责解释；未规定的，由起草部门进行解释。

对规章制度的解释不得违背该规章制度规定的原则。

6.7 规章制度的起草部门及法律事务部应对已发布的规章制度加强宣导，使公司员工能够及时掌握规章制度的内容，确保规章制度得到贯彻执行。

【工具 1-02】

××实业有限公司规章制度培训签到表

本人确认参加了 ×× 实业有限公司组织的《员工手册》（____年制作，第____版）培训课程。本人声明将认真接受培训，仔细了解其全部内容，并接受公司依据该《员工手册》对本人进行管理。

部门	姓名	工号	培训日期	签字

制表： 复核： 审查：

【工具1-03】

关于新规章制度向全体职工公示的通知

为了使××实业有限公司的规章制度符合《劳动法》和企业人力资源管理实际的规范和要求，____年__月至今，公司对现有的规章制度进行了全面的修改。目前，公司按照民主程序征求了全体员工的意见，并就员工意见和规章制度条款与工会进行了协商，现将最终确定的新规章制度向全体员工进行公示。

公示时间为____年__月__日上午____点整至__日下午____点整，新规章制度将于____年__月正式生效。

特此通知。

××实业有限公司

（盖章）

××××年××月××日

【工具1-04】

用人单位劳动规章制度审查备案送审表

<table>
<tr><td>单位名称</td><td colspan="5"></td></tr>
<tr><td>性质</td><td></td><td>法定代表人</td><td></td><td>劳资负责人</td><td></td></tr>
<tr><td>组织机构代码</td><td></td><td>地址</td><td colspan="3"></td></tr>
<tr><td>联系电话</td><td></td><td>成立时间</td><td></td><td>员工人数</td><td></td></tr>
<tr><td>经营范围</td><td colspan="5"></td></tr>
<tr><td colspan="6">劳动规章制度备审项目：</td></tr>
<tr><td colspan="6">本单位意见：
单位盖章　　　　工会盖章　　　　年　月　日
（如未建工会请注明）</td></tr>
</table>

（续表）

审查人员初审意见：			
劳动保障行政部门意见： 年　月　日			
领取人签字		领取日期	

【工具 1–05】

关于《员工手册》发放签收的通知

公司各部门：

为了使员工更好地了解、掌握公司的文化和规章制度，方便员工查阅相关资料，公司印发了《员工手册》。其内容包括公司简介、公司大事记、企业荣誉、企业文化、员工行为准则、行政管理制度、人力资源管理制度、健康和安全管理、职业道德与操守、咨询和投诉、企业文化诠释等方面，现予发放，并将有关事宜通知如下：

1. 在职员工人手一册，各部门领取《员工手册》的具体数量，以此通知发布当日在职人数为准；
2. 各部门根据部门在职人数到人事行政中心领取相应册数，并及时将手册发放至每一名员工手中；
3. 部门需认真组织部门员工学习《员工手册》内容；
4. 员工收到手册后在"《员工手册》签收表"中签名确认签收，代表同意"《员工手册》收阅确认书"中所约定的各项。部门于 6 月 20 日前将"《员工手册》签收表"交回人事行政中心存档。

附件 1：《员工手册》收阅确认书（略）。

附件 2：《员工手册》签收表（略）。

签发：

日期：

【工具 1-06】

《员工手册》收阅确认书

员工姓名：　　　　　　　　员工工号：　　　　　　　　部门：

部门：

一、本人兹证明已收到 ×× 公司《员工手册》一本。

二、本人充分了解本人有义务遵守该手册中载明的各项准则。

三、本人承认，凡属违反任何该手册要求的行为，可构成警告、记过、记大过、辞退等相应处分的事由。

四、本人如对该手册所规定事项有任何疑问，将向部门负责人或人力资源部咨询。

五、本人同意爱惜使用手册，并在离职时交还。如离职时不能将手册交还公司人力资源部，或有涂划撕剪现象，愿意承担 20 元工本费赔偿金。

员工签字：

日期：

【工具 1-07】

《员工手册》签收单

本人确认收到 ×× 实业有限公司《员工手册》（____年制作，第____版）一份。本人声明已经仔细阅读，了解其全部内容，并接受公司依据该《员工手册》对本人进行管理。

签收人（签字）：

日期：

【工具1-08】

《员工手册》签收表

姓名	部门	发文内容	签收确认
		我已了解“《员工手册》收阅确认书”内容，并愿意遵守确认书相关规定	
		我已了解“《员工手册》收阅确认书”内容，并愿意遵守确认书相关规定	
		我已了解“《员工手册》收阅确认书”内容，并愿意遵守确认书相关规定	
		我已了解“《员工手册》收阅确认书”内容，并愿意遵守确认书相关规定	
		我已了解“《员工手册》收阅确认书”内容，并愿意遵守确认书相关规定	
		我已了解“《员工手册》收阅确认书”内容，并愿意遵守确认书相关规定	
		我已了解“《员工手册》收阅确认书”内容，并愿意遵守确认书相关规定	

第二章

招聘入职环节风险防范

招聘入职是人力资源管理的第一个环节，也是人力资源管理的难点所在，其中隐藏着诸多风险。企业深入分析招聘入职环节中潜在的风险并提出相应的防范措施，有助于降低用人成本，提高企业的生命力。

学习目标

（1）了解有关招聘入职环节的法律规定。

（2）了解招聘入职环节可能出现哪些风险，以便及时采取有针对性的措施加以防范。

（3）了解招聘入职环节的风险防范措施,掌握各项措施的具体操作步骤、方法和细节。

招聘入职环节风险防范学习指引

序号	培训内容	时间安排	期望目标	未达成目标时的改进措施
1	有关招聘入职环节的法律规定			
2	招聘入职环节的风险			
3	招聘入职环节的风险防范			

2.1 有关招聘入职环节的法律规定

在招聘工作中，一些用人单位的人力资源部门往往意识不到招聘入职环节中的法律问题。而事实上，人力资源管理的法律风险不仅存在于与员工形成事实劳动关系的过程中，招聘过程中也会因为没有注意到这些盲点而存在法律风险。

2.1.1 不得发布虚假招聘信息

（1）法律规定。

《就业服务与就业管理规定》第十四条规定，用人单位招用人员时不得提供虚假招聘信息，发布虚假招聘广告。

（2）法律责任。

提供虚假招聘信息的用人单位要承担什么法律责任呢？对此，《劳动合同法》第二十六条第一款规定，以欺诈、胁迫的手段或者乘人之危，使对方在违背真实意思的情况下订立或者变更劳动合同的，劳动合同无效或部分无效。《劳动合同法》第三十八条第五款规定，用人单位因本法第二十六条第一款规定的情形致使劳动合同无效的，劳动者可以解除劳动合同。《劳动合同法》第四十六条第一款规定，劳动者依照本法第三十八条规定解除劳动合同的，用人单位应当向劳动者支付经济赔偿。可见，用人单位提供虚假招聘信息，构成欺诈的，劳动者可以此为由解除劳动合同并要求用人单位支付经济补偿。

2.1.2 不得发布就业歧视招聘信息

（1）法律规定。

《劳动法》第十二条规定，劳动者就业，不因民族、种族、性别、宗教信仰不同而受歧视。《就业促进法》第二十七条规定，用人单位招用人员，除国家规定的不适合妇女的工种或岗位外，不得以性别为由拒绝录用妇女或者提高对妇女的录用标准。用人单位录用女职工，不得在劳动合同中规定限制女职工结婚、生育的内容。《就业促进法》第二十九条、第三十条、第三十一条增加了对“残疾人”“传染病原携带者”和“农村劳动者”的就业权利的保护。《就业服务与就业管理规定》第二十条也规定，用人单位发布的招用人员简章或招聘广告，不得包含歧视性内容。在实践中，很多企业的招聘广告中有时包含不少的歧视条款，如身高歧视、性别歧视、地域歧视、身份歧视、疾病歧视、相貌歧视、属相歧视等，此类招聘广告可能会影响企业的声誉甚至招惹上官司。

（2）法律责任。

有就业歧视的用人单位要承担什么法律责任呢？对此，《就业促进法》第六十二条规定，违反本法规定，实施就业歧视的，劳动者可以向人民法院提起诉讼。《就业促进法》第六十八条规定，违反本法规定，侵害劳动者合法权益，造成财产损失或者其他损害的，依法承担民事责任；构成犯罪的，依法追究刑事责任。

2.1.3 试用期间解聘劳动者须负举证责任

（1）法律规定。

《劳动合同法》第三十九条第一款规定，劳动者在试用期间被证明不符合录用条件的，用人单位可以解除劳动合同。但需要注意的是，根据《最高人民法院关于审理劳动争议案件适用法律若干问题的解释》第四十四条的规定，因用人单位做出的开除、除名、辞退、解除劳动合同、减少劳动报酬、计算劳动者工作年限等决定而发生的劳动争议，用人单位负举证责任。因此，劳动者不符合录用条件的举证责任在用人单位。

（2）法律责任。

在用人单位无法证明劳动者不符合录用条件的情况下，用人单位以此为由解除劳动合同的，则构成了违法解除劳动合同。对此，《劳动合同法》第四十八条规定，用人单位违反本法规定解除或者终止劳动合同，劳动者要求继续履行劳动合同的，用人单位应当继续履行；劳动者不要求继续履行劳动合同或者劳动合同已经不能继续履行的，用人单位应当依照本法第八十七条规定支付赔偿金。

2.1.4 企业须履行告知义务

（1）法律规定。

《劳动合同法》第八条规定，用人单位招用劳动者时，应当如实告知劳动者工作内容、工作条件、工作地点、职业危害、安全生产状况、劳动报酬，以及劳动者要求了解的其他情况。即用人单位应当主动将岗位的工作内容、工作条件、职业危害、安全等情况如实告知劳动者。在现实操作中，很多企业的人力资源人员为了吸引应聘的人员，只挑好的讲，企业内不好的情况经常予以隐瞒。

（2）法律责任。

隐瞒不好的情况不但对招聘工作没有帮助，还可能因为劳动者入职后发现企业的实际情况与人力资源人员先前描述的相差太远，造成离职率的上升，甚至因此造成合同的无效。《劳动合同法》第二十六条第一款规定，以欺诈、胁迫的手段或者乘人之危，使对方在违背真实意思的情况下订立或者变更劳动合同的，劳动合同无效或者部分无效。另外，按照《劳动合同法》第八十六条的相关规定，还有可能承担赔偿责任。

2.1.5 须审查应聘者的身份、背景、是否还有劳动关系未解除

（1）法律规定。

《劳动合同法》第九十一条规定，用人单位招用与其他用人单位尚未解除或者终止劳动合同的劳动者，给其他用人单位造成损失的，应当承担连带赔偿责任。

（2）法律责任。

《违反〈劳动法〉有关劳动合同规定的赔偿办法》第六条规定，连带赔偿责任的赔偿份额应不低于对原用人单位造成的经济损失总额的70%。其向原用人单位赔偿的损失包括对生产、经营和工作造成的直接经济损失，以及因获取商业秘密给原用人单位造成的经济损失。

因此，为避免不必要的法律风险，用人单位最好不要招用兼职劳动者，用人单位招用劳动者时必须查验劳动者与原用人单位终止、解除劳动合同的证明，以及其他能够证明该劳动者与原用人单位不存在劳动关系的凭证，查验之后方可与该劳动者建立劳动关系。

查验的方法就是要求劳动者提供与原用人单位解除或终止劳动关系的证明，应届大中专毕业生提供报到证，已经办理失业证的还可以提供失业证等。如果拟招聘的为公司核心岗位的工作人员，公司非常需要该应聘者的，在其无法提供与原用人单位解除劳动关系证明的情况下，可以如此操作：在公司的监督下，由该应聘者通过邮政快递的方式邮寄一份解除劳动合同通知书给原用人单位，并保留相关的快递详情单和回执原件，自该通知书送达原用人单位之日起30天期满后，才与该应聘者签订劳动合同。在此需要注意的是，不能相信应聘者出具的承诺担保书之类的文件。因为该承诺担保书仅仅是该劳动者和新用人单位之间的内部协议，不能对抗原用人单位，因此，并不能因此免除承担连带赔偿责任。而且，承诺担保书由劳动者自己出示，不排除其隐瞒实情的可能。

2.1.6 不可轻率发放录用通知

（1）法律规定。

录用通知书是用人单位的要约，对此，《中华人民共和国民法典》（以下简称《民法典》）第四百六十九条规定，当事人订立合同，可以采用书面形式、口头形式或者其他形式。书面形式是合同书、信件、电报、电传、传真等可以有形地表现所载内容的形式。以电子数据交

换、电子邮件等方式能够有形地表现所载内容，并可以随时调取查用的数据电文，视为书面形式。

《民法典》第四百七十八条规定，有下列情形之一的，要约失效：①要约被拒绝；②要约被依法撤销；③承诺期限届满，受要约人未做出承诺；④受要约人对要约的内容做出实质性变更。

（2）法律责任。

按照《民法典》第一百三十七条的规定，以对话方式做出的意思表示，相对人知道其内容时生效。以非对话方式做出的意思表示，到达相对人时生效。以非对话方式做出的采用数据电文形式的意思表示，相对人指定特定系统接收数据电文的，该数据电文进入该特定系统时生效；未指定特定系统的，相对人知道或者应当知道该数据电文进入其系统时生效。当事人对采用数据电文形式的意思表示的生效时间另有约定的，按照其约定。

2.1.7 不得违法约定试用期

（1）法律规定。

《劳动合同法》第十九条规定，劳动合同期限三个月以上不满一年的，试用期不得超过一个月；劳动合同期限一年以上不满三年的，试用期不得超过二个月；三年以上固定期限和无固定期限的劳动合同，试用期不得超过六个月。同一用人单位与同一劳动者只能约定一次试用期。企业与劳动者签订劳动合同时一定要按照上述法律要求执行。

（2）法律责任。

在现实中，还是有部分企业不论劳动合同期限的长短，一律与劳动者约定三个月的试用期或超标约定试用期。它们以为这样做对企业有好处，但殊不知自己违法了。《劳动合同法》第八十三条规定，用人单位违反本法规定与劳动者约定试用期的，由劳动行政部门责令改正；违法约定的试用期已经履行的，由用人单位以劳动者试用期满月工资为标准，按已经履行的超过法定试用期的期间向劳动者支付赔偿金。

2.1.8 要主动收集应聘者的信息

《劳动合同法》第八条规定，用人单位招用劳动者时，应当如实告知劳动者工作内容、工作条件、工作地点、职业危害、安全生产状况、劳动报酬，以及劳动者要求了解的其他情况；用人单位有权了解劳动者与劳动合同直接相关的基本情况，劳动者应当如实说明。《劳动合同法》第二十六条第一款规定，以欺诈、胁迫的手段或者乘人之危，使对方在违背真实意思的情况下订立或者变更劳动合同的，劳动合同无效或者部分无效。《劳动合同法》第三十九条第五款规定，劳动者因本法第二十六条第一款第一项规定的情形致使劳动合同无效的，用人单位可以解除劳动合同。因此，如果劳动者提供了虚假信息，用人单位可以单方面解除劳动合同且无需支付经济补偿。但是，与用人单位的告知义务不同的是，劳动者的告知义务是被动的，若用人单位没有主动要求劳动者提供，则劳动者可以不提供。因此，在劳动者提供虚假入职信息的情况下，用人单位可能无法因此单方面解除劳动合同。

2.1.9 让员工确认文书送达地址

很多企业在招聘员工时，没有让员工书面确认法律文书送达地址，这看似小事，实则风险巨大，若因此导致法律文书不能送达，则可能发生以下不良影响：第一，法律文书（如违纪处罚单、续签意向书、解除劳动关系通知书等）对员工不发生法律效力，以此做出的扣减工资将视为克扣工资，以此做出的解除劳动合同通知将视为违法解除劳动合同；第二，增加用工成本——不辞而别期间的社保费、期间发生的意外伤害；第三，增加离职成本——在某些情况下，双方无法证明解除劳动关系的原因，视为用人单位提出协商解除劳动合同，须向劳动者支付经济补偿。

2.2 招聘入职环节的风险

2.2.1 招聘体系不完善的风险

成功的招聘需要健全的招聘制度作为支撑，但是目前一些企业（尤其中小企业）并没有认识到招聘制度的重要性，并没有投入物力、财力进行招聘制度的设计，而只是敷衍地制定了一些不完善的、简单的制度，这会给企业的招聘工作带来不能顺利开展甚至失败的风险。

2.2.2 招聘渠道选取的风险

目前，人才招聘渠道较之以前要丰富很多，包括普通的渠道，如招聘会、网络招聘、广告招聘、电话招聘、校园招聘、员工推荐；特殊的渠道，如猎头公司、人才中介机构、参加行业专题会议、参加专业培训班等。

采用普通的渠道进行人才招聘，很难招聘到适合企业发展的优秀人才。因为优秀的人才很少会跳槽，他们的工作相对稳定，即使跳槽也不会通过普通的招聘会、广告招聘等方式，比如某公司的技术总工、技术专工等专业性人才均是通过总经理的朋友引荐过来的。而参加招聘会的多半是应届毕业生和一些不太成熟的人才，甚至不乏存在一些品德修养较差的人员，比如自视甚高且缺乏团队协作精神、注重金钱、品行恶劣、怨天尤人而频繁跳槽等类型的人员。如果招聘这些人员，则会对企业团队建设、企业发展带来极大的负面影响，严重的还要进行重复招聘，造成招聘成本的增加。因此，采用普通的招聘渠道进行招聘是存在很大风险的。

目前，大多数企业的人力资源部门为了尽量降低招聘成本，会以外包给猎头公司的方式进行企业中高层管理人员的招聘。但因猎头公司的门槛较低、数量繁多，而且猎头公司为企业招聘员工所收取的费用较高（约为招聘人员年薪的 30%），如果不能筛选出专业的猎头公司并与其保持有效的对接与合作，其潜在的风险是十分巨大的。

企业在招聘过程中对招聘渠道的选择是存在风险的，采用错误的招聘渠道所造成的后果是招聘不到合适的人才，轻则造成招聘成本的增加，重则会增加人力资源管理成本，甚至影响企业的发展。

2.2.3 信息不对称的风险

应聘者与用人单位存在信息不对称的风险。为了获得工作，应聘者往往会向企业提供有利于个人的虚假信息，如假文凭、假证书，以及夸大自己的工作履历和工作成绩等。如果在应聘过程中不能及时发现这类情况，将会给企业的人力资源管理工作带来很大的风险，增加企业的损失。

同样，有些企业为了吸引优秀人才，会肆意夸大企业的形象，拔高企业根本支付不起的薪酬、福利待遇，这在一些民营企业中是很常见的事情。

信息不对称是招聘工作中难以避免的风险，同时由于企业对应聘者的个人信息的掌握通常比较少、不够准确，因此风险相对比较大。

2.2.4 人才识别的风险

企业在寻找到人才后，就要利用一些工具对其进行测评，以保证可以挖掘到合适的人才。但是大部分企业并没有认识到人才测评的重要性，认为人才测评会加大成本支出，因此不愿意也不主动进行人才的科学识别，导致现代企业人才测评技术几乎无人问津，而传统、主观的面试却占有很大比例。面试很容易出现工作疏忽，结果是效果差、效益低，最终导致真正的人才流失。

（1）不做记录或很少做记录。

在面试时进行适当记录是必要的，如果面试官仅凭自己的大脑记忆，就容易出现遗忘或偏差。特别是在对一组人员进行分别面试时，面试官往往仅能对第一个人和最后一个人产生比较深刻的印象，而对其他应聘者没有什么印象。不做记录或很少做记录，实际上会降低面试的效果和准确度，从而降低了面试的成效。

（2）遗漏重要的信息。

面试官有时候会把过多的精力和时间花在影响工作是否成功的个别关键因素上，他们往往只考查应聘者有限的几个方面，而难以获得关于应聘者的完整信息。实际上，如果遗漏了应聘者的重要信息，很可能会对应聘者做出错误的判断。

（3）提问无关的问题。

面试官不小心提出无关问题时，会让应聘者感到诧异或不满，很可能会引起应聘者的反感。这样不仅浪费了大家的时间，更重要的是破坏了融洽的面试气氛，甚至会让应聘者对企业产生负面的印象。

（4）存有偏见或先入为主。

所谓先入为主，就是在面试前就对应聘者形成了固有的看法。这种固有看法的产生与面试官的文化和价值取向有关，比如面试官本身就是一个很看重学历的人，那么在面试开始之前，低学历的应聘者已经先输一分了。这种先入为主的面试不仅会破坏面试的效果，还会影响企业在应聘者心中的形象。

（5）提出重复的问题。

提出重复的问题往往会出现在初试与复试的衔接过程中，如复试的面试官不了解初试的情况，就很容易提出重复的问题。提出重复的问题首先浪费了大家的时间，其次精力不集中在最需要提问的问题上，往往会无法准确地考查应聘者的真实情况，从而影响面试的效果。

（6）忽略应聘者的工作动机。

有的面试官将大量精力放在考核应聘者的专业知识和专业技能上，而忽视了应聘者对组织的适应情况和对工作的主动性。如果应聘者对所应聘的工作持消极态度，或者他仅仅是为了获得临时性的保障而工作，那么其聘用后的工作状态会比较糟糕，或者从综合素质上讲，缺乏沟通和协作能力。更为严重的是，这种不好的工作作风会传染给其他同事，影响其他同事的工作业绩。如果面试官忽视这一点，就可能会出现应聘者被录用后绩效表现低劣且人员流失率较高的情况。

（7）做出草率的判断。

有些面试官基于自己多年的面试经验，自认为有一套很好的面试方法，有时只是简单地握握手或寒暄几句就草率地对应聘者做出判断，有时因为用人需求迫切从而简化了面试的程序，这些都容易造成用人失误。

（8）被应聘者的某项特点左右。

有时面试官可能会只凭应聘者的某一项优点而做出整体的判断，这种光环效应无疑会给招聘工作带来误导。比如在招聘开发项目组长时，某位应聘者显示出了高超的软件开发能力，面试官就有可能误认为他是项目组长的合适人选。实际上，作为项目组长，最为重要的是团队协调能力和开发管理能力，并不是软件开发能力。

（9）面试中个性依据的盲目性。

21 世纪的企业提倡尊重员工，倡导人权。在这种自由风尚的引领下，一些应聘者为了能在众多求职者中突显自己、标榜自己，会做出许多与众不同的行为。这无可厚非，但是对于一个合格的员工来说，精湛的专业技术与高尚的职业道德才是最重要的。

个性是一种内显的精神意志体现，它与企业效率的提高和发展关系不大，除非是一些特殊行业。因此，在面试中运用个性测验，对于企业了解面试者或为将来的培训提供参考可能是有用的，但对于招聘员工来说可能并不合适。技能测验或职业知识测验已在面试中越来越多地被证明对工作绩效有较高的预测力。因此，如果在面试中盲目地运用个性测验，依据个性来判断一个人合适与否，就会以偏概全，影响工作效率的提高。

2.2.5 应聘者简历管理的风险

用人单位发布招聘信息（尤其是在每年年末各种形式的大型招聘会上）后，会收到数以千计的应聘者简历，而且不同的用人单位会收到同一个应聘者的简历，这就要求用人单位采用较好的简历管理机制，即简历的筛选机制和对应聘者的回复机制。有些用人单位对这方面的管理并不是很重视，造成简历损坏、丢失及发现差不多符合条件的就懒得去筛选等现象，导致所招人才不合适，漏掉真正的人才。由此可见，如不能准确地完成简历的筛选工作，那么将造成不能发现人才的风险；若不能快速地进行筛选，则会造成用人单位所选定的合适人才已被其他单位招聘的风险，这样便只能重复进行招聘，增加招聘风险和招聘成本。

2.2.6 招聘成本的风险

人力资源成本是用人单位成本的重要组成部分，包括人才获取成本、开发成本、使用成本、保障成本、退出成本等。其中，获取成本包括招募成本、选择成本、录用成本和安置成本。用人单位在招聘到适合自身发展的优秀人才的同时，还应尽可能地降低招聘成本，即在招聘优秀人才和降低招聘成本之间寻找平衡点。这本身就是风险所在。

另外，现在国内普遍存在一种现象，即自大学扩招以来，大学生人数剧增，而社会所能提供的岗位并没有成比例增加。有些用人单位在招聘时会忽略自身的生产规模、薪酬福利供应能力等，只是一味地提高应聘条件。例如，适用于高中生的岗位招聘专科生、适用于专科生的岗位招聘本科生、适用于本科生的岗位招聘研究生等。招聘条件与岗位的实际要求脱节，其结果不是招不到人，就是招到了也留不住，造成重新招聘，增加了招聘风险和招聘成本。

2.3 招聘入职环节的风险防范

2.3.1 制定周密的招聘规划

成功的招聘必然需要健全的招聘体系作为后盾。在企业已经建立、健全了招聘体系的情况下，规避招聘风险的第一个措施便是制定周密的招聘规划，做到招聘工作有的放矢。一个周密的招聘规划应该包含以下四项内容。

（1）制订年度、季度、月度招聘计划。

人力资源部应根据企业近期发展的战略蓝图（战略规划），制订本年度、季度、月度招聘计划，以达到运筹帷幄、有条不紊的效果。

招聘计划应明确招聘人员的素质条件、招聘地区和范围，以及起点待遇等。具体来说，招聘计划应包括但不限于以下内容：

①哪些职位需要招聘员工，招聘多少人；

②每个职位的任职资格是什么；

③什么时候发布招聘信息，采取哪种渠道招聘员工；

④如何进行员工测试，是否委托专业机构进行；

⑤招聘费用预算；

⑥新招聘员工的起始待遇；

⑦新进员工的报到时间；

⑧招聘截止日期等。

（2）进行科学的岗位分析并制定岗位说明书。

根据招聘计划，对需要招聘的岗位进行分析。分析的过程是对岗位任务和内容进行确定的过程，从而确定对能胜任该岗位的人员要求。岗位分析完成后，需编写岗位说明书，明确任职要求，这两个工作是在招聘过程中选择合适人选的重要依据。由此可见岗位分析的重要作用。岗位分析如果加入了个人的主观臆想和缺少专业知识作为技术支撑，其结果便是进行了无效的岗位分析，后续的编写岗位说明书、明确任职要求工作均会与实际岗位需求相差很大甚至背离，造成招聘效果不佳甚至失败。

（3）合理选择招聘渠道。

针对不同的岗位需求，企业应合理地选择招聘渠道，往往一次招聘工作需要采用两种甚至两种以上的招聘渠道，以达到顺利招聘到优秀人才的目的。这就要求企业首先应准确了解各种招聘渠道的特点，然后根据招聘成本、岗位特点、各种层级人才的求职特点合理地选择招聘渠道，具体说明见表2-1。

表2-1　招聘渠道的说明

序号	渠道		具体说明
1	利用信息管理系统	内部提升	当企业中比较重要的岗位需要招聘人员时，让企业内部符合条件的员工从一个较低层级岗位晋升到一个较高层级岗位的过程就是内部提升。这种方式有利于激励员工奋发向上，员工能够比较容易地融入企业文化
		内部调用	在同级或略有下降的岗位中调换员工的工作，通过调动向员工提供全面了解组织中不同机构、不同职位的机会，为将来的提升做准备或为不适合职位的员工寻找恰当的职位。其优点是内部员工比较熟悉新岗位的工作，容易融入企业文化
		返聘	组织将解雇、提前退休、已退休或者下岗待业的人员再召回来工作。该方式的优点是这些人大多熟悉相关工作，无需过多地培训且往往十分珍惜再次就业的机会
2	主管推荐		当一个工作岗位出现空缺时，可由主管推荐。其优点是在一般情况下，通过内部推荐和返聘等内部渠道所获得的雇员在组织的任期更长，绩效表现也更好
3	内部选拔		在企业中，内部选拔是经常采用的方式。当一个岗位需要招聘人员时，管理人员最先想到的解决方式是内部选拔。布告招标是进行组织内部选拔时普遍采用的方法，采取布告招标时，应允许员工有一定的时间去“投标”，即进行内部竞争。这种方法有利于发挥组织中现有人员的工作积极性，激励士气，鼓励员工在企业中建功立业，而且内部竞岗选拔费用低廉、手续简便、人员熟悉，因此当招聘少数人员时常常采用此方法，其效果也不错
4	员工推荐		当某个工作岗位出现空缺时，许多规模较大、员工众多的企业可由员工推荐求职人员，经过竞争和测试后录用。这种方式的优点是招聘成本比较低、招聘时间较短、应聘者的素质一般较高，同时能降低辞职率
5	求职者自荐		自荐的求职者基本都是随机求职者：找来的、打电话来的和写信来的。找来的和打电话来的往往是非豁免求职者；写信来的常常是专业技术人员，这些不请自来的人员中会有优秀的人才。当有招聘难的岗位而又必须满足岗位要求时，这三个招募来源尤为重要

（续表）

序号	渠道	具体说明
6	招聘广告	利用报纸、专业出版物或媒体广告，一直是征召求职者常见而有效的方法。企业只要认真规划广告的内容、登出的时间和版面，就会得到广泛的响应并产生效果。利用招聘广告的途径有很多种，如报纸、杂志、业务通信和广电网络媒体等
7	网络招聘	网络招聘也称为在线招聘，是指利用互联网技术进行的一种全新的招聘方式。对企业来说，网络招聘的优势十分明显。企业发布的信息可以让不同地域的求职者看到，从而提高了找到理想人才的概率，它为求职者和用人单位提供了更加便捷的互动交流平台。而对求职者来说，网络招聘的优势是其他求职方式难以企及的，如容量大、更新快、突破时空、成本低等
8	校园招聘	校园招聘通常是指企业直接从应届本科生、应届硕士研究生、应届博士生（当然也包括少数专科生）中招聘企业所需要的人才。由于校园招聘通常在校园里进行，所以招聘成本低、周期短，而且企业可以吸引到一大批高素质的员工
9	中介机构招聘	人才中介机构主要可分为两类：一类是劳动力市场，比如职业介绍所和人才市场；另一类则是各种猎头公司。前者服务的对象比较大众化，企业一般在职业介绍所中招聘“蓝领”员工，而在人才市场中招聘“白领”员工；猎头公司则是专门招聘中高级人才的。猎头公司是一种专门为雇主搜寻和推荐高级主管人员和高级技术人员的公司，它们可以出色地采用很多渠道挖掘到那些被其他老板重用的、暂没有流动意向的顶尖人才，并且可以对这些人才进行全面的调查，确保人才的质量，大大提高引进人才的成功率，减少经营风险

（4）做好招聘成本预算。

如果招聘成本高于甚至远高于所要招聘人才的价值，那么招聘就是失败的。这就要求企业在招聘前做好招聘预算，以指导招聘工作，从而控制招聘风险。

2.3.2 应该慎重对待招聘广告中的承诺

（1）招聘广告的法律性质。

劳动合同的订立需要经过要约和承诺两个阶段，双方当事人经过要约、承诺阶段，对合同内容达成一致，劳动合同成立。用人单位发布的招聘广告的性质如何，似乎存在争议。有人认为其为要约，而有人认为其为要约邀请。要约是指期望他人与自己订立合同，而要约邀请则是期望他人向自己发出要约。两者的区别如图 2-1 所示。

1 要约是订立合同的必经程序，要约邀请则不是

2 要约通常只能向特定的受要约人发出，要约邀请则不受此限制

3 要约的内容应当具体、明确，包含拟定立合同的主要条款，而要约邀请则不包含

4 要约的目的是希望和他人订立合同，而要约邀请则是希望他人向自己发出要约

图 2-1　要约与要约邀请的区别

总之，要约与要约邀请之间最大的区别在于，要约人与要约邀请人的法律地位是不同的。招聘广告的法律性质应为要约邀请而非要约，即用人单位发出招聘广告后并不具有受约束的地位，而是通过招聘广告吸引应聘者前来应聘，用人单位则享有是否与应聘者建立劳动关系及与谁建立劳动关系的权利。但是，用人单位应该慎重对待招聘广告中的承诺。原因如图 2-2 所示。

原因一　招聘广告的内容如果明确，在形式上符合要约的要求，并且应聘者对要约邀请的内容产生了合理的信赖，也可能被认为具有法律约束力

原因二　诚信原则是订立劳动合同的基本原则，如果善意的应聘者对招聘广告中的内容产生了合理的信赖并因此递交简历、求职申请，甚至自费“长途奔袭”参与面试等支出一定的费用，而用人单位却因过失甚至恶意的行为导致应聘者遭受损失，则用人单位应该承担相应的赔偿责任

原因三　在劳动合同的协商订立阶段，双方当事人都应该遵守诚信原则，如果用人单位违背诚信原则进行虚假的陈述则有可能构成欺诈，应承担相应的法律责任

图 2-2　用人单位招聘广告中承诺应慎重的原因

（2）用人单位在发布招聘广告时应注意的问题。

①招聘广告发布的信息应该真实。《就业服务与就业管理规定》第十四条和第六十七条明确规定，用人单位招用人员时不得提供虚假招聘信息，发布虚假招聘广告；用人单位违反该规定的由劳动保障行政部门责令改正，并可处以1000元以下的罚款；对当事人造成损害的，应当承担赔偿责任。同时，各地对于招聘广告的发布也都有明确的管理规定，比如用人单位公开发布人才招聘广告，应出具有关部门批准其设立的有效证明文件或营业执照以及其他相关证明文件，如实公布拟聘用人员的数量、岗位、条件和待遇等相关信息；广告经营者及广告发布者设计、制作、代理、发布人才招聘广告，应当依据有关法律、法规查验用人单位有关证明文件或者营业执照，核实招聘广告内容；对于内容不实或证明文件不全的招聘广告，广告经营者不得提供设计、制作、代理服务，广告发布者不得发布；用人单位发布人才招聘广告，不得超出有关部门核准的经营范围或许可范围；广告发布者不得为超出业务范围或许可范围的用人单位或委托单位发布人才招聘广告等。

②招聘广告的内容应该契合招聘岗位的需求。《就业服务与就业管理规定》第十一条第二款明确规定，招用人员简章应当包括用人单位基本情况、招用人数、工作内容、招录条件、劳动报酬、福利待遇、社会保险等内容，以及法律、法规规定的其他内容。此外，还包括报名的方式、时间、地点等。其中，报名的方式、时间、地点等注意事项通常而言并不具有法律上的意义，仅仅起到事实的通知作用。但是，尽管招聘广告是要约邀请，原则上对用人单位并不具有拘束力，但是招聘广告中的岗位信息及应聘人员的基本条件等则是可能产生法律效力的。岗位信息实际上是确定人员招聘的前提条件，而且应聘者通常会针对招聘广告所公示的某个具体岗位提出求职申请。因此，当用人单位经过面试甄选确定录用人员时，其岗位的确定原则上应符合招聘广告的要求。

对应聘人员基本条件的要求，对于用人单位考核录用人员具有重要的意义。《劳动合同法》第三十九条规定，在试用期间被证明不符合录用条件的，用人单位可以解除劳动合同。但最高法院的司法解释中指出，如果辞退职工，应由用人单位一方举证证明员工不符合录用条件。而何谓录用条件，尽管存在争议，但是用人单位的招录条件通常被视为录用条件的重要内容。因此，用人单位应尽量明确录用条件。

③招聘广告中岗位职责的细化问题。招聘广告中岗位职责的细化问题，不仅关系到用人单位招什么样的员工、具体工作职责等，还是日后考核、解除劳动合同的重要依据。《劳动法》第二十六条和《劳动合同法》第三十九条都规定劳动者不能胜任工作是用人单位解除劳动合同的法定依据，因此在招聘广告中清晰地表述岗位职责，可以减少日后解除劳动合同的争议，降低用人单位人力资源管理工作的风险。

（3）招聘广告应避免就业歧视。

招聘广告应避免就业歧视，具体要求如图 2-3 所示。

要求一

用人单位应该合理确定招聘条件。就业歧视是对劳动者平等权的侵害，如果企业想避免其招聘广告所确定的条件构成就业歧视，就应该承担证明其招聘条件具有正当性和合理性的责任。因此，岗位特点、就业需求是确定招聘条件的重要因素

要求二

招聘广告中关于招聘条件的用语要尽量缓和，尽量不要采用刚性的条件。目前国家对于就业歧视没有明确的规定，司法实务中是否构成就业歧视几乎完全依赖法官的自由裁量。因此，用人单位应该学会通过招聘广告合理设置和表达招聘条件，如多使用“优先”“择优”等用语。同时，最终的选择应该是基于对应聘者进行评估和考核之后的合理选择，而不是基于某一个刚性标准

要求三

对于招聘广告中的部分内容，用人单位如果无法确定是否涉及就业歧视时，应该慎重表述或者不表述

图 2-3　招聘广告避免就业歧视的要求

总之，用人单位招聘广告中的内容应该语言精练、表达准确，而不是越多越好。尤其是在部分内容存在模糊状态的情况下，用人单位更应该慎重，应该选择更为柔和的语言或更为恰当的表述方式。

2.3.3　做好面试环节工作

在判断一个应聘者时，通过应聘者的简历，就可以从某种程度上了解一些基本情况，但仅仅依靠简历是不能决定聘用与否的。在现实生活中，用人单位仅仅看简历就决定聘用的情况不多。即使从应聘者的出身、志向及履历等情况来看，其条件都是无可挑剔的，也必须对应聘者进行面试，这是招聘的基本原则。

常用的面试方法包括结构化面试法、BEI 行为事件面试法（STAR 法则）、无领导小组讨论法及公文筐测试等。

（1）结构化面试法。

结构化面试法是相对于非结构化面试而言的，是指企业在进行岗位胜任力分析的基础上

设定标准、固定的面试套路，包括固定的提问问题和评分标准等。任何人来面试时，所有面试官都用这套标准去检测应聘者，这就是结构化面试。结构化面试法的重点和难点是对岗位任职资格及所需胜任力的准确理解和把握，以及能考查这些能力的问题的设计，这需要一定的经验积累及对岗位的深刻理解和总结。

（2）BEI 行为事件面试法（STAR 法则）。

BEI 行为事件面试法是通过一系列问题，如“这件事情发生在什么时候”“您当时是怎么思考的”“为此您采取了什么措施来解决这个问题”等，收集应聘者在代表性（关键）事件中的具体行为和心理活动的详细信息。同时，基于应聘者对以往工作事件的描述及面试人的提问和追问，运用素质模型来评价应聘者在以往工作中表现出的素质，并以此推测其在今后工作中的行为表现。

BEI 是基于过去预测未来的假设，即过去有什么样的行为表现或结果，那未来就会有怎样的表现或结果。其核心操作要领就是遵循 STAR 法则，即在什么样的背景（Situation）下，接到什么样的任务（Task），采取了怎样的行动（Action），取得了怎样的结果（Result）。按照以上提问思路去询问应聘者过去关键事件的始末，再通过有效的追问更全面、真实地重现过去所发生的这一关键事件。通过对应聘者在这一关键事件中所作所为的讲述，来分析判断（通常自信、生动、详细的描述往往是更真实的，反之则较虚）该事件的真伪及其所反映的工作态度、能力、素质和经验等。

（3）无领导小组讨论法。

无领导小组讨论法通常用于基层岗位员工的招聘，如应届生、销售代表等。在面试人员较多的情况下，6 ~ 8 个人一组，让应聘者就给定的讨论话题自由讨论，面试官根据他们讨论时的现场表现来综合评定其沟通表达、思维逻辑、组织协调、团队协作、领导力等能力。由于该面试方式是在无准备、无组织的情况下进行的，因此可信度和有效性较高。

（4）公文筐测试法。

公文筐测试法一般适用于管理层或高管的面试，它的主要形式就是拿出所需招聘岗位在实际工作中会遇到的一些问题、难题或案例，让应聘者来回答。因其考查的是针对岗位中实际问题的解答或提供解决方案，所以较为真实和有效。但对这些问题或案例的提炼及如何评价其回答的好坏有较大的难度，因此一般的企业和 HR 很少会采用该方法。

2.3.4 做好入职审查

《劳动合同法》第八条规定，用人单位招用劳动者时，应当如实告知劳动者工作内容、工作条件、工作地点、职业危害、安全生产状况、劳动报酬，以及劳动者要求了解的其他情况；

用人单位有权了解劳动者与劳动合同直接相关的基本情况，劳动者应当如实说明。由此可以看出，一方面，用人单位负有告知义务，确保劳动者的知情权；另一方面，劳动者无主动告知义务，如果用人单位没有提出，劳动者无须主动说明。这就要求用人单位主动了解劳动者的相关信息，在招录劳动者时做好入职审查。

（1）基本信息审查。

基本信息主要包括劳动者的身份、学历、技能、任职资格、工作经历及是否达到法定年龄等。

由于应聘者在学历、任职资格、工作经历等方面弄虚作假的情况时有发生，因此，如果用人单位在招聘时审查不严格，将有可能导致所招聘的人员无法胜任工作。虽然用人单位可依照《劳动法》第二十六条、《劳动合同法》第三十九条的规定解除劳动合同，但也将为此承受一定损失，不但付出招聘成本仍未招录到适用人才，而且根据《劳动合同法》第二十八条的规定，在该劳动者工作期间，用人单位要向其支付劳动报酬。

在进行基本信息审查时，用人单位可以要求应聘者填写“应聘登记表”，以此来记录应聘者的基本信息，从而更加全面地了解和掌握应聘者的信息，并且在有意外事件发生时可以及时联系到应聘者的亲戚或朋友。

（2）劳动关系审查。

《劳动法》第九十九条规定，用人单位招用尚未解除劳动合同的劳动者，对原用人单位造成经济损失的，该用人单位应当依法承担连带赔偿责任。因此，用人单位应该确认拟录用的人员不存在其他劳动关系。如果审查不严，导致录用的人员尚未解除劳动关系，用人单位应该承担连带赔偿责任。

因此，用人单位在招聘时，除新参加工作的劳动者外，应查验其与原用人单位解除或终止劳动合同的证明，或者其他能够证明该劳动者与任何用人单位不存在劳动关系的证据，查验后才可与其签订劳动合同。

审查应聘者的离职证明，不仅能够确认其是否与其他用人单位解除劳动关系，最重要的是还可以从原用人单位所提供的离职证明中确认该员工过去的工作表现情况。

需要注意的是，《劳动合同法》第三十九条放开了对“双重劳动关系”的限制。如果招聘单位招录与其他用人单位存在劳动关系的劳动者，也应该注意审核相应的证明。因为根据《劳动合同法》第三十九条的规定，双重劳动关系建立的前提是对完成本单位的工作任务不造成影响。因此，用人单位在接收与其他用人单位存在劳动关系的劳动者时，应确认原用人单位是否同意其再建立劳动关系。用人单位可以要求劳动者提供原用人单位同意其建立双重劳动关系的书面意见，以避免日后发生纠纷。

（3）竞业限制审查。

对于一些知识型、技术型或处于管理岗位及掌握一定商业秘密的劳动者，用人单位一般都会在劳动合同中约定竞业限制条款，或与其签订竞业限制协议。如果用人单位录用的劳动者对原用人单位负有竞业限制义务，原用人单位可能会要求该劳动者与用人单位共同承担赔偿责任，用人单位将因此而遭受损失。

用人单位在招聘此类人员时，应对其是否与其他用人单位签有竞业限制协议认真进行审查，在确认拟招用的劳动者不负有上述义务后，才可与其签订劳动合同。

（4）入职体检。

劳动者的身体状况不仅关系工作能力，更关系到用人单位的用工成本。在劳动合同履行过程中劳动者患病的，即使入职前就存在该潜在疾病或职业病，用人单位仍将对此承担责任，从而大大增加了用人单位的用工风险。

因此，用人单位应要求应聘者在入职前提供体检证明，并指明需要检查的项目，但要注意不能有对乙肝携带者的歧视等。

（5）其他信息审查。

用人单位可根据需要了解应聘者的其他重要信息，如婚姻状况、家庭情况及有无犯罪记录等。但需要注意的是，用人单位所了解的信息应当是与劳动合同直接相关的信息，不得涉及与工作无关的信息，不得侵犯劳动者的隐私。

2.3.5 做好背景调查

背景调查的最终目的是更全面地获得应聘者的信息，了解应聘者的具体情况。通过背景调查，一方面可以对应聘者的个人信息情况有所了解，可发现应聘者过去是否有不良记录；另一方面，也可以对应聘者的诚实性进行考查。因此，全面审查应聘者的所有资料，有助于挑选出合适的候选者。

（1）背景调查的时机。

一般针对复试通过者进行背景调查，这样工作量相对少一些，但对于高层管理岗位最好在初试通过后就进行背景调查，这样可以为复试提供有力的支持；背景调查时间最好安排在面试结束与上岗前的中间时段；对在职应聘者应注意保密，以免对应聘者造成负面影响。

（2）背景调查的对象。

对公司所有拟录用的管理人员都应进行背景调查，但岗位不同，背景调查应有不同的侧重，重点是应聘管人、管财、管物等关键岗位的人员和中高层管理人员。

（3）背景调查的流程。

背景调查的流程如图 2-4 所示。

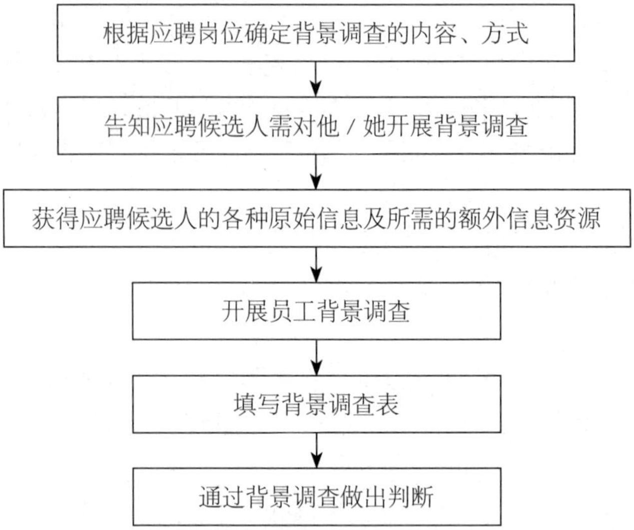

图 2-4　背景调查的流程

（4）背景调查的方式。

一般管理岗位的背景调查方式见表 2-2。

表 2-2　一般管理岗位的背景调查方式

序号	调查方式	适用范围
1	电话核查	适用于所有管理人员，可以用于核实学历证件、工作经历等。获取电话号码的途径如下 （1）应聘者在职位申请表中提供的联系电话 （2）通过“114”查询应聘者原公司部门或人事部的电话号码 （3）通过应聘者原公司网站或各大招聘网站获取应聘者原公司部门或人事部的电话号码 （4）直接询问应聘者本人
2	实地调查	主要针对高层管理岗位的应聘者，适用于应聘者已与原单位解除劳动合同且为同城或异地近距离的应聘者
3	网上查验	适用于查找应聘者原单位信息和学历证；利用中国高等教育网查验 2003 年后毕业生的毕业证 / 学位证

因高层管理人员岗位特殊，如发生问题，将会给公司造成重大损失和不良影响。因此，对他们的背景调查较之一般管理人员应有更高的标准和要求。对高层管理人员进行背景调查

时，除了可以采用一般员工的背景调查方式方法外，还要注意以下几点。

①对中高层管理人员的背景调查，从任职经历上，一般应不少于3个近期的任职单位；从时间跨度上，5年以内从事的岗位都应列入背景调查的范围。

②为确保背景调查情况的真实性和可信度，应找应聘者原所在单位的主要领导和人事部门负责人进行取证。

③在背景调查过程中发现有疑问之处，必须弄清事实真相，不留疑点；如电话背景调查不清，要根据问题的性质，申请派人上门进行调查核实。

④做好全方位、立体化的专业背景调查。比如一个销售总监，其背景调查的范围会涉及上司、下属、平级同事、客户、公司老总、人力资源部等与销售总监接触比较多的人员和部门。这样就保证了对这个销售总监进行背景调查的维度。如果大家对他的评价都比较一致，那问题也就基本清楚了。

（5）背景调查的内容。

背景调查的内容应以简明、实用为原则。内容简明是为了控制背景调查的工作量，降低调查成本，缩短调查时间。调查的内容一般分为两类：一是通用项目，如毕业证书的真实性、任职资格证书的有效性；二是工作经验、专业技能和业绩方面的真实性。管理岗位背景调查的具体内容如下：

①学历证/学位证；

②在原单位工作的时间；

③在原单位任职是否属实；

④工作业绩情况；

⑤人品如何；

⑥与原同事相处如何；

⑦有什么优缺点；

⑧薪资水平；

⑨辞职原因及时间；

⑩劳动关系是否解除。

（6）填写“背景调查表”。

背景调查完成后，要填写“背景调查表”并报领导审查，确定是否录用，并作为员工的历史资料，由人事部门专人负责归档。填写“背景调查表”时应注意，表格填写要完整、准确，不能有漏项，在调查过程中了解到的一切信息都应记录；填写调查结果，应涵盖调查的内容；应显示做背景调查时对方的职务，以便对其提供的情况的可信度做出判断。

（7）注意事项。

①对高层管理岗位需要上门进行背景调查的，最好与被调查者事先签订一份《背景调查授权书》，这样既表示了对被调查人的尊重，也可以作为说服被调查对象接受调查的有力授权证明。

②熟悉被调查对象的背景资料，找好背景调查的切入点。

③根据被调查对象应聘的岗位和公司对该岗位的用人要求，确定背景调查的重点内容，按照“背景调查表”上的各项内容逐步调查并做好记录。

④在进行电话背景调查时，为防止对方回拨查证，最好使用手机号码。

⑤对于采取何种方式进行调查，应视实际情况而定，灵活运用，不必拘泥于一种形式。

⑥操作规范须落实到相关责任人，责任人学习后方能进行背景调查。

⑦在调查时，无论被调查对象是否离职，尽量不要透露其真实身份。

⑧对仍在职人员做背景调查时，应注意为应聘者保密，调查时须格外慎重。

2.3.6 录用条件一定要告知

在实际工作中，录用条件的告知一般是在招聘广告中完成的，广告中没有涵盖的内容则由 HR 口头告知应聘者。而对于没有通过媒体、劳动力市场、招聘网站等公开方式招聘的岗位，录用条件的告知则往往十分简单和不规范。如果劳动者不知道录用条件，那么对用人单位是非常不利的。即使劳动者不符合录用条件，用人单位此时也不能解除劳动合同，因为劳动者完全有理由主张不知道录用条件的要求，为此不能履行自己的劳动义务。用人单位一定要保证在劳动者入职时便向其告知录用条件。告知录用条件的形式如图 2-5 所示。

1. 通过招聘广告来公示，并采取一定的方式加以固定，以免在发生争议时处于被动地位
2. 招聘劳动者时向其明示录用条件，并要求劳动者签字确认
3. 发送聘用通知时向劳动者明示录用条件，并要求劳动者在回执上签字确认
4. 在劳动合同中明确约定录用条件或不符合录用条件的情形
5. 规章制度中也可以对一些共性问题加以确定

图 2-5　告知录用条件的形式

用人单位应注意，规章制度中只能对一般性的共性问题加以确认，具体规定还必须以劳动合同或其他单行文件加以确认。

2.3.7 劳动者与用人单位双方在应聘时的说明义务对比

《劳动合同法》第八条对用人单位告知义务的规定是无条件的。无论劳动者是否提出告知要求，用人单位都应主动将工作内容、工作条件、工作地点、职业危害、安全生产情况、劳动报酬等如实向劳动者说明。

此外，对于劳动者要求了解的其他情况，如用人单位的相关规章制度及已经签订的集体合同等，用人单位也应如实向劳动者说明。而劳动者的说明义务是有条件的，只有在用人单位要求了解劳动者与劳动合同直接相关的情况时，劳动者才有如实说明的义务。

与劳动合同直接相关的情况一般包括劳动者的健康状况、知识技能、学历、职业资格、工作经历，以及部分与工作有关的劳动者个人情况，如家庭地址、主要家庭成员构成等。

用人单位不能任意扩大对劳动者知情权的范围，更不能借知情权侵害劳动者的个人隐私。劳动者须向用人单位如实说明的仅限于与劳动合同直接相关的内容，而对于个人隐私可以拒绝回答。

2.3.8 录用过程要合法合理

在实际操作中，一些用人单位习惯性地认为招用员工是自己的事情，聘用谁、不聘用谁，自己有绝对的自主权。实际上，虽然用人单位依法享有自主用人的权利，但同时招工录用行为也受到许多法律的约束。用人单位在招聘过程中应该注意以下几点。

（1）劳动者就业，不能因民族、种族、性别、宗教信仰等不同而受歧视。

用人单位不得以劳动者的性别、民族、种族、宗教信仰为由，拒绝录用或提高录用标准。此外，招聘广告中也不能包含有意或无意的身高歧视、对“乙肝病毒携带者”的歧视等。总之，用工歧视是人力资源工作中的禁忌行为，应加以避免。

（2）不招用童工或无合法证件的人员。

①不招用童工。招用不满 16 周岁的未成年人即为招用童工。《禁止使用童工规定》第二条规定，国家机关、社会团体、企业事业单位、民办非企业单位或者个体工商户均不得招用不满 16 周岁的未成年人。禁止任何单位或者个人为不满 16 周岁的未成年人介绍就业。

②不聘用无合法证件的人员。无合法证件将无法确认员工的身份，无法为其办理社会保险，无法签订劳动合同。这也是为了给用人单位日后能够充分行使用工管理自主权提供有利的条件。

（3）不得向求职者收取应聘费用、保证金或抵押金，扣押文凭或身份证件等。

向求职者收取应聘费用、保证金或抵押金，扣押求职者文凭或身份证件等，都应在招聘中避免。这种做法侵害了求职者的合法权益，劳动部门将会予以纠正和制止；对于非法收取的货币和实物、扣押的证件等，将责令用人单位退还求职者。

2.3.9　慎发录用通知

用人单位一般会将报到时间、报到地点、工作岗位、薪酬待遇等以录用通知书的形式告知录用者，当录用者收到并同意时，双方便就劳动关系的订立达成了合意。由于其性质属于要约关系，因此用人单位在向录用者发送录用通知后，便不得随意撤回或撤销，否则将承担赔偿损失的责任。

（1）慎发录用通知的原因。

用人单位在经过招聘面试之后，对于合格的录用者都会发放录用通知。在特殊情况下，如果用人单位发出的录用通知在内容上符合法律规定的条件，即会构成法律意义上的“要约”，成为用人单位与求职者确定劳动关系的证据。因此，用人单位在发录用通知时，一定要谨慎设计其内容。一般来说，录用通知分为两种。

第一种是要约性质的，它具备劳动合同的具体细节，劳动者一旦签订就具备了一定的法律效力。

第二种是要约邀请性质的。在制定录用通知时，为避免暗含通知是聘用合同的意思，用人单位不妨将不予录用的情形逐一列明，并保留最终是否签订劳动合同的权利。

用人单位也可在录用通知中暗示录用通知的法律性质：“劳动合同的订立以求职者到用人单位后经过双方细致协商方有最终的确定结果。”但也要注意一点，对于一些优秀的人才，内容不确定的录用通知往往没有吸引力。如果用人单位已经确定要录用某求职者，则应采用要约性质的录用通知。如何拟定一个比较安全的录用通知，对用人单位来说是非常重要的。录用通知在法律用语中的含义是“要约”。根据《民法典》第四百七十二条的规定，要约是希望与他人订立合同的意思表示，该意思表示应当符合下列条件：①内容具体确定；②表明经受要约人承诺，要约人即受该意思表示约束。因此，录用通知一旦发出，就对用人单位产生法律约束。

（2）录用通知的内容。

用人单位在编制录用通知时应慎重，并注意表 2-3 所示的四个方面。

表 2-3　编制录用通知时应注意的事项

序号	注意事项	具体说明
1	录用通知可附生效条件	由于录用通知发送后不得随意撤回或撤销，因此用人单位可在录用通知中附以生效条件，以避免由此产生的法律风险。用人单位可注明要求劳动者提供原单位离职证明、社保记录、体检报告等材料，经审查合格，由双方签字盖章后生效。例如，可以事先在通知书中写明："本通知书有效的前提是个人提供的信息全部真实无讹，如发现有虚假陈述或与真实情况有出入，则本通知书不生效（或自动失效）。"
2	录用通知必备失效条款	为了应对实践中经常存在的应聘者提供虚假履历等情况，用人单位应在录用通知中规定失效条款，并有权撤回或撤销录用通知，从而降低由此产生的法律风险
3	录用通知中应对岗位职责加以规定	用人单位应在录用通知中对岗位职责及录用条件或不符合录用条件的情形加以明确规定，并作为劳动合同的附件，以便对劳动者在试用期内是否符合录用条件及是否胜任工作进行考查
4	录用通知中应含有冲突条款	为了避免录用通知与劳动合同条款不一致而导致的风险，用人单位可对两者的关系做出界定。由于劳动合同一般较录用通知更为完善，因此，用人单位可在录用通知中规定：录用通知在劳动合同签订后即失效，或两者不一致的以劳动合同为准

（3）录用通知的措辞要谨慎。

《民法典》第四百七十六条规定，要约可以撤销，但是有下列情形之一的除外：①要约人以确定承诺期限或者其他形式明示要约不可撤销；②受要约人有理由认为要约是不可撤销的，并已经为履行合同做了合理准备工作。

同时，《民法典》第四百七十八条规定，有下列情形之一的，要约失效：①要约被拒绝；②要约被依法撤销；③承诺期限届满，受要约人未做出承诺；④受要约人对要约的内容做出实质性变更。

（4）通知发出后发生变故的处理。

实践中偶尔出现的问题是用人单位在发出录用通知书后，自身情况发生了变化，不想聘用该人员了。这种情况比较棘手。

《民法典》第四百七十五条规定，要约可以撤回。要约的撤回适用本法第一百四十一条的规定（行为人可以撤回意思表示。撤回意思表示的通知应当在意思表示到达相对人前或者与意思表示同时到达相对人）。

《民法典》第四百八十一条规定，承诺应当在要约确定的期限内到达要约人。要约没有确定承诺期限的，承诺应当依照下列规定到达：①要约以对话方式做出的，应当即时做出承诺；②要约以非对话方式做出的，承诺应当在合理期限内到达。

《民法典》第四百八十三条规定，承诺生效时合同成立，但是法律另有规定或者当事人另有约定的除外。

因此，用人单位发出录用通知后发生变故的，应当立即以最快的方式赶在对方发出承诺通知前通知撤回或撤销要约。

2.3.10 录用外国员工时应注意的问题

录用外国员工时需要注意以下四个方面。

（1）关于外国人的界定。

根据《外国人在中国就业管理规定》（以下简称《外国人就业规定》）第二条的规定，外国人是指按照《中华人民共和国国籍法》规定不具有中国国籍的人员。因此，确定员工是否属于外国员工的依据是其拥有的国籍。

（2）外国人在中国就业的条件。

根据《外国人就业规定》第七条的规定，外国人在中国就业须具备下列条件：

①年满18周岁，身体健康；

②具有从事其工作所必需的专业技能和相应的工作经历；

③无犯罪记录；

④有确定的聘用单位；

⑤持有有效护照或能代替护照的其他国际旅行证件。

（3）用人单位的义务。

①用人单位若聘用外国员工，则必须为该外国员工申请就业许可，即向与用人单位劳动行政主管部门同级的行业主管部门提出申请，经获准后到劳动行政部门办理核准手续，取得《中华人民共和国外国人就业许可证书》后方可聘用。

②用人单位聘用外国员工从事的岗位，应该是有特殊需要、国内暂缺适当人选且不违反国家有关规定的岗位。

（4）用人单位与外国员工签订劳动合同事宜的处理。

①聘用外国员工的用人单位与被聘用的外国员工应该依法签订劳动合同，但是该劳动合同的订立和解除与聘用国内员工的劳动合同之间有所区别，如图2-6所示。

区别一	与外国员工签订劳动合同的期限最长不得超过 5 年
区别二	劳动合同期限届满即行终止，不可以经双方协商同意后直接续订，必须按照《外国人就业规定》第十九条的规定履行审批手续后方可续订："被聘用的外国人与用人单位签订的劳动合同期满时，其就业证即行失效。如需续订，该用人单位应在原合同期满前 30 日内，向劳动行政部门提出延长聘用时间的申请，经批准并办理就业证延期手续。"
区别三	用人单位与被聘用的外国员工之间的劳动合同解除后，用人单位应及时报告劳动、公安部门，并交还该外国员工的就业证和居留证件

图 2-6 聘用国内员工与聘用外国员工签订劳动合同时的区别

②如果外国员工系由在国外有总部的用人单位总部派遣到国内工作，建议国内用人单位与总部明确外国员工的派遣方面的相关问题，包括派遣时间、工资待遇等。从理论上说，该外国员工的劳动合同关系仍是与总部建立的，与用人单位建立的是劳务关系。如果是由总部派遣的，那么用人单位无须与该员工签订劳动合同，而是由境外派遣单位出具相应的证明材料并注明聘雇期限。如果相应的证明材料是外文的，那么需同时提供中文翻译件，翻译件由用人单位盖章。

③关于用人单位与外国员工发生劳动争议时适用法律的问题，《外国人就业规定》第二十六条明确规定："用人单位与被聘用的外国人发生劳动争议，应按照《中华人民共和国劳动法》和《中华人民共和国劳动争议调解仲裁法》处理。"

管理工具

【工具 2-01】

员工招聘管理制度

1. 目的

为优化公司人力资源配置，为公司的持续稳定发展提供人力资源保障，同时明确和规范公司的招聘原则与招聘流程，并保证在此前提下最大限度地节约招聘成本，特制定本管理制度。

2. 适用范围

本管理制度适用于公司总部所有职位的招聘。

3. 责任部门

3.1 人力行政部是公司招聘工作的主管部门，其职责如下。

（1）制订公司年度招聘计划，并在实际执行中加以调整。

（2）根据公司组织结构，通过定岗、定编和定员方案对各部门的人员招聘需求进行控制，审核各部门招聘需求是否满足定岗、定编和定员方案。如果属于方案外的招聘，提请各级领导审批通过后执行。

（3）指导用人部门撰写拟招聘职位的职位描述和任职资格。

（4）决定获取应聘者的渠道和方法，与潜在的应聘者联络，收集简历和应聘材料。

（5）设计人员面试选拔方法，并指导用人部门主管使用这些方法。

（6）主持实施面试选拔程序，为用人部门的录用提供建议，为应聘者核定工资。

（7）向未被录取的应聘者表示感谢并委婉地拒绝。

3.2 用人部门应参与到本部门人员的招聘活动中，其主要承担以下责任。

（1）各部门的人员招聘必须由人力行政部组织完成，用人部门予以配合。

（2）各部门负责人根据业务计划提出招聘需求。

（3）草拟招聘职位的职位描述和任职资格。

（4）参与对应聘者的面试选拔过程，并对其专业技术水平等进行判断。

（5）做出应聘者的最终录用决策。

4. 管理规定

4.1 招聘原则和标准

4.1.1 公司的招聘应遵循以下原则。

（1）机会均等的原则：在公司出现职位需求时，公司员工享有和外部应聘者一样的应聘机会。

（2）全面考查和重点考查相结合的原则：招聘时需由用人部门和人力行政部从知识、能力、技能、品德、经验、健康状况、岗位胜任力等方面共同对应聘者进行考查，同时重点考查与公司战略、业务和文化密切相关的技能、素质及品性。

（3）公平竞争与择优录用原则：所有应聘者均处于公平竞争地位，同时根据面试评估结果择优录用。

（4）人岗匹配原则：所录用的人员的能力须与职位需求保持一致，以达到人岗匹配的目的。

4.1.2 可录用人员的基本标准如下。

（1）已满 18 周岁。

（2）若招聘者为专职人员，要求其与其他单位无劳动关系。

（3）若招聘者为兼职人员，不必要求其与其他单位无劳动关系。

（4）能适应公司的管理方式，认同并接受公司的企业文化。

（5）应具备良好的职业操守，无不良记录，身体健康。

4.2 招聘流程

招聘工作应包含以下流程：提出招聘需求→选择招聘渠道和方法→获得应聘者简历并进行筛选→对应聘者进行面试选拔→讨论并做出初步录用决定→正式录用、签订劳动协议、转移档案。

4.3 招聘计划

4.3.1 招聘需求预测

（1）公司各部门可在以下情况下提出用人需求。

①缺员的补充：由于员工调动、退休、晋升等原因，按规定需要补充编制。

②突发的人员需求：因不可预料的业务、工作变化而急需引进特殊技能人员。

③扩大编制：因公司业务发展壮大，需扩大现有人员规模及编制。

④储备人才：为了促进公司目标的实现，需储备一定数量的各类专业人才，如大学毕业生、专业技术人才等。

（2）公司各部门每年根据公司发展战略和年度经营目标制订年度计划，并同时进行本部门年度人员需求预测，填写“人员需求预测表”；如果有招聘需求，同时拟定拟招聘岗位的职责和任职资格，一起报送公司人力行政部。

（3）人力行政部综合考虑公司发展、组织机构调整、员工内部流动、员工流失、竞争对手的人才政策等因素，对各部门的人员需求预测进行综合平衡，进行公司年度人力资源需求预测。

4.3.2 制订招聘计划

（1）人力行政部根据人员需求和供给预测制订年度招聘计划和具体行动计划，主要内容如下。

①招聘岗位的名称、工作职责、任职资格（年龄、性别、学历、工作经验等）、拟招聘人数。

②采用的招聘渠道和招聘方式。

③对应聘者的面试内容及参与实施部门。

④招聘结束时间和新员工到岗时间。

⑤招聘预算，包括招聘广告费、交通费、场地费、住宿费、出差津贴及其他费用。

（2）公司年度招聘计划应上报各级领导，经批准后方可实行。

（3）年度招聘计划由人力行政部直接组织实施。

（4）在计划执行过程中，如果有计划外的人员需求或因员工离职需补充人员，用人部门需按上述程序提出用人需求申请，填写“员工招聘需求申请表”，经各层级审批通过后由人力行政部组织实施。

4.4 招聘渠道和方法

4.4.1 内部招聘

（1）内部招聘是指根据机会均等的原则，公司内部员工在得知招聘信息后，按规定程序应聘，公司在内部员工中选拔人员的过程。

（2）当公司出现职位空缺时，应先在公司内部进行招聘。

（3）公司在内部招聘的实施方法上主要选择内部晋升和内部公开招聘。

①内部晋升是指建立在系统的岗位管理和员工职业生涯设计基础上的内部职位空缺补充办法。

②内部公开招聘是指当公司出现职位空缺时，公司内部人员均可参加应聘，并通过一定的程序和方法，按照择优录取的原则确定最终人选的招聘方式。

（4）人力行政部应通过以下方式将内部招聘信息传达给公司每位员工。

①在公司官网上公布招聘信息。

②通过 ×× 等内部网站专门下发内部招聘通知。

4.4.2 外部招聘

（1）外部招聘是指在出现职位空缺时，公司从社会公开选拔人员的过程。

（2）外部招聘主要选择以下渠道进行。

①媒体招聘：通过大众媒体、专业刊物广告、专业人才网站发布招聘信息。

②招聘会招聘：参加各地人才招聘会。

③校园招聘：每年春季公司将招聘信息及时发往有关学校毕业生就业办公室，并有选择地参加专业对口的院校人才交流会。

④委托猎头招聘：公司所需要的高级管理和技术职位可委托猎头招聘。

（3）招募信息的发布。因招聘岗位、数量、任职资格要求、招募对象的来源与范围的不同，同时受新员工报到时间和招聘预算的限制，人力行政部应选择不同的信息发布时间、方式、渠道和范围。

①信息发布形式：公司应根据需要采取招聘现场海报、公司形象宣传资料、媒体广告等单一形式或多种组合的形式发布信息。

②信息发布范围：由招募对象的范围决定，公司应根据招聘岗位的要求与特点，向特定

的人员发布招聘信息。

③信息发布时间：在条件允许的情况下，招聘信息应尽早发布。

4.5 应聘人选获取

4.5.1 内部招聘应聘者的获取

（1）公司现有员工报名参加内部招聘需符合以下基本条件。

①在现有岗位上工作满一年以上。

②年度绩效考核应在优良以上，公司不鼓励绩效差的员工在内部流动。

（2）公司员工报名参加内部招聘时，应填写“员工资料表”，并和自己的部门主管做正式沟通，经部门主管签批后交人力行政部。

（3）收到应聘资料后，人力行政部负责进行整理、分类和初步筛选，然后交用人部门，与用人部门一起根据招聘岗位的要求对收集到的应聘者个人资料进行审查，审查内容包括年龄、学历、工作经历、专业技能、语言等，将不符合要求的资料剔出，确定应聘者名单。

4.5.2 公开招聘应聘者的获取

（1）应聘者在获取招聘信息后，可以通过以下三种方式进行申请。

①通过招聘网站提出申请。

②直接填写“应聘申请表”提出申请。

③通过邮件提出申请。

（2）应聘者需同时向人力行政部提供以下个人资料。

①“应聘申请表”，在表中注明应聘职位。

②个人简历，注明联系方式、学历、工作经验、技能、成果、个人兴趣爱好、品格等信息。

③各种学历、技能、成果（包括奖励）证明（复印件）。

④身份证（复印件）。

（3）公司人力行政部在收到应聘者的资料后，按本制度规定的程序进行初步筛选，获取应聘者名单。

（4）在选择外部招聘方式时，应考查应聘者所在单位、组织的文化与本公司文化的吻合程度。对于文化特性（如协作精神、团队精神等）与本公司吻合程度高的单位或组织，可以适当加大其员工的招聘比例。

4.6 应聘人选测评

4.6.1 测评体系的建立

（1）人力行政部负责建立涵盖测评方式、测评指标、测评内容和测评小组的人才测评体系，并在实际工作中不断加以丰富和完善。

（2）测评方式包括面试、笔试和情境测试。

①面试是指经过精心设计，在特定场景下，以面对面的交谈与观察为手段，由表及里地对应聘者的素质进行测评的方式。

②笔试是指通过书面的形式以若干题目对应聘者的能力和人格进行测评的方式。

③情境测试是指将应聘者置于特定的情境中，由测评者观察其在此情境下的反应，从而判断其个性特点的方式。

（3）测评程序：成立测评小组→确定测评内容→进行笔试→进行面试→进行情境测试→综合评价→确定初步录用人选。

①对高级管理人员的测评应包括情境测试的内容。

②人力行政部在具体的测评过程中，可以根据岗位的不同，与用人部门一起确定具体的测评程序，灵活地加以运用。

（4）人力行政部应根据拟招聘岗位的工作职责和任职资格要求，设计出该岗位的素质特征，并应着眼于能够产生绩效的素质特征，建立该岗位的测评指标体系。测评指标体系一般包括以下内容。

①身体素质：包括健康情况、体力、精力、机体灵敏性和感知能力。

②技能素质：包括专业能力、非专业能力和社会智能素质。

③品德素质：包括职业道德、社会道德和政治道德。

④心理素质：包括价值观、兴趣、追求、气质和性格等。

（5）公司通过面试对应聘者的以下方面进行测评。

①个人信息：应聘者的主要背景情况。

②举止仪表：应聘者的体形、气色、外貌、穿着、举止及精神状态。

③专业知识技能：从专业的角度了解应聘者掌握专业知识的深度和广度、技能的高低等。

④客户服务意识和团队协作能力：从过去从事的工作和其他经历中了解应聘者的客户服务意识和团队协作能力。

⑤工作经历：包括过去的工作单位、担任的职务、工作业绩、薪酬情况和离职原因。

⑥语言表达能力：包括对逻辑性、体态语言和说话内容方式配合的协调性、感染力、影响力、清晰度、准确性等方面的考查。

⑦应变和反应能力、工作态度、工作动机、人际交往能力、情绪控制能力和情绪稳定性。

⑧综合分析能力和组织协调能力：主要考查应聘者能否抓住问题本质、说理透彻、分析全面。

⑨应聘者的其他兴趣和爱好。

（6）公司通过笔试对应聘者的以下素质进行测评。

①专业能力：主要从拟招聘岗位的任职资格要求出发考查应聘者的专业能力。

②非专业能力：主要考查应聘者的逻辑推理能力、思维能力、创造力、数字反应能力、空间想象能力和观察能力。

③社会能力:主要考查应聘者的人际交往能力、社会适应能力、团队合作精神和谈判能力。

（7）情境测试主要用来观察和评价应聘者在该模拟工作情境下的心理和能力，以确定其是否适合担任某项拟任的工作，预测其能力、潜力和工作绩效，同时发现其欠缺之处，以确定对其进行培养、使用的方法和内容。

（8）公司应建立测评小组，由测评小组负责对应聘者进行测评。测评小组主要由人力行政部招聘负责人、用人部门负责人组成，也可聘请外部专家参加。对于重要管理岗位和技术岗位的招聘，应有人力行政总监及相关中心负责人或高层领导参加。测评小组一般由 3 ～ 5 人组成。

4.6.2 笔试程序

（1）笔试程序：确定笔试时间和地点→通知应聘者→设计笔试内容→进行笔试→评定笔试结果。

（2）人力行政部应先确定笔试时间和地点，然后及时通知应聘者。在非特殊情况下，笔试时间和地点一经确认不得更改。

（3）招聘负责人应认真回顾拟招聘岗位的工作描述和任职资格，明确各项胜任能力的行为指标，并在此基础上确定笔试内容，并严格做好笔试内容的保密工作。

（4）笔试时，招聘负责人需提前到达考场，并在笔试过程中对相关问题给予必要的解释和说明。

（5）笔试结束后，招聘负责人要对应聘者的笔试情况给予评定，并确定笔试的最终排名。

4.6.3 面试程序

（1）面试程序：确定面试时间和地点→通知应聘者→组成面试测评小组→准备面试问题→进行面试→评定面试结果。

（2）在确定应聘者名单后，人力行政部应选定面试时间和地点，并通知应聘者。为了维护公司形象，面试时间和地点一旦确定，除非在万不得已的情况下，不得任意更改。

（3）人力行政部应依据本制度相关规定组织成立面试测评小组，并明确其主要职责和任务。

（4）面试测评小组应在面试前认真回顾拟招聘岗位的工作描述和任职资格，明确各项胜任能力的行为指标，并在此基础上确定面试问题。

（5）面试测评小组应在面试前认真阅读应聘者的简历等资料，掌握应聘者的基本情况，以便在面试中能灵活地提出有针对性的问题。

（6）面试时，测评小组成员应提前到场做好准备。面试人员需对有关要点做好记录，并将对应聘者的评价结果填写在“面试评价表”中。

（7）面试结束后，面试人员应在“面试评价表”上填写综合评语和录用意见，签字确认后交人力行政部。测评小组成员应就面试情况进行综合讨论，确定应聘者面试的最终排名。

4.6.4 情境测试程序

（1）情境测试主要适用于高级管理人才的招聘，其程序参照笔试的程序进行。

（2）测评小组应根据不同的拟招聘岗位设计不同的测试题目，题目一般分为以下几类：无领导小组讨论、文件筐（也称为文件处理练习）、模拟面谈、演讲、书面案例分析、角色扮演。

（3）在测评过程中，测评小组成员应对参与测评的每位应聘者的表现进行观察，对其做出综合评价，并将测评结果记录在“情境测试评价表”上，测试结束后交人力行政部。

（4）测评结束后，测评小组成员就测试情况进行综合讨论，确定应聘者情境测试的最终排名。

4.6.5 测评结果的确定

（1）测评结束后，测评小组成员应通过应聘者在笔试、面试和情境测试中的表现进行定量分析和定性分析。

①定量分析是指针对应聘者在笔试、面试和情境测试中的排名或得分确定其最终排名的分析方式。在操作中有如下要点：分析时可以采用排名权重法，即对每一名次赋予一定的分值，将应聘者在笔试、面试和情境测试中的排名得分累加即得到应聘者的最终分数；也可以采用得分累加法，即将每位应聘者在笔试、面试和情境测试中的得分累加，得到应聘者的最终分数；视岗位任职资格要求的不同，笔试、面试和情境测试的得分在最终定量分析中所占的权重可以有所不同，具体权重由测评小组在测评前确定。

②定性分析是指针对应聘者在笔试、面试和情境测试中的表现进行综合素质和胜任力定性分析。

（2）在定量分析和定性分析的基础上，测评小组应对参加最后一道选拔程序的每一位应聘者进行综合评价并出具《应聘者综合评价报告》，提出初步录用意见，签署意见后，按以下审批权限提交审批。

授权类别	提出	审核	复核	审批	备案
中心负责人级别	人力行政总监		副总经理	总经理	人力行政部
部门经理负责人级别	中心负责人		人力行政总监	总经理	人力行政部
中心助理 / 主管级别	直属上级	中心负责人	人力行政总监	副总经理	人力行政部
职员级别	直属上级	中心负责人	人力行政总监	副总经理	人力行政部

4.7 员工录用

4.7.1 录用通知

（1）招聘专员在面试结束后1周内向面试合格人员发送录用通知书，并告知报到时间和所需准备的资料等。

（2）准备资料包括身份证、学历证及其他有效证件原件等，由人力行政部审查其真实有效性；出具与原用人单位解除/终止劳动关系的证明。

4.7.2 办理入职手续

（1）所有招聘录用的新员工正式上班当日须先向人力行政部报到，并以报到的日期作为起薪日。

（2）人力行政部在新员工入职当天发放《新员工入职手册》、员工工作牌及有关制度文件。

（3）员工入职一个月内，人力行政部应代表公司与员工签订劳动合同。劳动合同一式两份，一份交人力行政部存档，一份交新员工自留。

4.7.3 内部录用手续

（1）招聘专员于面试后1周内向内部招聘合格者发送录用通知书。

（2）人力行政部须为内部录用转岗员工办理转岗、调薪等人事手续。

（3）内部录用员工正式转岗当日须到新部门报到，并以到新部门的报到日作为调薪日。

4.8 招聘效果评估与档案管理

4.8.1 招聘效果评估。招聘工作结束后，人力行政部须对招聘效果认真进行分析，总结经验并寻求改进措施。人力行政部应从以下几个方面进行招聘效果评估。

序号	评估项目	计算方式	说明
1	招聘数量	录用人数/计划招聘人数 ×100%	该指标反映了在数量上完成任务的情况
2	招聘质量	①结构到位率；②人员转正率	该指标反映了在质量上完成任务的情况
3	招聘成本	录用人数/招聘总成本	该指标反映了单位招聘成本的效果
4	应聘比例	应聘人数/计划招聘人数 ×100%	该指标反映了招聘信息的发布效果
5	时间评估	到岗所用时间/用人部门期望时间	该指标反映了招聘时间满足用人部门需求的能力

4.8.2 招聘档案管理

（1）人力行政部负责建立内部人才资料库，资料库具体包括以下内容。

①当次招聘的第2～3名候选人的相关资料。

②公司面试合格但个人放弃应聘机会的人员的相关资料。

③不符合目前岗位要求，但可预计近期有对应需求的人员的相关资料。

④同行业优秀人才的相关信息。

（2）人力行政部招聘负责人须在两个工作日内将招聘资料归档，具体包括以下内容。

①年度及月度招聘计划。

②招聘岗位的岗位描述和任职资格，以及笔试题、面试题等。

③新增应聘人员登记表。

④招聘信息发布资料及其他具备存档价值的招聘资料。

【工具2-02】

员工背景调查规定

1. 目的

为加强公司的员工招聘管理工作，全面了解应聘者相关背景的真实性，进一步提高招聘甄选的准确率，降低招聘录用过程中存在的风险，特制定本规定。

2. 适用范围

本规定适用于通过公司最终面试拟录用的所有人员。对关键岗位人员必须进行背景调查，原则上高层管理人员、部分中层管理人员、核心技术人员、资金管理人员、重要账务处理人员、采购人员必须进行背景调查后方可录用。其他人员可由人力资源部根据实际情况和需要来决定是否进行背景调查。员工在公司工作期间，人力资源部有权随时对其进行背景调查。

3. 职责

人力资源部为背景调查的实施和管理部门。

4. 管理规定

4.1 背景调查基本程序

4.1.1 背景调查应在应聘者面试通过后、正式办理录用审批手续前进行。

4.1.2 背景调查的基本程序。

（1）身份、学历、工作经历等员工应聘登记表上的内容为基本的背景调查项目。

（2）人力资源部应根据岗位胜任素质要求确定其他背景调查内容。

（3）人力资源部和用人部门确定背景调查的对象及采用的方式。

（4）人力资源部和用人部门根据背景调查对象的具体情况选择具体的调查方法、内容，组织实施背景调查。

（5）汇总背景调查的信息，与拟录用者提供的应聘资料进行对比。

（6）确认后编制《背景调查报告》并签署意见，然后提交给上级领导在录用审批时做参考。

4.2 背景调查的主要内容及核查方法

4.2.1 身份核查：主要是核实身份证明的真实性，可通过联系派出所或通过网络核查。

4.2.2 学历、职称及资格证书核查：主要是核实毕业证书、职称及资格证书的真实性，可通过发证学校、发证机关或通过网络核查。

4.2.3 工作经历核查：包括工作单位、岗位、工作时间及离职原因的真实性的核实，可通过联系其原单位的同事、直管领导、人力资源部进行了解。

4.2.4 品行及工作表现核查：包括上下级关系、同事关系，以及为人处世、性格特点等的核查，可通过联系其原用人单位的同事、直管领导、人力资源部进行了解。

4.2.5 一般情况下，可向原用人单位的同事、直属上级、人力资源部进行问询，问询结果不一致时，应遵循“人力资源部＞直属上级＞同事”的原则。

4.3 其他注意事项

4.3.1 背景调查人员应与被调查者事先签订《背景调查声明及授权书》，这样既体现了对被调查人的尊重，也可以作为说服被咨询对象接受询问的有力授权证明。

4.3.2 为保证背景调查的质量，应尽量使用《背景调查问询函》等书面调查的方式（可使用电子版），如确实无法进行书面调查，也可采用电话调查的方式。进行书面调查之前应进行电话沟通，确保被调查者可以完成《背景调查问询函》的填写。电话调查可参考《背景调查问询函》的内容来进行。

4.3.3 调查过程中应尊重应聘者的个人隐私并注意保密工作。

4.3.4《背景调查问询函》及《背景调查报告》应填写完整，经审批通过后与人事档案一同归档。

【工具2-03】

人员需求预测表

人员类别（按岗位）	现有人员	计划人员	余缺	预期人员的变动情况						本期净需求	预计到岗时间
				调职	升迁	辞职	辞退	其他	合计		
合计											

【工具2-04】

员工资料表

应聘岗位：　　　　　　　　　　　　　　　　　　　　　　入职日期：　　年　月　日

姓名		性别		婚姻状况		出生年月		照片
学历		民族		外语程度		电脑操作技能		
身高		体重		健康状况		政治面貌		
户籍地址				家庭电话				
常住地址				E-mail				
身份证号				联系电话				
资格/技能证书				QQ				

家庭情况	称谓	姓名	工作单位/住址	职业	年龄	电话

教育/培训情况	起止时间	学校名称	专业	教育类型
	起止时间	培训机构名称	培训内容	培训类型

工作经历	起止时间	所服务单位名称	部门/职务	薪资	离职原因

（续表）

<table>
<tr><td colspan="6">紧急联络人</td></tr>
<tr><td>姓名</td><td>称谓</td><td colspan="3">住址</td><td>电话</td></tr>
<tr><td></td><td></td><td colspan="3"></td><td></td></tr>
<tr><td>期望待遇</td><td colspan="2">元 / 月</td><td colspan="2">可到岗日期</td><td></td></tr>
<tr><td colspan="6">您是否由本公司员工引荐　□否　□是：部门＿＿＿＿＿＿姓名＿＿＿＿＿与您的关系＿＿＿＿＿＿</td></tr>
<tr><td colspan="6">声明：
本人自进入××之日起，与其他用人单位不存在任何劳动关系，因（企业 / 个人）原因，无法出具离职证明并愿承担由此产生的法律责任；并且在履历表中提供的信息全部真实有效，如有隐瞒或有悖于事实，雇方有权解除劳动合同，并依法追溯本人的法律责任。
填表人签字：　　　　日期：</td></tr>
</table>

【工具2-05】

面试录用审批表

应聘者：＿＿＿＿＿＿　部门 / 岗位：＿＿＿＿＿＿　应聘日期：＿＿年＿月＿日

<table>
<tr><td rowspan="4">人力行政部意见</td><td>招聘专员</td><td colspan="6">证件核查：□身份证　□毕业证　□其他：
资料明细：□需求申请表　□应聘人员资料表　□身份证复印件　□毕业证复印件
签字（日期）：　　　年　月　日</td></tr>
<tr><td>书面测试</td><td>所用试卷</td><td></td><td>试卷成绩</td><td></td><td>测试结果</td><td>□合格　□不合格</td></tr>
<tr><td>实操测试</td><td>测试方式</td><td></td><td>测试结果</td><td colspan="3">□出色　□合格　□不合格</td></tr>
<tr><td>综合评价</td><td colspan="6">面试评价：

意见：□不予考虑　□列入考虑　□建议复试　　面试官签字（日期）：</td></tr>
<tr><td rowspan="2">用人部门意见</td><td>综合评价</td><td colspan="6">面试评价：

意见：□不予考虑　□列入考虑　□建议录用　　面试官签字（日期）：</td></tr>
<tr><td>薪资建议</td><td colspan="6">1. 建议录用为＿＿＿＿部＿＿＿＿（职务），试用期薪资：＿＿＿＿元 / 月，
建议转正后：薪资＿＿＿＿级，月薪＿＿＿＿元 / 月。
2. 建议报到时间：＿＿年＿月＿日，试用期＿＿个月。
用人部门负责人签字：</td></tr>
</table>

（续表）

直接上级意见	签字（日期）：
部门经理 / 总监意见	签字（日期）：
人力行政总监意见	签字（日期）：
副总经理意见	签字（日期）：
总经理意见	签字（日期）：

【工具2-06】

面试评价表

姓名：　　　　　　性别：　　　　　　应聘职位：　　　　　　日期：

考评部门	考评项目	考评等级					综合评价
		10	8	6	4	2	
人力行政部门	外在形象	极佳	佳	一般	略差	极差	
	受教育程度						
	工作稳定性						
	沟通表达能力						
	所具经历与公司匹配程度						
	个性	非常适合岗位	适合	不确定	差	极不适合	
							共60分，得分：

（续表）

考评部门	考评项目	考评等级					综合评价
		10	8	6	4	2	
用人部门	职位相关工作经验/职位相关专业知识	极丰富	丰富	尚可	稍欠缺	无	
	领悟反应能力	极佳	佳	一般	略差	极差	
	培养发展潜质						
	团队管理能力						共40分，得分：

其他突出表现：	专业技能测试评价： 签字/日期：
提示：请参阅本表背面所述内容，提出相应的意见。	
用人部门意见	人力行政部门意见
□建议录用　□建议淘汰　□建议储备 建议推荐至：________（岗位名称） 说明： 签字/日期：	□建议录用　□建议淘汰　□建议储备 说明： 签字/日期：

填表说明：请面试人员在相对应的栏内画“√”，无法判断时免画。

【工具2-07】▸▸▸

情境测试评价表

序号	评价指标	等级	分值（最小可精确到0.1分）	面试者序号									
				1	2	3	4	5	6	7	8	9	10
一	主动性	1	7.5～10（含）										
		2	5～7.5（含）										
		3	1～5（含）										

（续表）

序号	评价指标	等级	分值（最小可精确到 0.1 分）	面试者序号									
				1	2	3	4	5	6	7	8	9	10
最后得分			分值 ×20%										
二	团队合作能力	1	7.5 ~ 10（含）										
		2	5 ~ 7.5（含）										
		3	1 ~ 5（含）										
最后得分			分值 ×20%										
三	创新能力	1	7.5 ~ 10（含）										
		2	5 ~ 7.5（含）										
		3	1 ~ 5（含）										
最后得分			分值 ×15%										
四	解决办法的可操作性	1	7.5 ~ 10（含）										
		2	5 ~ 7.5（含）										
		3	1 ~ 5（含）										
最后得分			分值 ×15%										
五	表达能力	1	7.5 ~ 10（含）										
		2	5 ~ 7.5（含）										
		3	1 ~ 5（含）										
最后得分			分值 ×15%										
六	时间管理	1	7.5 ~ 10（含）										
		2	5 ~ 7.5（含）										
		3	1 ~ 5（含）										
最后得分			分值 ×15%										
最后总分			分值 ×100%										

【工具2-08】

招聘费用预算表

项目	拟招聘人数	拟招聘人数依据	招聘费用						
			招聘费用合计	网站招聘费用		校园招聘费用		其他招聘费用	
				金额	网站名称	金额	费用明细	金额	费用明细
1月									
2月									
3月									
一季度汇总									
4月									
5月									
6月									
二季度汇总									
7月									
8月									
9月									
三季度汇总									
10月									
11月									
12月									
四季度汇总									
合计									

制表人：人力资源部经理　　审核：总经理　　审批：

备注：

1. 除校园招聘费用外，其他招聘费用按合同期均分。例如，某网站全年合同费用为××元，合同期内每月费用为××元；某网站半年合同费用为××元，合同期内每月费用为××元；

2. 此项工作流程：分公司人力资源部经理审核→报总部招聘小组初审→招聘小组回复意见→分公司人力资源部报分总审批→报总部人力资源部→人力资源总监审批；

3. 如果有多家合作的招聘网站，请在插入行后逐一列出各网站的名称和金额。

【工具2-09】

招聘活动费用预算表

<table>
<tr><td>招聘时间</td><td colspan="2"></td></tr>
<tr><td>招聘地点</td><td colspan="2"></td></tr>
<tr><td>负责部门</td><td colspan="2"></td></tr>
<tr><td>具体负责人</td><td colspan="2"></td></tr>
<tr><td colspan="3">招聘费用预算表</td></tr>
<tr><th>序号</th><th>项目</th><th>预算金额（元）</th></tr>
<tr><td>1</td><td>企业宣传海报及广告制作费</td><td></td></tr>
<tr><td>2</td><td>招聘场地租用费</td><td></td></tr>
<tr><td>3</td><td>会议室租用费</td><td></td></tr>
<tr><td>4</td><td>交通费</td><td></td></tr>
<tr><td>5</td><td>食宿费</td><td></td></tr>
<tr><td>6</td><td>招聘资料复印、打印费</td><td></td></tr>
<tr><td colspan="2">合计</td><td></td></tr>
<tr><td colspan="2">预算审核人
（签字）：</td><td>公司主管领导
（审批）：</td></tr>
</table>

【工具2-10】

应聘登记表

<table>
<tr><td>姓名</td><td colspan="2"></td><td>应聘职位</td><td colspan="2"></td><td rowspan="4">照片</td></tr>
<tr><td>性别</td><td></td><td>出生年月</td><td></td><td>文化程度</td><td></td></tr>
<tr><td>民族</td><td></td><td>政治面貌</td><td></td><td>技术职称</td><td></td></tr>
<tr><td>婚姻状况</td><td></td><td>现家庭住址</td><td colspan="3"></td></tr>
</table>

（续表）

<table>
<tr><td>身份证号码</td><td></td><td>联系电话</td><td></td></tr>
<tr><td>目前工作单位</td><td></td><td>岗位职务</td><td></td></tr>
<tr><td>外语情况</td><td colspan="3">语种　　　□一般　□熟练　□精通</td></tr>
<tr><td>户口所在地派出所</td><td></td><td>档案所在地</td><td></td></tr>
<tr><td colspan="4">学习经历（从最高学历写起）</td></tr>
<tr><td>起止日期</td><td colspan="2">毕业院校</td><td>专业</td></tr>
<tr><td></td><td colspan="2"></td><td></td></tr>
<tr><td></td><td colspan="2"></td><td></td></tr>
<tr><td></td><td colspan="2"></td><td></td></tr>
<tr><td colspan="4">工作经历</td></tr>
<tr><td>起止日期</td><td>工作单位及职务</td><td>主要业绩</td><td>离职原因</td></tr>
<tr><td></td><td></td><td></td><td></td></tr>
<tr><td></td><td></td><td></td><td></td></tr>
<tr><td></td><td></td><td></td><td></td></tr>
<tr><td colspan="4">技术培训</td></tr>
<tr><td>起止日期</td><td colspan="2">培训内容</td><td>证书</td></tr>
<tr><td></td><td colspan="2"></td><td></td></tr>
<tr><td colspan="4">其他特长</td></tr>
<tr><td colspan="4"></td></tr>
<tr><td>对应聘职位自我推荐</td><td colspan="3"></td></tr>
<tr><td>期望薪金</td><td colspan="3"></td></tr>
</table>

【工具 2-11】

录用通知

先生 / 小姐：

我非常高兴地通知您，我公司经过面试和讨论，一致认为您是我公司________部________岗位的合适人选。根据公司的薪资福利政策，我们将为您提供以下薪酬福利待遇。

一、现金薪酬

您的年度目标总现金收入为税前________元，由以下三个部分构成。

1. 月固定工资：________元 / 月。

2. 年度服务奖金：年度结束后，公司将为您提供相当于 1 个月固定工资的年度服务奖金。

3. 绩效奖金：您的目标年度总现金收入的____% 作为年度绩效奖金标准（相当于____倍月固定工资），发放年度绩效奖金时，将根据当年度公司、个人绩效表现进行浮动。

关于年度服务奖金及绩效奖金的特别说明：您在____月____日前加入公司方能参与分配；入职未满 1 年的员工根据入职时间按比例折算，15 日前入职按全月计算，15 日后入职按半月计算。

二、长期激励

在您入职后，公司将在最近的统一期权授予日授予您________股期权。期权自授予日 1 年后开始，每年可行使 20%。

三、福利

根据公司福利政策，公司为您提供以下福利项目。

1. 社会保险：为您提供国家规定的社会保险。

2. 通信补助：为您提供________元 / 月的通信费补贴。

3. 商业保险：为您提供最高保额 ×× 万元的人身意外伤害保险和最高保额 ×× 万元的重大疾病保险。

4. 车补：享有车辆补助________元 / 月。

5. 带薪假期：按照公司规定，当您入职满____年后，每年可享受____天的带薪假期；当您入职满____年后，每年可享受____天的带薪假期；当您入职满____年后，每年可享受____天的带薪假期；当您入职满____年后，每年可享受____天的带薪假期。

除以上福利项目外，公司还会为您提供节日费、员工婚育礼金等，并资助员工的各项活动。公司和谐的企业文化氛围一定会让您感受到集体的温暖（以上员工福利待遇信息为保密资料，请勿向公司内外的其他人员透露。同时，公司禁止兼职，并严格要求 IPR 保护及竞业限制等）。

四、其他

1. 工作地点：________________________________

2. 劳动合同期限：____年，其中试用期____个月。

3. 报到时间：________________________________

4. 报到地点：________________________________

（续表）

5. 报到时请携带以下材料： （1）身份证； （2）最高学历证书原件； （3）原单位离职证明； （4）其他资历、资格证书； （5）____寸相片____张； （6）____个月内当地正规医院出具的健康证明。 如接受我公司的录用，请回复邮件说明；如对通知有任何疑问，也请尽快回复邮件说明，或致电________转________人力资源部________联系。 备注：此录用通知已确认了您的专业资格，如果您确认此录用通知，我公司相关人员将通知您入职资格（体检、验证等）的审核事宜。如入职资格的审核（体检、验证等）不符合相关要求，此录用通知将自动取消。故提醒您在前任单位离职前，先与我公司做入职资格（体检、验证等）的确认。 真诚地欢迎您的加盟，让我们一同秉承公司的使命，为公司成为国内一流、国际知名、极具竞争力的企业而共同努力！ 此致！ ××股份有限公司人力资源部（需加盖章） ××××年××月××日

【工具 2-12】

背景调查表

个人资料					
姓名		应聘岗位		面试时间	
联系电话		身份证号码			
户口所在地			现居住地		
学历及证书调查（最高学历、学位）					
院校名称	学历／学位	证书编号	系别／专业	就学时间	统招／非统招

（续表）

<table>
<tr><td colspan="6">职业资格证书调整</td></tr>
<tr><td colspan="2">证书</td><td colspan="2">发证时间</td><td>发证机关</td><td>调查情况</td></tr>
<tr><td colspan="2"></td><td colspan="2"></td><td></td><td></td></tr>
<tr><td colspan="2"></td><td colspan="2"></td><td></td><td></td></tr>
<tr><td colspan="2"></td><td colspan="2"></td><td></td><td></td></tr>
<tr><td colspan="6">原工作单位背景调查（从最近查起）</td></tr>
<tr><td>任职单位 1</td><td colspan="5"></td></tr>
<tr><td>提供信息人姓名（上级、HR、同事）</td><td></td><td>职位</td><td></td><td>联系方式</td><td></td></tr>
<tr><td>背调内容</td><td colspan="5"></td></tr>
<tr><td>提供信息人姓名（上级、HR、同事）</td><td></td><td>职位</td><td></td><td>联系方式</td><td></td></tr>
<tr><td>背调内容</td><td colspan="5"></td></tr>
<tr><td>任职单位 2</td><td colspan="5"></td></tr>
<tr><td>提供信息人姓名（上级、HR、同事）</td><td></td><td>职位</td><td></td><td>联系方式</td><td></td></tr>
<tr><td>背调内容</td><td colspan="5"></td></tr>
<tr><td>提供信息人姓名（上级、HR、同事）</td><td></td><td>职位</td><td></td><td>联系方式</td><td></td></tr>
<tr><td>背调内容</td><td colspan="5"></td></tr>
<tr><td>综合评定</td><td colspan="5"></td></tr>
<tr><td>总经理</td><td colspan="5"></td></tr>
</table>

【工具 2-13】

背景调查授权书

________公司人力资源部：

兹授权本公司人力资源部_________（身份证号为______________________）于____年__月__日到贵公司对原公司员工________进行背景调，望贵公司能够配合我们的工作，我们将感谢您对我们工作的支持。

此授权有限期自____年__月__日至____年__月__日。

被调查人已同意对其进行背景调查，被调查人签字：

××顾问有限公司

____年__月__日

【工具 2-14】

背景调查问题清单

1. 与被调查人认识多久？关系如何？证明人担任什么职务？
2. 被调查人在公司担任什么职位？主要负责何项工作（工作具体内容）？
3. 被调查人的工作积极性及工作能力如何？
4. 被调查人有哪些优点和缺点？
5. 被调查人属于什么类型性格的人（例如内向还是外向）？
6. 被调查人与其他同事比较起来表现如何？
7. 被调查人与其他同事相处得如何？
8. 被调查人离职的原因了解吗？
9. 被调查人薪资的大体情况您了解吗？
10. 被调查人与单位的劳动关系是否解除？（是否已办理完离职手续？）

第三章

劳动合同签订风险防范

劳动合同是劳动者与用人单位之间确立劳动关系，明确双方权利和义务的协议，合同内容不得违反相关法律、行政法规的规定。劳动合同关系到劳动者的权利与义务，是与用人单位之间的重要凭证，劳动合同的签订过程中也存在很多风险，因此企业在拟定及与员工签订劳动合同的时候应注意法律风险的防范。

学习目标

（1）了解有关劳动合同签订的法律规定。

（2）掌握劳动合同签订中常见的风险，以便能够有针对性地采取措施加以防范。

（3）了解劳动合同签订风险防范措施，掌握各项措施的具体操作步骤、方法和细节。

劳动合同签订风险防范学习指引

序号	培训内容	时间安排	期望目标	未达成目标时的改进措施
1	有关劳动合同签订的法律规定			
2	劳动合同签订中常见的风险			
3	劳动合同签订风险防范措施			

3.1 有关劳动合同签订的法律规定

有关劳动合同签订的法律规定主要来自《中华人民共和国劳动合同法》，该法是为了完善劳动合同制度，明确劳动合同双方当事人的权利和义务，保护劳动者的合法权益，构建和发展和谐稳定的劳动关系而制定的法律。

3.1.1 劳动合同订立原则

《劳动合同法》第三条规定，订立劳动合同，应当遵循合法、公平、平等自愿、协商一致、诚实信用的原则。依法订立的劳动合同具有约束力，用人单位与劳动者应当履行劳动合同约定的义务。

3.1.2 劳动合同订立的时间

《劳动合同法》第七条规定，用人单位自用工之日起即与劳动者建立劳动关系。用人单位应当建立职工名册备查。

3.1.3 关于告知义务的规定

《劳动合同法》第八条规定，用人单位招用劳动者时，应当如实告知劳动者工作内容、工作条件、工作地点、职业危害、安全生产状况、劳动报酬，以及劳动者要求了解的其他情况；用人单位有权了解劳动者与劳动合同直接相关的基本情况，劳动者应当如实说明。

3.1.4 关于订立形式的规定

《劳动合同法》第十条规定，建立劳动关系，应当订立书面劳动合同。已建立劳动关系，未同时订立书面劳动合同的，应当自用工之日起一个月内订立书面劳动合同。用人单位与劳动者在用工前订立劳动合同的，劳动关系自用工之日起建立。

3.1.5 关于报酬的规定

《劳动合同法》第十一条规定，用人单位未在用工的同时订立书面劳动合同，与劳动者约定的劳动报酬不明确的，新招用的劳动者的劳动报酬按照集体合同规定的标准执行；没有集体合同或者集体合同未规定的，实行同工同酬。

3.1.6 关于合同期限的规定

（1）三种类型的合同。

《劳动合同法》第十二条规定，劳动合同分为固定期限劳动合同、无固定期限劳动合同和以完成一定工作任务为期限的劳动合同。

（2）固定期限劳动合同。

《劳动合同法》第十三条规定，固定期限劳动合同，是指用人单位与劳动者约定合同终止时间的劳动合同。用人单位与劳动者协商一致，可以订立固定期限劳动合同。

（3）无固定期限劳动合同。

《劳动合同法》第十四条规定，无固定期限劳动合同，是指用人单位与劳动者约定无确定终止时间的劳动合同。

用人单位与劳动者协商一致，可以订立无固定期限劳动合同。有下列情形之一，劳动者提出或者同意续订、订立劳动合同的，除劳动者提出订立固定期限劳动合同外，应当订立无固定期限劳动合同：

①劳动者在该用人单位连续工作满十年的；

②用人单位初次实行劳动合同制度或者国有企业改制重新订立劳动合同时，劳动者在该用人单位连续工作满十年且距法定退休年龄不足十年的；

③连续订立二次固定期限劳动合同，且劳动者没有本法第三十九条和第四十条第一项、第二项规定的情形，续订劳动合同的。

用人单位自用工之日起满一年不与劳动者订立书面劳动合同的，视为用人单位与劳动者已订立无固定期限劳动合同。

（4）以完成一定工作任务为期限的劳动合同。

《劳动合同法》第十五条规定，以完成一定工作任务为期限的劳动合同，是指用人单位与劳动者约定以某项工作的完成为合同期限的劳动合同。

用人单位与劳动者协商一致，可以订立以完成一定工作任务为期限的劳动合同。

3.1.7 关于合同生效的规定

《劳动合同法》第十六条规定，劳动合同由用人单位与劳动者协商一致，并经用人单位与劳动者在劳动合同文本上签字或者盖章生效。

劳动合同文本由用人单位和劳动者各执一份。

3.1.8 关于劳动合同条款的规定

《劳动合同法》第十七条规定，劳动合同应当具备以下条款：

（1）用人单位的名称、住所和法定代表人或者主要负责人；

（2）劳动者的姓名、住址和居民身份证或者其他有效身份证件号码；

（3）劳动合同期限；

（4）工作内容和工作地点；

（5）工作时间和休息休假；

（6）劳动报酬；

（7）社会保险；

（8）劳动保护、劳动条件和职业危害防护；

（9）法律、法规规定应当纳入劳动合同的其他事项。

劳动合同除前款规定的必备条款外，用人单位与劳动者可以约定试用期、培训、保守秘密、补充保险和福利待遇等其他事项。

3.1.9 关于劳动报酬和劳动条件等的规定

《劳动合同法》第十八条规定，劳动合同对劳动报酬和劳动条件等标准约定不明确，引发争议的，用人单位与劳动者可以重新协商；协商不成的，适用集体合同规定；没有集体合同或者集体合同未规定劳动报酬的，实行同工同酬；没有集体合同或者集体合同未规定劳动条件等标准的，适用国家有关规定。

《劳动合同法》第二十条规定，劳动者在试用期的工资不得低于本单位相同岗位最低档工资或者劳动合同约定工资的百分之八十，并不得低于用人单位所在地的最低工资标准。

3.1.10 关于试用期的规定

《劳动合同法》第十九条规定，劳动合同期限三个月以上不满一年的，试用期不得超过一个月；劳动合同期限一年以上不满三年的，试用期不得超过二个月；三年以上固定期限和无固定期限的劳动合同，试用期不得超过六个月。

同一用人单位与同一劳动者只能约定一次试用期。

以完成一定工作任务为期限的劳动合同或者劳动合同期限不满三个月的，不得约定试用期。

试用期包含在劳动合同期限内。劳动合同仅约定试用期的，试用期不成立，该期限为劳动合同期限。

《劳动合同法》第二十一条规定，在试用期中，除劳动者有本法第三十九条和第四十条第一项、第二项规定的情形外，用人单位不得解除劳动合同。用人单位在试用期解除劳动合同的，应当向劳动者说明理由。

3.1.11 关于培训的规定

《劳动合同法》第二十二条规定，用人单位为劳动者提供专项培训费用，对其进行专业技术培训的，可以与该劳动者订立协议，约定服务期。

劳动者违反服务期约定的，应当按照约定向用人单位支付违约金。违约金的数额不得超过用人单位提供的培训费用。用人单位要求劳动者支付的违约金不得超过服务期尚未履行部分所应分摊的培训费用。

用人单位与劳动者约定服务期的，不影响按照正常的工资调整机制提高劳动者在服务期期间的劳动报酬。

3.1.12 关于商业秘密和知识产权的规定

《劳动合同法》第二十三条规定，用人单位与劳动者可以在劳动合同中约定保守用人单位的商业秘密和与知识产权相关的保密事项。

对负有保密义务的劳动者，用人单位可以在劳动合同或者保密协议中与劳动者约定竞业限制条款，并约定在解除或者终止劳动合同后，在竞业限制期限内按月给予劳动者经济补偿。劳动者违反竞业限制约定的，应当按照约定向用人单位支付违约金。

3.1.13 关于竞业限制的规定

《劳动合同法》第二十四条规定，竞业限制的人员限于用人单位的高级管理人员、高级技术人员和其他负有保密义务的人员。竞业限制的范围、地域、期限由用人单位与劳动者约定，竞业限制的约定不得违反法律、法规的规定。

在解除或者终止劳动合同后，前款规定的人员到与本单位生产或者经营同类产品、从事同类业务的有竞争关系的其他用人单位，或者自己开业生产或者经营同类产品、从事同类业务的竞业限制期限，不得超过二年。

《劳动合同法》第二十五条规定，除本法第二十二条和第二十三条规定的情形外，用人单位不得与劳动者约定由劳动者承担违约金。

3.1.14 关于劳动合同无效或者部分无效的规定

《劳动合同法》第二十六条规定，下列劳动合同无效或者部分无效：

（1）以欺诈、胁迫的手段或者乘人之危，使对方在违背真实意思的情况下订立或者变更劳动合同的；

（2）用人单位免除自己的法定责任、排除劳动者权利的；

（3）违反法律、行政法规强制性规定的。

对劳动合同的无效或者部分无效有争议的，由劳动争议仲裁机构或者人民法院确认。

《劳动合同法》第二十七条规定，劳动合同部分无效，不影响其他部分效力的，其他部分仍然有效。

《劳动合同法》第二十八条规定，劳动合同被确认无效，劳动者已付出劳动的，用人单位应当向劳动者支付劳动报酬。劳动报酬的数额，参照本单位相同或者相近岗位劳动者的劳动报酬确定。

3.2 劳动合同签订中常见的风险

企业需要跟劳动者签订劳动合同来保障彼此之间的劳动关系，这样才符合劳动法的相关要求，但订立劳动合同也不一定全都是好事，它也有可能带来风险。那么，订立劳动合同的风险有哪些呢?

3.2.1 劳动合同主体方面的风险

劳动关系不同于民事关系，其主体具有特定性，一方主体是劳动者，另一方主体是用人单位。

对劳动者主体的要求包括年龄要求和劳动能力要求，劳动者年龄分为最低年龄和退休年龄。按照法律规定，最低年龄为16岁，低于最低年龄的用工涉嫌非法用工，会导致非法用工的行政责任。退休年龄法律规定为男性年满60岁，女性年满55岁（不区分女职工和女干部）。最低年龄一般没有争议，对退休年龄各地存在一些争议，主要是对达到退休年龄但未享受养老保险待遇或者未办理退休手续的职工的身份认定问题。对于此类职工，有的认为其具有劳动者主体资格，有的认为其丧失了劳动者主体资格，企业应当结合当地的地方性法律规章予以确定，防止超龄劳动者用工。

用人单位的主体资格的风险主要表现在用人单位的地位，最为典型的莫过于集团型公司。集团型公司融合了母子公司、总分公司、关联公司等多种类型，职工可能在这些公司之间来回变动，这就需要注意劳动关系主体的归属问题。企业可以从公司营业执照、劳动合同签章判断劳动关系主体的归属，防止因主体混乱造成不必要的纠纷。

3.2.2　入职时间中的风险

《劳动合同法》第十条规定“劳动关系自用工之日起建立”，即劳动关系建立的标志是用工，而用工的发生一般是从职工入职起算的。入职时间的风险主要表现在两个方面：一是入职时间证据的保留，员工入职应当以入职登记表核定职工入职时间，理由是入职时间和职工工作年限相关联，其举证实行责任倒置，一般由用人单位担负举证责任；二是入职时间与劳动合同订立时间的区分。正如《劳动合同法》第十条的规定，劳动关系建立时间是用工时间（入职时间）而非劳动合同订立时间，这就可能存在劳动合同订立时间和入职时间的间隔，若劳动合同订立时间早于入职时间，则间隔期内双方形成民事合同关系；若晚于入职时间，则需要注意入职满一个月的限制，满一个月未订立书面劳动合同的，将面临二倍工资的罚则。

3.2.3　劳动合同期限中的风险

劳动合同期限是劳动合同的重点条款。对于劳动合同期限的类型，法律规定了三种方式：固定期限、无固定期限和以完成一定工作任务为期限。实务中大多数企业对员工均采取一视同仁的态度，不加区分地采用同一类型的劳动合同期限，导致单位用工成本的增加。

企业可以对劳动合同期限采用分类约定：普通员工一般采用固定期限，期限的长短可以按照工作岗位的需要确定；对项目类员工，如建筑项目、软件项目，可以采用完成一定工作任务为期限，但要明确约定工作任务完成的标准；对技术性或者管理型员工，可以采用无固定期限，建立员工和企业的长期关系，从而增强员工的忠诚度和企业对核心人才的吸引力。

同时，企业应针对劳动合同期限建立监控体系，法律规定工作年限超过十年和连续两次订立固定期限劳动合同，劳动者即享有订立无固定期限的强制缔约权，因此企业必须做好对劳动合同期限的监控工作，防止因操作不当而造成合同期限选择中的被动局面。

3.2.4　试用期约定中的风险

试用期约定中的风险主要有两点：一是试用期的期限，《劳动合同法》第十九条规定了试用期的最长期限，如违反试用期最长期限，超期试用则依据《劳动合同法》第八十三条的规定面临赔偿金罚则；二是试用期的约定次数，《劳动合同法》第十九条第二款规定“同一用人单位与同一劳动者只能约定一次试用期”，对此条款企业容易产生误解，认为试用期可以因岗位调换约定多次。劳动部《关于实行劳动合同制度若干问题的通知》第四条规定了试用期的随岗约定，但新法优于旧法，《劳动合同法》第十九条第二款对此做出了修订，应当按照该条款的规定执行。

3.2.5 岗位约定中的风险

岗位约定历来是企业头疼的一个问题，主要是岗位一旦约定，企业的调岗自主权就会受到限制，一旦调岗就必须和职工协商一致，否则极容易产生纠纷，对此企业宜采用订立单独的岗位合同 + 竞聘上岗的方式来规避岗位约定的风险。

具体的操作方法是将劳动合同期限分割为若干个岗位合同期限，岗位合同期满，实行竞聘上岗制度，如不能竞聘上岗的，则重新调换岗位，重新订立岗位合同。企业采用此种方式可以将岗位变更转换为岗位合同的履行，避免了岗位变动的协商一致风险。

3.2.6 劳动报酬约定中的风险

一般来说，用人单位对劳动报酬有两点要求：一是报酬的激励性，对此可以建立阶梯式报酬体系，以此强化激励性；二是报酬的可控性，这便于用人单位调整劳动报酬，控制劳动报酬成本。在实践中，企业可实施劳动报酬的“三化”方案。

（1）劳动报酬结构多元化。

劳动报酬总额是固定的，法律对劳动报酬的规定也仅仅是从足额及时发放的角度来要求的，并未涉及劳动报酬结构。因此，企业可以建立多元化的劳动报酬结构，即采用基本工资 + 绩效工资 + 福利 + 年终奖 + 补贴的结构方式，并制定每类结构的支付办法，比如基本工资依据岗位确定，绩效工资依据考核结果确定，福利以级别职位为准，年终奖与企业效益相结合，将补贴作为企业的自由支配项目。

（2）劳动报酬长期化。

劳动报酬长期化的关键在于降低短期支付项目，加大长期支付项目。例如，年终奖、福利、补贴可以采用按年发放的方式，并将其发放与职工工作年限相结合，树立职工长期工作的激励机制，以起到稳定职工队伍、降低员工流失率、巩固职工忠诚度的作用。

（3）劳动报酬制度化。

劳动报酬是职工和企业关注的焦点，报酬的变化对企业影响极大，因此企业应建立劳动报酬支付办法，实行劳动报酬的透明化管理。具体操作是将劳动报酬的结构、支付方式、支付时间、支付依据、晋升规则、保密规定作为企业的一项规章制度，提升劳动报酬成本的可控性。

3.2.7　服务期中的风险

服务期是企业针对核心员工的特别约定，约定服务期的目的是约束员工，防止员工随意跳槽。但需要注意，服务期的约定有两个前提：一是服务期的适用对象，依据《劳动合同法》第二十二条的规定，服务期只能针对单位提供了专业技术培训的员工，其范围不能随意扩大；二是服务期的违约金金额应当与专业技术培训费用相匹配，不能超过因培训产生的费用总额。

3.2.8　违约金中的风险

《劳动合同法》第二十五条对违约金进行了限制规定，将违约金范围限定在服务期违约金和竞业限制违约金两个方面。企业不能扩大违约金的适用范围。

同时，企业可以采用损失计算条款处理员工违法离职给企业造成的损失。对于员工给企业造成损失时的赔偿责任，法律没有明确规定，仅在《工资支付暂行规定》第十六条中予以认可，企业可以针对员工所在岗位及可能造成的损失约定该损失的计算办法。员工违法离职给企业造成的损失可以采用提前做出损失计算的约定，通过损失计算条款确定员工赔付数额。

3.2.9　竞业限制中的风险

竞业限制是一把双刃剑，既约束员工，也限制企业。对竞业限制的约定，企业的着力点应在竞业限制的约束范围和竞业限制的解除两个方面。竞业限制是对职工就业的约束，约定应当明确竞业限制的区域范围、行业范围、竞争性企业范围。如果因约定不明造成员工违反竞业限制协议，企业将遭受无端损失。

3.2.10　规章制度指引性条款方面的风险

在企业拟定的劳动合同中，一般都会设置规章制度指引性条款，比如员工劳动报酬按照单位劳动报酬计发办法确定、员工考核标准参照企业考核制度确定、员工上下班时间依据考勤制度确定。这些指引性条款实际上是将规章制度作为劳动合同的一部分，但要注意规章制度的适用效力。

规章制度中与员工利益相关的条款的生效有三个前提。

第一是规章制度经过民主程序制定。规章制度内容必须合法并向员工公示，这样才可以作为企业管理的依据。

第二是规章制度必须经过公示程序，告知员工。对公示程序法律没有明确规定，企业一般可以采用员工告知培训并签订告知函的方式履行告知义务。

第三是规章制度中的指引性条款不能与劳动合同内容冲突。

3.2.11 送达地址约定中的风险

送达在企业员工关系管理中是一个难题，企业的劳动合同、岗位薪资变动通知、解除通知、终止通知等诸多法律文书都必须送达员工才能发生法律效力。但大多数企业忽略了对送达地址的约定，导致员工失联后相关法律文书无法送达，最典型的就是形成“两不找”的法律状态，给企业带来法律隐患。因此，企业必须在劳动合同中明确约定“员工应当向企业提供准确的邮递地址和联系方式，如果邮递地址和联系方式变动应当及时通知企业。员工的邮递地址和联系方式变动后未履行通知义务，企业按照原地址邮递送达的，无论是否退回均视为送达，因此造成的法律后果由员工负担”。

3.3 劳动合同签订风险防范措施

3.3.1 谨慎拟定劳动合同

劳动合同并不完全是当事人双方意思协商的结果，劳动合同的各项条款基本都含有法律强制性规定，并且有些具体标准也是法定的，比如社会保险、休息休假、经济补偿、违约责任等，当事人双方对此几乎没有协商的自由和余地。有的民法学家甚至不把劳动合同作为合同来看待。总体来讲，劳动合同对于劳资双方来说都没有多少文章可做，合同的内容基本已被法律的规定所代替。这是由《劳动法》的社会法属性决定的。

劳动合同中真正需要双方协商确定的，只有合同期限、劳动报酬、工作内容和地点。

劳动合同中可由当事人双方协商的部分，是企业需要着力研究的地方。

（1）劳动合同的必备条款。

劳动合同的必备条款是指法律规定的劳动合同必须具备的内容。在法律规定了必备条款的情况下，劳动合同如果缺少此类条款，就不能成立。劳动合同的必备条款见表 3-1。

表 3-1 劳动合同的必备条款

序号	必备条款	具体说明
1	企业的名称、地址和法定代表人或者主要负责人	明确劳动合同中企业一方的主体资格，确定劳动合同的当事人

（续表）

序号	必备条款	具体说明
2	员工的姓名、住址和居民身份证或者其他有效证件号码	明确劳动合同中员工一方的主体资格，确定劳动合同的当事人
3	劳动合同期限	劳动合同期限可分为固定期限、无固定期限和以完成一定工作任务为期限
4	工作内容	工作内容是指工作岗位和工作任务或职责。这一条款是劳动合同的核心条款之一，是建立劳动关系时极为重要的因素。劳动合同中的工作内容条款应当明确、具体，便于遵照执行
5	工作地点	工作地点是指劳动合同的履行地，是员工从事劳动合同中所规定工作内容的地点。它关系到员工的工作环境、生活环境以及员工的就业选择，员工有权在与企业建立劳动关系时知悉自己的工作地点，这也是劳动合同中必不可少的内容
6	工作时间	工作时间是指员工在企业、事业、机关、团体等单位中，必须用来完成其所担负工作任务的时间。一般由法律规定员工在一定时间内（工作日、工作周）应该完成的工作任务，以保证最有效地利用工作时间，不断提高工作效率。这里的工作时间包括工作时间的长短、工作时间方式的确定，比如是 8 小时工作制还是 6 小时工作制，是日班还是夜班，是正常工时还是实行不定时工作制，或者是综合计算工时制。工作时间的不同，对员工的就业选择、劳动报酬等均有影响，因此工作时间是劳动合同中不可缺少的内容
7	休息休假	休息休假是指企业、事业、机关、团体等单位的员工按规定不必进行工作而自行支配的时间。休息休假的权利是每个国家的公民都应享受的权利。休息休假的具体时间根据员工的工作地点、工作种类、工作性质、工龄长短等各有不同，企业与员工在约定休息休假事项时应当遵守《劳动法》及相关法律法规的规定
8	劳动报酬	劳动报酬主要包括以下七个方面 （1）企业工资水平、工资分配制度、工资标准和工资分配形式 （2）工资支付方法 （3）加班、加点工资及津贴、补贴标准和奖金分配办法 （4）工资调整办法 （5）试用期及病、事假等期间的工资待遇

（续表）

序号	必备条款	具体说明
8	劳动报酬	（6）特殊情况下职工工资（生活费）支付方法 （7）其他劳动报酬分配方法。劳动合同中有关劳动报酬条款的约定要符合我国有关最低工资标准的规定
9	社会保险	社会保险一般包括医疗保险、养老保险、失业保险、工伤保险和生育保险。社会保险由国家强制实施，因此是劳动合同中不可缺少的内容
10	劳动条件	劳动条件主要是指企业为使员工顺利完成劳动合同约定的工作任务，为员工提供的必要的物质和技术条件，如必要的劳动工具、机械设备、工作场地、劳动经费、辅助人员、技术资料、工具书，以及其他必不可少的物质条件、技术条件和工作条件
11	劳动保护	劳动保护是指企业为了防止劳动过程中发生安全事故而采取各种措施保障员工的生命安全和健康。在劳动生产过程中，存在各种不安全、不卫生因素，如不采取措施加以保护，将会发生工伤事故。例如，矿井作业可能发生瓦斯爆炸、冒顶、片帮、水火灾害等事故；建筑施工可能发生高空坠落、物体打击和碰撞等。所有这些都会危害员工的安全健康，妨碍工作的正常进行。国家为了保障员工的身体安全和生命健康，制定了相应的法律和行政法规、规章。企业也应根据自身的具体情况，规定相应的劳动保护制度，以保证员工的健康和安全
12	职业危害防护	职业危害是指企业的员工在职业活动中，因接触职业性有害因素（如粉尘、放射性物质和其他有毒、有害物质等）而对生命健康造成的危害。根据《中华人民共和国职业病防治法》第三十三条的规定，用人单位与劳动者订立劳动合同时，应当将工作过程中可能产生的职业病危害及其后果、职业病防护措施和待遇等如实告知劳动者，并在劳动合同中写明，不得隐瞒或者欺骗

（2）录用条件的约定。

一般来说，签订合同后随即而来的是试用期。员工在试用期内被证明不符合录用条件的，用人单位可以解除合同。在实践中，用人单位经常遇到如何举证证明存在不符合录用条件的情况。劳动合同可以明确约定相关岗位的录用条件，以解决该问题，避免双方对录用条件的内容产生争议。合同约定的录用条件应当与试用期满时的考核项目相对应，不能考核衡量的录用条件是没有意义的。

（3）岗位职责和要求的约定。

用人单位能证明员工在任职期间发生严重失职的行为或存在不能胜任工作的情况，可以对其进行解雇或调岗。如果合同里具体约定了岗位的职责、工作要求和考核指标，那么用人单位在证明员工有失职行为或不能胜任工作的情况时会更容易。《劳动合同法》加重了对违法解除劳动合同的处罚，用人单位以失职等理由解除劳动合同但又不能有效证明相关事实的，视同违法解除，后果是解除无效或提供双倍经济补偿。因此，以此理由解除合同时必须慎重；在劳动合同中约定相关岗位工作要求是非常有必要的。

（4）试用期的规定。

目前在企业的用工过程中，滥用试用期从而侵犯员工权益的现象比较普遍。《劳动合同法》第十九条针对滥用试用期、试用期过长问题做出了有针对性的规定。在试用期问题上，企业需要注意以下三点。

①试用期是一个约定的条款，如果双方在劳动合同中没有事先约定，企业就不能以试用期为由解除劳动合同。

②《劳动合同法》限定了试用期的约定条件，员工在试用期间应当享有全部的劳动权利。这些权利包括取得劳动报酬的权利、休息休假的权利、获得劳动安全卫生保护的权利、接受职业技能培训的权利、享受社会保险和福利的权利、提请劳动争议处理的权利以及法律规定的其他劳动权利，还包括依照法律规定，通过职工大会、职工代表大会或者其他形式，参与民主管理或者就保护员工合法权益与企业进行平等协商的权利。因此，企业不能在劳动合同中因为员工处于试用期而加以限制，与其他员工区别对待。

③试用期包括在劳动合同期限内。也就是说，不管劳动合同双方当事人订立的是一年期限的劳动合同，还是三年、五年期限的劳动合同，或者约定了试用期，劳动合同期限的前一段期限（可能是三天、五天或者一个星期，也可能是一个月或者二个月）是试用期，试用期都包括在整个劳动合同期限里。不管试用期之后是否签订劳动合同，都不允许单独约定试用期。

（5）试用期工资可以约定。

员工和企业可以在劳动合同中约定试用期的工资，试用期工资的约定应当体现同工同酬的原则。员工在试用期的工资要满足两个最低标准：第一，不得低于本单位同岗位最低档工资；第二，不得低于劳动合同约定工资的 80%。

另外，企业要注意，员工在试用期的工资不得低于企业所在地的最低工资标准。

（6）试用期解除劳动合同的限制。

企业在试用期随意解除劳动合同的现象较为普遍。有些企业利用在试用期解除劳动合同相对容易的情况，任意解除与员工的劳动合同，走马观花式地更换试用人员。为了遏制部分企业恶意在试用期解除劳动合同，《劳动合同法》第二十一条做出了针对性的规定，即在试用期除有证据证明员工不符合录用条件外，企业不得解除劳动合同。企业在试用期解除劳动合同的，应当向员工说明理由。

这意味着企业在试用期要解除与员工的劳动合同，必须有证据、有理由，证明员工哪些方面不符合录用条件，以及为什么不符合。如果企业恶意使用员工，不尽应尽的义务，则在员工诉诸法律时，企业要承担败诉的风险。

（7）约定提供专项培训的服务期。

企业可以在劳动合同中就为员工提供专项培训费用而约定服务期的问题做出规定。

①约定服务期的培训需具备的条件。企业可以与员工订立协议，约定服务期的培训要件，但这须符合法律规定的要求（见图 3-1）。

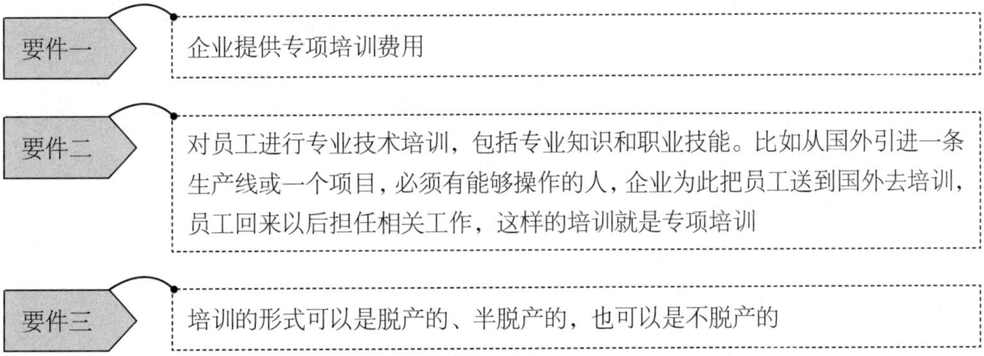

图 3-1　约定服务期的培训要件

②违约金的约定。企业与员工要依法约定违约金，这其中主要包含两层意思。

第一层：违约金是劳动合同双方当事人约定的结果。员工违反服务期约定的，应当按照约定向企业支付违约金，这体现了合同中的权利与义务对等原则。所谓对等，是指在享有权利的同时应承担义务，而且彼此的权利与义务是相应的。这要求当事人所取得的财产、劳务或工作成果与其履行的义务大体相当。

第二层：企业与员工约定违约金时不得违法。违反服务期约定的违约金数额不得超过企业提供的培训费用。违约时，员工所支付的违约金不得超过服务期尚未履行部分所应分摊的培训费用。

③关于服务期的年限。《劳动合同法》并没有对服务期的年限做出具体规定。所以说，服务期的长短可以由劳动合同双方当事人协商确定。但是，企业在与员工协商确定服务期年限时要遵守两点：第一，要体现公平合理的原则，不得滥用权力；第二，企业与员工约定服务期较长的，企业应当按照工资调整机制提高员工在服务期内的劳动报酬。

（8）对规章制度的确认。

鉴于有关法律规定，企业的劳动规章制度必须公示或告知员工方才对员工有效，并且需要有证据证明曾经告知。因此，企业必须设置一个有效的流程，保证每个员工都看到和了解了规章制度并能对此予以证明。企业可以在劳动合同中设置相应条款，这是一种有效和方便的告知、保留证据的办法。同时，最好在合同末尾签署栏的下方特别标注，并由员工签字确认，以免员工在发生纠纷时主张合同为单位格式条款，单位没有特别提示并且拒绝修改，自己未曾多看，从而影响该确认的效力。

（9）薪资奖金调整的约定。

《劳动合同法》第三十五条规定，变更合同约定内容需要企业与员工协商一致并以书面形式进行，因此调整薪资并不是企业单方说了算的。除非有法定理由，否则降低薪资需要员工同意。这在一定程度上限制了企业的用工管理自由，企业必须做出必要的安排才能达到奖优罚劣的目的。

企业在劳动合同中可以把变更合同转换为履行合同的行为，比如约定奖金随个人绩效浮动的方法，或者薪资在达到一定条件时自动调整的方法。这样约定后，将来的薪资调整便不再是变更合同，而是如约履行合同。其合法性的前提是得到双方事先的一致同意，是双方合意的安排。

（10）薪资随岗位调整的约定。

对于是否可以在调整岗位的同时调整薪资，相关法律并没有明确的规定。有些人认为可以，有些人认为不可以。认为可以的理由是同工同酬，认为不可以的理由是变更合同需要协商一致并书面确定。无论如何，这方面属于法律规定的模糊地带，企业可以在劳动合同中进行适当填补。劳动合同可以约定企业在合理调整员工的岗位时，有权相应地调整员工薪资，员工薪资按照新岗位标准执行。

（11）违约金的约定。

一般情况下，员工离职需要提前一个月通知企业。在实践中，员工不辞而别或“即辞即别”的情况时有发生，法律又规定企业不得随意约定违约金，那么如何规制员工不依法提前一个月通知就离职的违法行为呢？企业可以在劳动合同中约定赔偿办法，但是企业与员工也不能随意约定违约金条款。《劳动合同法》对违约金制度有着明确的规定。

法律只是限制员工向用人单位支付违约金的情形，而对用人单位向员工支付违约金的情形并不限制。当劳动合同约定了用人单位提前解除或终止劳动合同向员工支付违约金的情形，法律并不禁止，用人单位需按约定的数额向员工支付违约金。因此，建议用人单位不要在劳动合同中约定向员工支付违约金的情形。

法律规定员工违法解除劳动合同需要承担赔偿责任。例如，《劳动合同法》第九十条规定，劳动者违反本法规定解除劳动合同，给用人单位造成损失的，应当承担赔偿责任。该条规定在实践中较难落实，企业很难举证造成的损失金额，并且员工离职后经常不知去向，无法追究其赔偿责任。可行的做法是在合同中约定损失的计算方法，如员工离职后安排其他人加班处理其岗位事务所发生的加班费、临时紧急招用新员工所发生的额外费用、工作未完好交接造成的业务损失等，都可以约定具体的计算方式，并约定损失赔偿可以在薪资中扣除。员工不辞而别时，企业依此方式计算赔偿并暂扣其薪资的，属于合情合理的做法，被司法支持的可能性非常大。相反，如果合同未做约定，只是简单地扣除员工当月薪资，这种行为并没有充分的法律依据，被判支付赔偿的风险较大。

（12）保护商业秘密的约定。

商业秘密是不为大众所知悉、能为权利人带来经济利益、具有实用性并经权利人采取保密措施的技术信息和经营信息。在激烈的市场竞争中，任何一个企业生产经营方面的商业秘密都十分重要。在市场经济条件下，企业用人和员工选择职业都有自主权。有的员工因工作需要，了解或掌握了本企业的技术信息或经营信息等资料，如果企业事先不向员工提出保守商业秘密、承担保密义务的要求，有的员工就有可能带着企业的商业秘密另谋职业，通过擅自泄露或使用原企业的商业秘密谋取更大的个人利益。如果没有事先约定，企业往往难以通过法律讨回公道，从而使企业遭受重大经济损失。因此，企业可以在合同中就保守商业秘密的具体内容、方式、时间等与员工进行约定，防止自己的商业秘密被侵占或泄露。

（13）约定竞业限制的范围。

竞业限制的实施在客观上限制了员工的就业权，进而影响了员工的生存权，因此其存在仅能以协议的方式确立。例如，竞业限制的范围、地域、期限由企业与员工约定。尽管企业会因此支付一定的代价，但一般而言，该代价不能完全弥补员工因就业限制而遭受的损失。因此，为了保护员工的合法权益，《劳动合同法》第二十四条在强调约定的同时，对竞业限制的范围进行了规定。

①人员。竞业限制的人员限于企业的高级管理人员、高级技术人员和其他知悉企业商业秘密的人员。实际上竞业限制仅限于知悉企业商业秘密和核心技术的人员，不可能面对每个员工，因为给每个员工一份经济补偿金，企业也无力承受。

②竞业限制的范围。竞业限制的范围要界定清楚。由于竞业限制影响了员工的劳动权利，竞业限制一旦生效，员工要么改行要么赋闲在家，因此不能任意扩大竞业限制的范围。鉴于商业秘密的范围可大可小，如果任由企业来认定，难免有被扩大之虞。在原则上，竞业限制的范围、地域应当以能够与企业形成实际竞争关系的地域为限。

③约定竞业限制必须是保护合法权益所必需的。竞业限制的实施必须以正当利益的存在为前提，必须是保护合法权益所必需的。首先是存在竞争关系，最重要的是不能夸大商业秘密的范围，员工承担义务的范围不能被无限制地扩大，以致损害员工的合法权益。

④竞业限制的期限。在解除或者终止劳动合同后，受竞业限制约束的员工到与本企业生产或者经营同类产品、从事同类业务的有竞争关系的其他企业，或者自己开业生产或者经营与本企业有竞争关系的同类产品、从事同类业务的期限不得超过二年。

（14）通信地址的约定。

在劳动合同的履行过程中，企业偶尔需要向员工发送书面通知，比如要求签订合同的通知、续签通知、解雇通知、禁止双重关系的通知等。以上书面文书具有实质性的法律意义，能不能证明单位曾经通知过，关乎责任的有无、诉讼的胜败。当员工不愿签收上述通知时，企业应当进行邮寄或快递。因此，企业应当要求员工在合同里书面写明自己的联系地址，以省却将来需要证明通知确已有效送达本人的麻烦。另外，企业还可要求员工提供其个人电子邮件和手机号码，以便多渠道地发送重要文件，并要求员工在以上信息有更改时及时书面通知企业，未通知更改的寄送原址视为送达。

（15）劳动合同期限的约定。

劳动合同期限是指合同的有效时间，它一般始于合同的生效之日，终于合同的终止之时。

根据《劳动合同法》第十二条的规定，劳动合同期限分为固定期限、无固定期限和以完成一定工作任务为期限三种。合理地确定劳动合同期限，对当事人双方来说都是至关重要的。确定劳动合同期限，除了坚持劳动合同订立的原则外，还要掌握以下两项原则。

①有利于企业发展生产的原则。确定劳动合同期限时，必须先从生产实际出发，根据企业生产和工作需要来确定。

②兼顾当事人双方利益的原则。确定劳动合同期限时，不能只强调企业的生产工作需要，也应当兼顾员工的个人利益，尊重员工的个人意愿。

总之，当事人双方都应当处理好眼前利益和长远利益的关系，合理确定劳动合同期限。

科学、合理地确定劳动合同期限，对于用人单位和员工的发展都有很大帮助。用人单位可以根据生产经营的长期规划和目标任务，对劳动力的使用进行科学预测、合理规划，使劳动合同期限能够长短并用、梯次配备，形成灵活多样的格局。员工可以根据自身的年龄、身体状况、专业技术水平、自身发展计划等因素，合理地选择适合自己的劳动合同期限。

3.3.2 签订劳动合同时要尽告知义务

《劳动合同法》第八条规定了企业与员工的如实告知义务。所谓如实告知义务，是指在企业招用员工时，企业与员工应将双方的基本情况如实向对方说明的义务。告知应当以一种合理并且适当的方式进行，要求能够让对方及时知道和了解。

（1）企业的告知义务。

企业对员工的告知义务体现在企业招用员工时应当如实告知员工以下内容：工作内容、工作条件、工作地点、职业危害、安全生产状况、劳动报酬和员工要求了解的其他情况。

这些是法定的应无条件告知的内容，无论员工是否提出知悉要求，企业都应当主动、如实地向员工说明。

除此以外，对于员工要求了解的其他情况，如企业相关的规章制度，包括企业内部的各种劳动纪律、规定、考勤制度、休假制度、请假制度、处罚制度以及企业内已经签订的集体合同等，企业都应当进行详细的说明。

（2）员工的告知义务。

员工的告知义务是附条件的，只有在企业要求了解员工与劳动合同直接相关的基本情况时，员工才有如实告知的义务。员工与劳动合同直接相关的基本情况包括健康状况、知识技能、学历、职业资格、工作经历，以及部分与工作有关的个人情况，如家庭住址、主要家庭成员构成等。

企业与员工双方都应当如实告知另一方真实的情况，不能欺骗。如果一方向另一方提供虚假信息，将有可能导致劳动合同的无效。例如，员工向企业提供虚假学历证明，企业未如实告知工作岗位存在患职业病的可能等，都属于《劳动合同法》规定的采取欺诈手段订立的劳动合同，该劳动合同无效。

3.3.3 不能要求员工提供担保及扣押证件

（1）企业违法向员工收取财物的情况。

企业违法向员工收取财物的情况主要有两种。

①建立劳动关系时向员工收取风险抵押金等费用，对不交者不与其建立劳动关系，对交者在建立劳动关系后又与其解除劳动关系且不退还风险抵押金等费用。

②建立劳动关系后向全员收取风险抵押金等费用，对不交者予以开除、辞退等处罚。

无论是在建立劳动关系之前，还是在建立劳动关系之后，只要招用员工，企业便不能要求员工提供担保或以其他名义向员工收取财物。

（2）企业向员工收取财物或者扣押员工证件的法律责任。

员工有权拒绝企业以各种形式和名义向自己收取财物（定金、保证金或抵押金）或者扣押证件。《劳动合同法》第八十四条规定了向员工收取财物或者扣押员工证件的法律责任。

①用人单位违反本法规定，扣押劳动者身份证等证件的，由劳动行政部门责令限期退还劳动者本人，并依照有关法律规定给予处罚。

②用人单位违反本法规定，以担保或者其他名义向劳动者收取财物的，由劳动行政部门责令限期退还劳动者本人，并以每人500元以上2000元以下的标准处以罚款；给劳动者造成损害的，应当承担赔偿责任。

3.3.4 必须订立书面劳动合同

（1）应当采用书面的形式订立劳动合同。

劳动合同作为劳动关系双方当事人权利和义务的协议，有书面形式和口头形式之分。《劳动法》和《劳动合同法》明确规定，劳动合同应当以书面形式订立。用书面形式订立劳动合同严肃慎重、准确可靠、有据可查，一旦发生争议时，便于查清事实，分清是非，也有利于主管部门和劳动行政部门进行监督检查。另外，书面劳动合同能够加强合同当事人的责任感，促使合同所规定的各项义务能够得到全面履行。

（2）未在建立劳动关系时订立书面劳动合同情况的处理。

对于已经建立劳动关系但没有订立书面劳动合同的情况，企业与员工应当自用工之日起1个月内订立书面劳动合同。

①根据《劳动合同法》第十四条的规定，企业自用工之日起满一年不与员工订立书面劳动合同的，视为企业与员工已订立无固定期限劳动合同。

②企业未在用工的同时订立书面劳动合同，与员工约定劳动报酬不明确的，新招用员工的劳动报酬应当按照企业或者行业集体合同规定的标准执行；没有集体合同或者集体合同未做规定的，企业应当对员工实行同工同酬。

③企业自用工之日起超过一个月但不满一年未与员工订立书面劳动合同的，应当向员工支付两倍的月工资。

（3）先订立劳动合同后建立劳动关系的情况。

在现实中也有一种情况，即企业在招用员工进入工作岗位之前先与员工订立了劳动合同。对于这种情况，其劳动关系从用工之日起建立，其劳动合同期限、劳动报酬、试用期、经济补偿金等均从用工之日起计算。

3.3.5 避免签订无效的劳动合同

无效的劳动合同是指由当事人签订成立而国家不予承认其法律效力的劳动合同。一般的劳动合同一旦依法成立，就具有法律约束力，但是无效的劳动合同即使成立也不具有法律约束力，不发生履行效力。

导致劳动合同无效的原因有四个方面，具体说明见表 3-2。

表 3-2 劳动合同无效的原因

序号	原因	表现形式
1	劳动合同因违反国家法律、行政法规的强制性规定而无效	（1）用人单位和员工中的一方或者双方不具备订立劳动合同的法定资格，如签订劳动合同的员工一方必须是具有劳动权利能力和劳动行为能力的公民。企业与未满十六周年的未成年人订立的劳动合同就是无效的劳动合同（国家另有规定的除外） （2）劳动合同的内容直接违反法律、法规的规定，比如员工与矿山企业在劳动合同中约定的劳动保护条件不符合《中华人民共和国矿山安全法》的有关规定，他们所订立的劳动合同便是无效的 （3）劳动合同因损害国家利益和社会公共利益而无效。《中华人民共和国民法典》第一百八十五条第五项确立了社会公共利益的原则，违反法律或者社会公共利益的民事行为无效
2	订立劳动合同因采取欺诈手段而无效	（1）在没有履行能力的情况下签订合同。例如，根据《劳动法》的规定，从事特种作业的员工必须经过专门培训并取得特种作业资格，而拟聘用的员工并没有这种资格，提供了假的资格证书 （2）行为人负有向他方如实告知某种真实情况的义务但故意不告知
3	订立劳动合同因采取威胁手段而无效	威胁是指当事人以将要发生的损害或者以直接实施损害相威胁，一方迫使另一方处于恐怖或者其他被胁迫的状态而签订劳动合同，可能涉及生命、身体、财产、名誉、自由、健康等方面
4	用人单位免除自己的法定责任、排除员工权利的劳动合同无效	劳动合同简单化，法定条款缺失，仅规定员工的义务，有的甚至规定“生老病死都与企业无关”“用人单位有权根据生产经营变化及员工的工作情况调整其工作岗位，员工必须服从用人单位的安排”等霸王条款

3.3.6 劳动合同文本由用人单位和员工各执一份

劳动合同文本应当由用人单位和员工各执一份，用人单位不得以各种理由拒绝将属于员工本人的劳动合同归还员工，这种做法直接侵害了员工的合法权益，是不合法的。

3.3.7 对拒签劳动合同的员工立即终止劳动关系

《中华人民共和国劳动合同法实施条例》（以下简称《劳动合同法实施条例》）第二章第五条规定："自用工之日起一个月内，经用人单位书面通知后，劳动者不与用人单位订立书面劳动合同的，用人单位应当书面通知劳动者终止劳动关系，无需向劳动者支付经济补偿，但是应当依法向劳动者支付其实际工作时间的劳动报酬。"

对用人单位来说，考虑到劳动争议案件中的举证责任分配问题，为了减少风险及避免增加工作量，用人单位在与劳动者建立劳动关系之日起一个月内应尽快与其签订劳动合同，发现有可能拒签合同情形的劳动者，在满一个月前应立即书面通知终止与其之间的劳动关系；如果已经满一个月，也要立即书面通知劳动者终止劳动关系，但此时需要向其支付经济补偿金和双倍工资。对这些没有诚信的劳动者来说，他们在今后的工作中一般也会存在各种问题。因此，用人单位立即终止与他们之间的劳动关系，虽然会损失一些招聘成本，但是可以避免支付双倍工资及经济补偿金，以及减少以后可能出现的更多损失。

用人单位在按照这一规定具体操作时需要注意一个细节，即在书面通知终止劳动合同时应保存通知送达证据。用人单位可以在录用员工时让员工在入职声明或员工简历中书面确认接收用人单位书面文件的送达地址，这样用人单位便可以在终止劳动关系时通过快递的方式邮寄通知并保存邮寄单，证明自身依法终止与拒签劳动合同劳动者之间的劳动关系，以避免陷入违法解除合同的风险。

另外，用人单位最好向所在地劳动部门咨询如何处理。如果有用人单位咨询过的记录，将来该员工向劳动部门投诉时，用人单位会减少一些后续麻烦。

3.3.8 建名册

《劳动合同法》第七条规定，用人单位自用工之日起即与劳动者建立劳动关系。用人单位应当建立职工名册备查。

建立职工名册的对象包括所有与用人单位建立劳动关系的劳动者，即用人单位以各种形式招用的劳动者（合同工、劳务工、非全日制工等），其内容一般包括劳动者的姓名、性别、民族、出生年月、文化程度、职务、级别等。

3.3.9 为员工办理社会保险

《中华人民共和国社会保险法》第五十八条规定，用人单位应当自用工之日起三十日内为其职工向社会保险经办机构申请办理社会保险登记。

（1）首次参保职工如何新建个人档案。

新招用员工如果在“金保”系统中无档案（即无个人编号），需要通过网上申报系统建立个人档案。

（2）已参保职工如何办理转入接收。

当原用人单位已将参保职工档案转出至新参保单位时，新参保单位可以通过网上申报系统直接办理转入接收。

管理工具

【工具 3-01】

劳动合同签订流程规范

1. 目的

为规范本公司的劳动用工手续，与员工建立合法的劳动关系，特制定本规范。

2. 范围

本规范适用于公司编制内的所有员工。

3. 职责

3.1 公司人力资源部作为劳动关系的职能管理部门，负责劳动合同签订流程的制定和规范。

3.2 公司人力资源部负责对各部门员工的劳动关系进行管理，促使劳动关系及时建立和延续。

3.3 公司人力资源部负责劳动合同新签、续签或终止劳动合同手续办理以及劳动合同档案存档管理。

4. 签订流程

4.1 劳动合同应在新员工报到之日起 1 个月内签订，首次签订劳动合同者包括试用期（如无试用期则不包括）；劳动合同届满的，应在期满前 30 日内确定续签意向。

4.2 初签注意事项。

4.2.1 审查劳动者的年龄。

4.2.2 审查劳动者的学历、工作经历、个人基本信息的准确性，以免发生不可预测的诉讼风险。

4.2.3 审查劳动者是否与其他单位存在劳动关系。

4.3 续签注意事项。

4.3.1 公司人力资源部根据员工劳动合同即将到期时间，提前30日与其确定续签意向，填写《续签劳动合同意见书》。

4.3.2 员工收到《续签劳动合同意见书》后应在一周内将是否续签的意向通知公司，逾期未通知的视为同意续签。

4.3.3 劳动合同双方确定续签的则续签劳动合同，否则办理劳动合同终止相关手续。

4.4 劳动合同签订年限。

4.4.1 新签（固定年限）。

（1）车间普通员工：一年。

（2）公司办公室职员（车间组长及以上）：三年。

（3）其他：双方约定时间。

4.4.2 续签。

（1）续签合同为固定期限的，其年限与新签合同年限相同。

（2）续签合同时可综合个人与公司意见签订无固定期限劳动合同。

（3）续签日期从上一份劳动合同终止日期开始计算。

（4）不续签者，劳动合同终止日期当天办理终止合同手续，公司出具《终止劳动合同通知书》并让员工在签收单上签字确认。

5. 续签审批流程

5.1 车间主管以下员工续签劳动合同的，由所属部门负责人确定续签意向并制作统计表，公司人力资源部审核通过后报总经理审批。

5.2 办公室职员续签劳动合同的，由人力资源部和其所属部门负责人确定续签意向并制作统计表，公司人力资源部审核通过后报总经理审批。

6. 资料管理

6.1 劳动合同应动态管理，定期整理，过期或终止的劳动合同另行造册归档，长期保存。

6.2 人力资源部不定时核查在职人员是否有劳动合同未按时签订、无续签的情况。

6.3 续签意向书应分册归档保存，续签意向书待劳动合同续签满一年后可予以集中销毁。

7. 补充事项

7.1 劳动合同（及附件）一式两份，公司和员工各执一份。

7.2 发放劳动合同时需请劳动者填写“劳动合同签收备案表”并对签收劳动合同的签收者进行统计，建立名册。

附件：

劳动合同签订流程

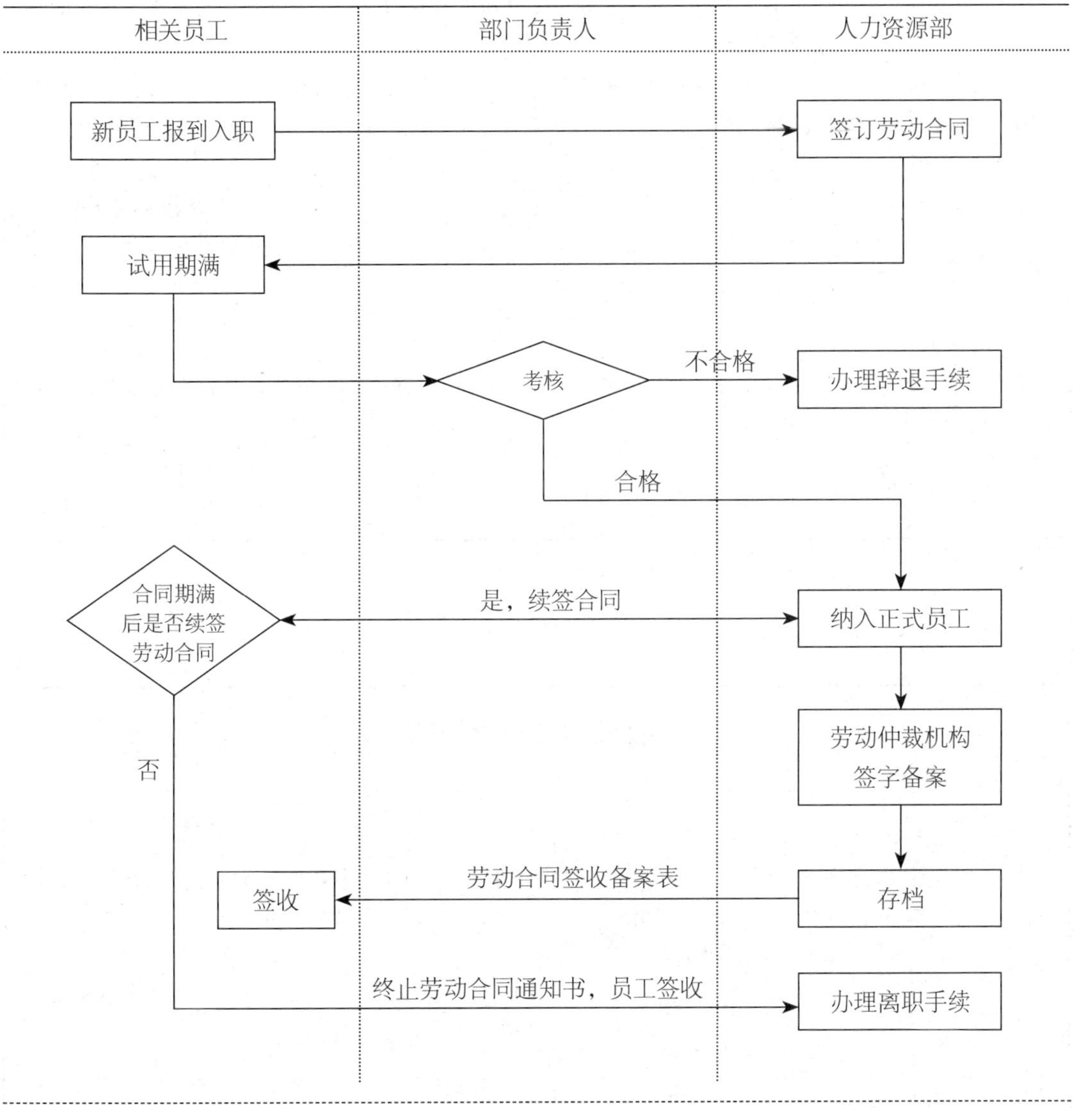

【工具3-02】

签订劳动合同通知书

××先生/女士：

由于您入职后尚未签订书面劳动合同，现人力资源部通知您于收到本通知之日起7日内与公司订立劳动合同。劳动待遇按照录用通知/原劳动合同约定的数额/规章制度规定的同岗位基准待遇处理。订立地点为人力资源部办公室。

如您没有在规定的时间内与公司订立劳动合同，公司将依据《劳动合同法实施条例》的有关规定解除劳动关系，并办理相关退工手续。

特此通知。

××实业有限公司（盖章）

××××年××月××日

回　执

本人收到公司的《签订劳动合同通知书》，通知书中告知了本人应在7日内按公平原则订立劳动合同的有关事项，特此确认。

员工（签字）：

××××年××月××日

【工具3-03】

续签劳动合同意见书

________同志：

我公司与您签订的劳动合同将于____年__月__日到期，根据工作需要，经研究，拟与您续签劳动合同。续签合同起止时间：____年__月__日至____年__月__日；拟聘用岗位：________________。请于____年__月__日前将下面之意向书回复人力资源部。

人力资源部

年　月　日

职工意向：

终止□

（续表）

续签□	签____年□ 无固定期限□
注：连续在本公司签订两次固定劳动合同者，再次签约时可签无固定期限合同。	
职工签字：	年　月　日

【工具3-04】

劳动合同签收备案表

用人单位名称（盖章）：　　　　单位性质：

地址：　　　　电话：

序号	姓名	性别	签订年限	劳动合同期限		员工签名	备注
				起	止		

说明：此表作为用人单位与员工签订劳动合同的凭证之一。

第四章

在职管理风险防范

当企业决定正式录用一名员工后，企业与该员工之间就会发生劳动关系及其外延的许多其他法律关系。有些企业管理者可能对劳动合同的签订非常重视，但忽视了有些看似平常的细节。在这些细小而烦琐的法律关系中，更加需要企业管理者谨慎、耐心地处理，否则随时可能面临劳动纠纷，甚至演化为劳动争议。

学习目标

（1）了解有关员工在职管理的法律规定。

（2）掌握全面履行劳动合同的各项业务的办理要求、方法。

（3）掌握办理劳动合同的续签手续的要求、方法，尤其是法律方面的细节。

（4）了解员工在职期间可能会出现的员工培训风险、加班风险、工伤待遇争议、患病医疗费争议，掌握这些风险和争议的防范措施，尤其是掌握建立申诉机制化解冲突的方法。

在职管理风险防范学习指引

序号	培训内容	时间安排	期望目标	未达成目标时的改进措施
1	有关员工在职管理的法律规定			
2	全面履行劳动合同			
3	依法办理劳动合同的续签手续			
4	员工培训风险及其防范措施			
5	建立申诉机制，化解冲突			
6	加班风险防范			
7	工伤待遇争议的防范			
8	员工患病医疗费争议防范			

4.1 有关员工在职管理的法律规定

4.1.1 关于劳动合同的履行和变更的规定

员工在职期间涉及劳动合同的履行和变更，关于劳动合同的履行和变更，《劳动合同法》有具体的规定。

其中，《劳动合同法》第二十九条规定，用人单位与劳动者应当按照劳动合同的约定，全面履行各自的义务。

第三十条规定，用人单位应当按照劳动合同约定和国家规定，向劳动者及时足额支付劳动报酬。

用人单位拖欠或者未足额支付劳动报酬的，劳动者可以依法向当地人民法院申请支付令，人民法院应当依法发出支付令。

第三十一条规定，用人单位应当严格执行劳动定额标准，不得强迫或者变相强迫劳动者加班。用人单位安排加班的，应当按照国家有关规定向劳动者支付加班费。

第三十二条规定，劳动者拒绝用人单位管理人员违章指挥、强令冒险作业的，不视为违反劳动合同。

劳动者对危害生命安全和身体健康的劳动条件，有权对用人单位提出批评、检举和控告。

第三十三条规定，用人单位变更名称、法定代表人、主要负责人或者投资人等事项，不影响劳动合同的履行。

第三十四条规定，用人单位发生合并或者分立等情况，原劳动合同继续有效，劳动合同由承继其权利和义务的用人单位继续履行。

第三十五条规定，用人单位与劳动者协商一致，可以变更劳动合同约定的内容。变更劳动合同，应当采用书面形式。

变更后的劳动合同文本由用人单位和劳动者各执一份。

4.1.2 关于加班的法律规定

（1）关于加班时间的规定。

《劳动法》第四十一条规定，用人单位由于生产经营需要，经与工会和劳动者协商后可以延长工作时间，一般每日不得超过一小时；因特殊原因需要延长工作时间的，在保障劳动者身体健康的条件下延长工作时间每日不得超过 3 小时，但是每月不得超过 36 小时。

（2）加班工资的计算方法。

《劳动法》第四十四条规定，有下列情形之一的，用人单位应当按照下列标准支付高于劳动者正常工作时间工资的工资报酬：安排劳动者延长工作时间的，支付不低于工资的 150% 的工资报酬；休息日安排劳动者工作又不能安排补休的，支付不低于工资的 200% 的工资报酬；法定休假日安排劳动者工作的，支付不低于工资的 300% 的工资报酬。

《工资支付暂行规定》第十三条规定，用人单位在劳动者完成劳动定额或规定的工作任务后，根据实际需要安排劳动者在法定标准工作时间以外工作的，应按以下标准支付工资：

（1）用人单位依法安排劳动者在日法定标准工作时间以外延长工作时间的，按照不低于劳动合同规定的劳动者本人小时工资标准的 150% 支付劳动者工资；

（2）用人单位依法安排劳动者在休息日工作，而又不能安排补休的，按照不低于劳动合同规定的劳动者本人日或小时工资标准的 200% 支付劳动者工资；

（3）用人单位依法安排劳动者在法定休假节日工作的，按照不低于劳动合同规定的劳动者本人日或小时工资标准的 300% 支付劳动者工资。

实行计件工资的劳动者，在完成计件定额任务后，由用人单位安排延长工作时间的，应根据上述规定的原则，分别按照不低于其本人法定工作时间计件单价的 150%、200%、300% 支付其工资。

经劳动行政部门批准实行综合计算工时工作制的，其综合计算工作时间超过法定标准工作时间的部分，应视为延长工作时间，并应按本规定支付劳动者延长工作时间的工资。

实行不定时工时制度的劳动者，不执行上述规定。

4.1.3 关于工伤的法律规定

（1）工伤待遇具体规定：有关工伤待遇的规定可查阅《工伤保险条例》。

（2）工伤待遇方面的争议处理：职工与用人单位发生工伤待遇方面的争议时，按照处理劳动争议的有关规定处理。

4.2 全面履行劳动合同

4.2.1 按劳动合同的约定全面履行各自的义务

企业与员工应当按照劳动合同的约定全面履行各自的义务。具体而言，劳动合同的履行要求合同双方做到以下五个方面。

（1）企业与员工都应按照劳动合同的约定和劳动纪律的规定履行自己应尽的义务，并为对方履行义务创造条件。

（2）企业与员工双方应互相关心，通过生产经营管理和民主管理互相督促，发现问题及时协商解决。

（3）无论是企业还是员工遇到问题，双方都应在法律允许的范围内尽力给予对方帮助，协助对方尽快解决问题。

（4）员工违纪，企业应依法对其进行教育，帮助员工改正；企业违约，员工要及时发现问题，尽快协助企业纠正并设法防止和减少损失。

（5）在履行合同过程中若发生劳动争议，企业与员工应从大局出发，根据《劳动合同法》第四条和《劳动法》第七十七条等有关规定，结合实际情况，及时协商解决，从而建立和谐、稳定的劳动关系。

4.2.2 及时按法律规定支付劳动报酬

企业应按合同规定按期向员工支付报酬，不得拖欠。

（1）劳动报酬的组成部分。

劳动报酬是指员工为企业提供劳务而获得的各种报酬。企业在生产过程中支付给员工的劳动报酬包括以下三部分。

①货币工资，即企业以货币形式直接支付给员工的各种工资、奖金、津贴和补贴，具体说明见表 4–1。

表 4–1 货币工资的涵盖范围

序号	类别	具体说明
1	工资	工资一般包括计时工资、计件工资、奖金、津贴和补贴、延长工作时间的工资报酬以及特殊情况下支付的工资等。其中，计时工资是指按计时工资标准（包括地区生活费补贴）和工作时间支付给个人的劳动报酬，计件工资是指对已做工作按计件单价支付的劳动报酬
2	奖金	奖金是指支付给员工的超额劳动报酬和增收节支的劳动报酬
3	津贴和补贴	津贴和补贴是指为了补偿员工特殊或者额外的劳动消耗和由于其他特殊原因支付给员工的津贴，以及为了保证员工工资水平不受物价变化影响而支付给员工的各种补贴

（续表）

序号	类别	具体说明
3	津贴和补贴	（1）延长工作时间的劳动报酬是指员工在法定的标准工作时间之外，超时劳动所获得的额外劳动报酬，即加班费 （2）特殊情况下支付的工资主要包括根据国家法律法规和政策的规定，在病假、事假和一些特殊休假期间及停工学习、执行国家或者社会义务时支付的工资和附加工资、保留工资

②实物报酬，即企业以免费或低于成本价提供给员工的各种物品和服务等。

③社会保险，即企业为员工直接向政府和保险部门支付的五险一金（养老保险、医疗保险、失业保险、生育保险和工伤保险以及住房公积金）。

（2）不属于工资范围的劳动收入。

工资是员工劳动收入的主要组成部分，但员工的以下劳动收入不属于工资范围。

①企业支付给员工个人的社会保险福利费用，如丧葬抚恤救济费、生活困难补助费、计划生育补贴等。

②劳动保护方面的费用，如企业支付给员工的工作服、解毒剂、清凉饮料费用等。

③按规定未列入工资总额的各种劳动报酬及其他劳动收入，如根据国家规定发放的创造发明奖、国家星火奖、自然科学奖、科学技术进步奖、合理化建议和技术改进奖、中华技能大奖等，以及稿费、讲课费、翻译费等。

（3）企业向员工发放劳动报酬需要遵守国家的相关规定。

由于存在各种灵活多变的用工形式，《劳动合同法》允许企业和员工双方在法律允许的范围内对劳动报酬的金额、支付时间、支付方式等进行平等协商，在劳动合同中约定一种对当事人而言更切合实际的劳动报酬制度。同时，企业向员工发放劳动报酬时还要遵守国家的相关规定，具体说明见表 4-2。

表 4-2　企业向员工发放劳动报酬必须遵守的国家规定

序号	必须遵守的国家规定	具体说明
1	最低工资制度	（1）《劳动法》第四十八条规定，国家实行最低工资保障制度，企业支付员工的工资不得低于当地的最低工资标准。最低工资不包括延长工作时间的工资报酬，以货币形式支付的住房和企业支付的伙食补贴，中班、夜班、高温、低温、井下、有毒、有害等特殊工作环境和劳动条件下的津贴以及国家法律法规规定的社会保险福利待遇

（续表）

序号	必须遵守的国家规定	具体说明
1	最低工资制度	（2）劳动合同中约定的员工在未完成劳动定额或者承包任务的情况下，企业可低于最低工资标准支付员工工资的条款不具有法律效力；员工与企业形成或者建立劳动关系后，在试用期、熟练期、见习期等法定工作时间内提供了正常劳动，其所在的企业应当支付其不低于最低工资标准的工资。当然，对于企业下岗待工人员，由企业依据当地政府的有关规定支付其生活费
2	工资应当以货币形式支付	《劳动法》第五十条明确规定了工资应当以货币形式支付给员工。根据这条规定，工资应当以法定货币支付，不得以发放实物或有价证券等形式代替货币支付
3	员工加班费	企业应当严格按照《劳动法》的有关规定支付员工加班费
4	在特殊情况下，企业应向员工支付工资	（1）员工依法参加社会活动期间的工资支付。比如员工在法定工作时间内参加乡（镇）、区以上政府，共青团，妇联等组织召开的会议；依法行使选举权与被选举权；出席劳动模范、先进工作者大会等 （2）非员工原因停工期间的工资支付。非员工原因造成企业停工、停产在一个工资支付周期内，企业应按劳动合同规定的标准支付员工工资。超过一个工资支付周期的，如果员工提供了正常劳动，则支付员工的劳动报酬不得低于当地最低工资标准；如果员工没有提供正常劳动，则按照国家有关规定办理 （3）员工休假期间的工资支付。员工依法享受年休假期间，企业应按劳动合同规定的标准支付员工工资 （4）员工在法定休假日的工资支付。在法定休假日，企业应当支付员工工资 （5）员工在享受探亲假期间的工资支付。员工在国家规定的探亲休假期内探亲的，企业应按劳动合同规定的标准支付员工工资 （6）婚丧假期间的工资支付。婚丧假是指员工本人结婚假期或者直系亲属死亡的丧事假期，一般为 1 ～ 3 天，可根据路程远近给予路程假，在此期间工资照发 （7）产假期间的工资支付。相关法律法规对产假期间的工资发放也做出了相应规定，企业应按规定支付员工工资

（4）企业应当及时向员工支付劳动报酬。

依照《劳动法》和其他有关规定，企业应当及时向员工支付劳动报酬。

①实行月薪制的企业，工资必须按月发放。

②实行小时工资制、日工资制、周工资制的企业，工资也可以按小时、按日或者按周发放。

③超过企业与员工约定的工资支付时间发放工资的，即构成拖欠员工劳动报酬的违法行为，应当依照《劳动合同法》第八十五条和其他有关法律法规承担一定的法律责任。

（5）企业应当足额向员工支付劳动报酬。

《劳动合同法》第三十条规定，用人单位应当按照劳动合同约定和国家规定，向劳动者及时足额支付劳动报酬。用人单位拖欠或者未足额支付劳动报酬的，劳动者可以依法向当地人民法院申请支付令，人民法院应当依法发出支付令。因此，企业不得将扣发工资作为处理员工的一种处罚性手段。

4.2.3 企业发生变化后劳动合同的履行

劳动合同依法订立后，企业变更名称、法定代表人、主要负责人或者投资人等事项，不影响劳动合同的效力，劳动合同应当继续履行。

4.2.4 劳动合同条款变更的管理

劳动合同的变更是在原劳动合同的基础上对其内容做部分修改、补充或者删减，而不是签订新的劳动合同。原劳动合同未变更的部分仍然有效，变更后的内容取代原劳动合同的相关内容，新达成的变更协议条款与原劳动合同中其他条款具有同等法律效力，对双方当事人都有约束力。

（1）劳动合同变更的缘由。

根据《劳动合同法》第四十条第三款的规定，劳动合同订立时所依据的客观情况发生重大变化，致使劳动合同无法履行，经企业与员工协商，未能就变更劳动合同内容达成协议的，企业在提前三十日以书面形式通知员工本人或者额外支付员工一个月工资后，可以解除劳动合同。由此可以确定，劳动合同订立时所依据的客观情况发生重大变化，是劳动合同变更的一个重要缘由。

所谓“劳动合同订立时所依据的客观情况发生重大变化”主要是指四个方面，具体说明见表4-3。

表 4-3　劳动合同变更的缘由

序号	缘由	具体说明
1	订立劳动合同所依据的法律法规已经修改或者废止	劳动合同的签订和履行必须以不违反法律法规的规定为前提。如果合同签订时所依据的法律法规发生修改或者废止，如果不变更劳动合同，就可能出现与法律法规不相符甚至违反法律法规的情况，从而导致劳动合同因违法而无效。因此，根据法律法规的变化而变更劳动合同的相关内容是必要的
2	企业方面的原因：企业经上级主管部门批准或者根据市场变化决定转产、调整生产任务或者生产经营项目等	企业的生产经营项目不是一成不变的，而是要根据上级主管部门的指示或者市场变化情况经常调整自己的经营策略和产品结构，这就不可避免地发生转产、调整生产任务或者生产经营项目的情况。在这种情况下，有些工种、产品生产岗位就可能因此而撤销，或者被其他新的工种、岗位所替代，原劳动合同就可能因签订条件的改变而发生变更
3	员工方面的原因	比如员工的身体健康状况发生变化、劳动能力部分丧失、所在岗位与其职业技能不相适应、职业技能提高了一定等级等，造成原劳动合同不能履行，或者继续履行原劳动合同规定的义务对员工明显不公平
4	客观方面的原因	（1）由于不可抗力的发生，使原劳动合同的履行成为不可能或者失去意义。不可抗力是指当事人所不能预见、不能避免并不能克服的客观情况，如自然灾害、意外事故等 （2）由于物价大幅上升等客观经济情况发生变化，使劳动合同的履行会花费太大代价而失去经济上的价值。这是《民法典》的情势变更原则在劳动合同履行中的运用

（2）劳动合同变更时应注意的问题。

企业在变更劳动合同时应注意以下问题。

①变更必须在劳动合同依法订立之后，在合同没有履行或者尚未履行完毕之前的有效时间内进行，即劳动合同双方当事人已经存在劳动合同关系，如果劳动合同尚未订立或者已经履行完毕则不存在劳动合同的变更问题。

②变更必须坚持平等自愿、协商一致的原则，即劳动合同的变更必须经企业和员工双方当事人的同意。

③变更的内容必须合法，不得违反法律法规的强制性规定。劳动合同变更并非任意进行

的，企业和员工约定的变更内容必须符合国家法律法规的相关规定。

④变更劳动合同必须采用书面形式。劳动合同双方当事人经协商后对劳动合同中约定内容的变更达成一致意见后，必须签订变更劳动合同的书面协议。书面协议经企业和员工双方当事人签字盖章后生效。

⑤劳动合同的变更要及时。提出劳动合同变更的主体可以是企业，也可以是员工。无论是哪一方要求变更劳动合同，都应当及时向对方提出变更劳动合同的要求，并说明变更劳动合同的理由、内容和条件等。如果应该变更的劳动合同内容没有及时变更，由于原订条款继续有效，往往使劳动合同不适应变化后的新情况，从而引起不必要的争议。当事人一方得知对方变更劳动合同的要求后，应在对方规定的合理期限内及时做出答复，不得对对方提出的变更劳动合同的要求置之不理。因为根据《劳动法》第二十六条和《劳动合同法》第四十条的规定，劳动合同订立时所依据的客观情况发生重大变化，致使劳动合同无法履行，如果企业经与员工协商，未能就变更劳动合同内容达成协议的，则可能导致企业单方解除劳动合同。

（3）变更后的劳动合同文本的执有。

变更后的劳动合同文本由企业和员工各执一份。

4.3 依法办理劳动合同的续签手续

劳动合同续签是指合同期限届满，双方当事人均有继续保持劳动关系的意愿，经协商一致后延续签订劳动合同的法律行为。双方当事人可以续签固定期限劳动合同、无固定期限劳动合同和以完成一定工作任务为期限的劳动合同。

4.3.1 续签固定期限劳动合同

固定期限劳动合同是指企业与员工约定合同终止时间的劳动合同，即劳动合同双方当事人在劳动合同中明确规定了合同效力的起始和终止时间。劳动合同期限届满，劳动关系即告终止。如果双方协商一致，可以续订劳动合同，延长期限。固定期限劳动合同可以是较短时间的，如半年、一年、两年；也可以是较长时间的，如五年、十年，甚至更长时间。不管时间长短，劳动合同的起始和终止日期都是固定的，具体期限由当事人双方根据工作需要和实际情况确定。

订立哪一种期限的劳动合同，应当由企业与员工双方共同协商确定。有的企业为了保持用工灵活性，愿意与员工签订短期的固定期限劳动合同。而有的员工为了能有一份稳定的职业和收入，更愿意与企业签订无固定期限劳动合同。无论签订哪一种类型的劳动合同，都需要由双方协商一致后做出一个共同的选择。只要企业与员工协商一致，没有采取胁迫、欺诈、隐瞒事实等非法手段，符合法律的相关规定，就可以订立固定期限劳动合同。

4.3.2 续签无固定期限劳动合同

（1）什么是无固定期限劳动合同。

无固定期限劳动合同是指企业与员工约定无确定终止时间的劳动合同。

这里所说的无确定终止时间，是指劳动合同没有一个确切的终止时间，劳动合同的期限长短不能确定，但并不是没有终止时间。只要没有出现法律规定的条件或者双方约定的条件，双方当事人就要继续履行劳动合同规定的义务。一旦出现了法律规定的情形，无固定期限劳动合同也同样能够解除。

（2）订立无固定期限劳动合同的好处。

订立无固定期限劳动合同，员工可以长期在一个企业或部门工作。这种合同适用于工作保密性强、技术复杂、需要保持人员稳定的岗位。对企业来说，这种合同有利于维护其经济利益，减少频繁更换关键岗位的关键人员而带来的损失。对员工来说，这种合同也有利于实现长期稳定的职业发展或钻研业务技术。

（3）订立无固定期限劳动合同的情形。

订立无固定期限劳动合同有两种情形。

①企业与员工协商一致，可以订立无固定期限劳动合同。根据《劳动合同法》第三条的规定，订立劳动合同应当遵循平等自愿、协商一致的原则。只要企业与员工协商一致，没有采取胁迫、欺诈、隐瞒事实等非法手段，符合法律的相关规定，就可以订立无固定期限劳动合同。

②出现法律规定的情形时，员工提出或者同意续订劳动合同的，应当订立无固定期限劳动合同。

根据《劳动合同法》第十四条的规定，只要出现了本条规定的三种情形，在员工主动提出续订劳动合同或者企业提出续订劳动合同经员工同意的情况下，就应当订立无固定期限劳动合同。这三种情形如图 4-1 所示。

情形一 **员工已在该企业连续工作满十年**

指员工与同一企业签订的劳动合同期限不间断达到十年。有的员工在某企业工作五年后，离职到其他单位工作了两年，然后又回到了该企业工作五年，虽然该员工累计工作时间达到了十年，但是劳动合同期限有所间断，不符合在“该企业连续工作满十年”的条件。员工工作时间不足十年的，即使提出订立无固定期限劳动合同，企业也有权不接受

情形二 **企业初次实行劳动合同制度或者国有企业改制重新订立劳动合同时，员工在该企业连续工作满十年且距法定退休年龄不足十年**

对于已在该企业连续工作满十年并且距法定退休年龄不足十年的员工，在订立劳动合同时，允许员工提出签订无固定期限劳动合同。如果一个员工已在该企业工作满十年，但距离法定退休年龄超过十年，则不属于本项规定的情形

情形三 **连续订立二次固定期限劳动合同，且员工没有《劳动合同法》第三十九条规定的情形，续订劳动合同**

根据这项规定，在员工没有《劳动合同法》第三十九条规定的企业可以解除劳动合同的情形下，如果企业与员工签订了一次固定期限劳动合同，在签订第二次固定期限劳动合同时，就意味着下一次必须签订无固定期限劳动合同。所以在第一次劳动合同期满，企业准备与员工订立第二次固定期限劳动合同时，应当慎重考虑

图 4-1 法律规定的应当订立无固定期限劳动合同的三种情形

如果员工不愿意签订无固定期限劳动合同，企业需要求其出具“不签订无固定期限劳动合同确认书”。

（4）无固定期限劳动合同风险的预防措施。

很多企业对无固定期限劳动合同存在认识上的误区，总是担心与员工签订了无固定期限劳动合同后难以解除。为了规避与员工订立无固定期限劳动合同的法律义务，有的企业甚至采取了一些不恰当的做法，因此导致此类投诉案件接连发生。其实，只要企业依法用工、规范用工，以诚信为本，就不会有类似的问题出现。当然，企业也可以采取一些预防措施来应对这方面的风险，具体如图 4-2 所示。

措施一：建立无固定期限劳动合同签订的评估机制，对是否签订、怎样签订无固定期限劳动合同进行评估

措施二：合理确定第一次订立劳动合同的期限。考虑到劳动者可能会在续订时要求企业签订无固定期限劳动合同，所以企业可以在签订第一份劳动合同时选择较长期的固定期限劳动合同

措施三：以完成一定工作任务为期限的劳动合同不存在连续签订两次变为无固定期限劳动合同的情形，企业可以根据岗位采取这种合同形式

措施四：由于连续两次订立固定期限劳动合同强调的是劳动合同的签订和续订，并不包括劳动合同的变更，因此企业可以与员工协商在固定期限劳动合同有效期内变更劳动合同期限，以延长固定期限劳动合同

措施五：依法、适当地使用劳务派遣工。企业可以在一些临时性、辅助性、替代性的岗位上有选择地使用劳务派遣工

图 4-2　无固定期限劳动合同风险的预防措施

4.3.3　续签以完成一定工作为期限的劳动合同

（1）以完成一定工作任务为期限的劳动合同的概念。

以完成一定工作任务为期限的劳动合同是指企业与员工约定以某项工作的完成为合同期限的劳动合同。劳动合同双方当事人在合同存续期间建立的是劳动关系，员工要加入企业集体，参加企业工会，遵守企业内部的规章制度，享受工资福利、社会保险等待遇。

（2）适用范围。

一般在以下四种情况下，企业与员工可以签订以完成一定工作任务为期限的劳动合同：

①以完成单项工作任务为期限的劳动合同；

②以项目承包方式完成承包任务的劳动合同；

③因季节原因临时用工的劳动合同；

④其他双方约定的以完成一定工作任务为期限的劳动合同。

（3）此类合同不得约定试用期。

根据《劳动合同法》第十九条的规定，以完成一定工作任务为期限的劳动合同或者劳动

合同期限不满三个月的，不得约定试用期。只要员工按照劳动合同的要求完成了工作任务，就说明员工能胜任这份工作。

4.3.4 企业办理续签合同的要求

（1）企业依法发出续签意向，并维持或者提高劳动合同约定条件，员工不同意续签的，企业可以不支付经济补偿。

劳动合同届满，企业同意与员工续签劳动合同的，应在劳动合同届满前30天将《劳动合同续签意向通知书》送达员工，经协商同意后办理续签手续。

（2）企业在依法办理续签劳动合同时，应特别注意法律规定的不得终止或者劳动合同期限顺延的情况。例如，女工“三期”期间、员工处于医疗期间、员工在企业连续工作满15年且距法定退休年龄不足5年等情况。

（3）如果双方在续签劳动合同时，通过平等协商一致，对原劳动合同的部分约定做出修改，企业应当在续签的劳动合同中予以明确。

4.4 员工培训风险及其防范措施

员工培训作为现代人力资源管理与开发的重要手段，在为企业带来巨大收益的同时也暗藏着风险。如果企业对此认识不足并且未采取防范措施，将会直接导致培训风险的发生。

4.4.1 企业开展员工培训会面临哪些风险

（1）企业员工培训的内在风险。

企业员工培训的内在风险是指由于企业未对培训进行合理规划和有效管理而导致培训质量不高、培训效益低下。这类风险源于培训本身，主要包括培训的观念风险和技术风险，具体说明见表4-4。

表4-4 企业员工培训的内在风险

序号	类别	定义	具体说明
1	培训的观念风险	培训的观念风险是指由于企业高层或受训员工对培训的认识和定位有偏差，从而可能对培训	无论企业高层还是受训员工，其对培训的认知态度均决定着培训效果的好坏。例如，由于培训收益的长期性、难显见性和难预见性，企业在遇到经济困难时为节省成本而削减开支，第一个被砍掉的可能就是培训

（续表）

序号	类别	定义	具体说明
1	培训的观念风险	造成的不良影响和损失	项目，这就会造成培训的观念风险。同时，受训员工对培训的认识不足也会导致观念风险的发生。例如，有些员工认为培训只是形式主义，既浪费时间又浪费精力，因此消极对待。这种消极的认知、参与态度必然会造成培训投资的浪费，从而对企业造成不必要的人、财损失，最终制约企业培训活动预期效果的实现
2	培训的技术风险	培训的技术风险是指在培训需求分析、培训计划制订、培训风险评估及培训的具体实施过程中，因采用的方法和技术不适当而可能对企业造成的损失	例如，有些企业培训需求不明确，培训需求调查不深入，导致培训缺乏针对性，不但没有把企业的远、近目标结合起来，也未能与员工的“短板”相结合。这样一来，培训内容、培训形式的选择就会偏离真正需求，并且缺乏相应的培训风险评估，结果自然达不到预期目标，培训也就不可能有效

（2）企业员工培训的外在风险。

企业员工培训的外在风险是指虽然培训项目达成预定目标，但由于各种外在因素导致企业遭受各种直接或间接损失的可能性。企业员工培训的外在风险包括培训的收益风险、培训后人才流失的风险、培养竞争对手的风险和企业专有技术泄密的风险，具体说明见表 4-5。

表 4-5　企业员工培训的外在风险

序号	类别	定义	具体说明
1	培训的收益风险	企业的培训投资就是为了获得收益，但培训所带来的效益增长并不一定能够弥补培训投入，可能出现培训收益回报率低，甚至完全没有回报的风险	主要表现为以下三点 （1）投资要体现出它应有的效益，总是需要一定的时间，即表现出一定的时滞性。例如，企业因为政策调整的需要，或仅仅是因为在短期内看不到培训所产生的直接效益，就对培训活动产生怀疑，改变企业的经营战略，如技术改造、职能调整或者人事变动等，这就会使前期培训工作的成果付诸东流，使培训收益低于培训成本

（续表）

序号	类别	定义	具体说明
1	培训的收益风险		（2）在当今社会，科技日新月异、知识更新换代、市场变化莫测等不确定的外部环境因素都会导致企业培训贬值风险。例如，为某项工艺投资开发的人力资本，若遇到外界科技创新而使这项工艺变得落后陈旧，为此投入的人力资本将贬值甚至毫无价值 （3）人力资本的利用率低。即使企业培训投资较高，也会因为利用率低而造成事实上的人力资本贬值
2	培训后人才流失的风险	这是指员工受训之后离开公司的风险	员工受训之后出现的流失现象由两个方面造成 （1）由员工个人因素造成。受训员工在自身技能、素质、竞争力得到提高后，自我实现的意愿也随之提高，从而导致对现有工资待遇水平及工作环境产生不满情绪，产生跳槽心理 （2）由企业因素造成，具体表现在：企业长远目标和战略意图不明确；员工得不到企业的尊重、信任和认可；不公平的薪酬管理；企业无法对全部受训员工进行合理安排等
3	培养竞争对手的风险	员工培训的目的是使受训人员为本企业所用，一旦人才流失到竞争者手中，本企业的培训投资则可能血本无归	这类风险不仅会危及整个企业的人才供求平衡与稳定，影响企业短期经营状况，还会增强竞争对手的实力，给企业发展带来巨大损失
4	企业专有技术泄密的风险	这是指企业的独特管理经验和专有技术向外流失的风险	在市场竞争中，每个企业都有自己的独特管理经验和专有技术，而专有技术必须通过专门人才的操作和管理才能转化为现实生产力和具体产品，这就必然需要通过培训才能使相关参与员工掌握和运用。但是，掌握企业“情报”和专有技术的人越多，技术保密难度就越大，技术泄密的风险也就越大

4.4.2　进行科学合理的培训需求分析

（1）培训需求分析不合理会使培训效果大打折扣。

合理的培训计划应建立在企业对员工培训需求进行科学分析的基础之上，在确保满足企业需求的同时也能满足受训员工的需求。然而，在实际培训过程中，许多企业经常出现培训内容与实际需求脱节的问题。一方面，培训前不能准确地进行培训需求分析，培训的内容、方式与企业总目标联系不紧，与员工“短板”结合较差，盲目跟风，趋从他人。这种培训从表面上看开展得轰轰烈烈，内容也响应时代要求，实则无的放矢、华而不实。另一方面，在实际培训过程中，结合岗位需求让员工参与实践的机会太少，员工只是单纯学习一些理论知识，难以在实际工作中灵活应用。总之，培训需求分析不合理会使培训效果大打折扣，不但会造成企业大量的资源浪费，而且不能解决企业的实际问题，还会在某种程度上打击员工参与培训的积极性。

（2）企业必须进行合理的培训需求分析。

只有进行科学、合理的培训需求分析，才能使企业把有限的人力、物力、财力都用在亟须解决的问题上，使培训效果达到最佳。而要做好培训需求分析，企业可从以下两个方面着手。

①做好培训需求调查。

企业应了解不同岗位的差异化培训需求，做好需求调查，为培训计划奠定牢固基础；将员工个人特质与企业要求相结合，当员工的知识、技能低于工作任务要求时，表明需求已经存在，此时就须进行培训。企业可以通过问卷调查、职工代表大会提案等方式定期进行培训需求调查，将企业和员工的需求统一到培训的具体内容和途径中去。

②针对不同群体实施菜单式培训。

在深入调查不同需求的基础上，由企业的培训组织部门提出一个培训项目菜单，主要分为三类，如图 4-3 所示。

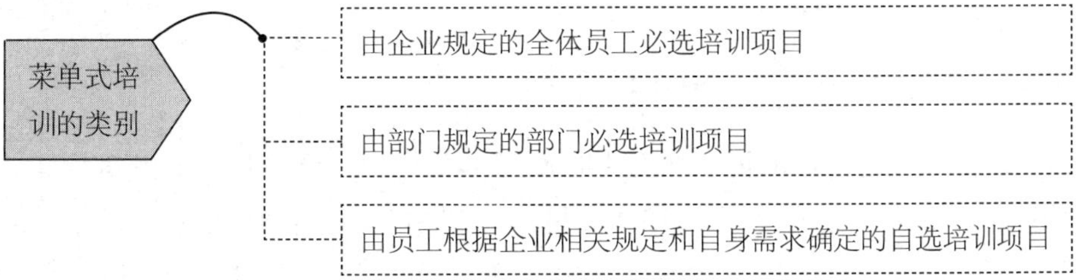

图 4-3　菜单式培训的类别

4.4.3　做好培训的转化工作

当一项培训活动结束后，如果受训人员没有把培训中所学到的知识、技能应用到实际工作中，即使前期培训工作做得再好，那么这个培训项目也是失败的。企业的最终目标是创造高效益，这个目标能否顺利实现受到员工表现的影响。企业如果不能采取适当措施将培训成果转化为现实生产力，员工难免得过且过，滋生消极怠工情绪，进而导致培训风险发生，影响培训效果和组织目标的实现。很多企业不注重建立自己的培训效果评估体系，在培训工作结束后忽视了成果转化工作，缺乏对培训前后企业绩效差异的跟踪分析，对培训中的盲点认识不充分，使培训工作难以发挥应有的作用。

使受训员工将所学知识运用到实际工作中去才是企业实施员工培训的最终目的。但有研究表明，员工所学只有10%转移到了工作中。由此可见，做好培训转化工作对于增强培训效果意义重大。为了促进培训成果的顺利转化，企业可采取以下措施。

（1）采取合理的激励措施提高员工的工作积极性。

企业应根据员工的特点，在培训过后采取直接或间接的激励方式，或是让员工选择自己最满意的激励方式来保证培训效果。这样可以有效改善员工的工作态度，提高员工的忠诚度，对于培训成果的转化以及培训风险的规避都能起到重要作用。

（2）加强企业的硬件设施建设。

培训结束后，员工的技能和素质得到提高，企业原有的设施和条件可能不再满足员工需求，员工获得的新技能只有与新的硬件设备相结合才能发挥实效，才能最大限度地提高企业的生产效益。

（3）做好培训后的评估工作。

培训评估作为培训管理流程中的一个重要环节，是衡量企业培训效果的重要途径和手段，具有信息反馈作用。通过评估，企业可以清楚地了解培训后员工的知识是否得到了更新，员工工作表现是否得到了改善，企业的绩效是否得到了提高。评估既是对上一阶段培训效果的评估，也是为下一阶段的培训工作做好准备。

4.4.4 转变培训理念，强化风险意识

有些企业尤其是中小企业，其高层管理者对培训的认识不到位，重视度不够，认为培训是浪费资金，不愿在培训上做过多投入。另外，有些员工对培训存在错误观念，认为参加培训只是为了拿文凭，为日后晋升和跳槽积攒资本，而对真正能学到多少知识、能掌握多少技能及能为企业发展创造多少效益则关心较少。

通常情况下，员工培训的效果不会立竿见影，但会为企业带来长远收益。因此，企业必须转变培训理念，强化风险意识。

（1）转变培训理念。

企业管理者一定要具备清晰明确的培训理念，一方面要通过宣传教育，指导员工正确认

识培训对于自身职业生涯的重要作用，进而积极参与各项培训；另一方面要准确把握员工培训在人力资源管理中的定位，用先进的培训理念指引培训工作，不做“无用功”。

（2）强化培训风险意识。

企业要强化培训风险意识，就必须做到以下三点：

①对受训员工进行适当筛选，重点培训那些对企业忠诚且发展潜力巨大的员工；

②在培训员工前与受训员工签订相应合同，这样不仅可以最大限度地降低培训后人才流失的风险，而且可以有效规避商业秘密泄露风险；

③培训前对经费做合理预算，防止资金滥用。

4.4.5 健全培训项目，增强组织文化

目前，许多企业对员工的培训侧重于技术、知识、能力的提高，却忽视对员工责任感、团队协作精神及奉献精神的培养。而缺乏企业认同感和责任感，只考虑自己利益最大化，容易造成员工在培训后为追求更高的物质待遇而跳槽，转而为竞争对手服务的风险发生。同时，工作态度懒散、团队协作意识较差的员工难以融入团队，容易和同事产生矛盾，影响团队工作效率，出现既不离职也不努力工作的情况。

其实，培训目的不能简单地划定为传授必需的技能。因为培训还有一个更为重要的目的，就是提高员工对企业的认同感和责任感，改善员工的工作态度和培养员工的团队精神。因此，企业应以培训为契机在企业内部树立共同价值观，强化企业文化，进而充分调动员工的工作积极性，增强企业的凝聚力和向心力，使培训成为企业留住人才的有效手段。

4.4.6 合理设计培训协议，防止员工流失

防范员工流失的一个有效办法就是与员工签订培训协议。

通常情况下，为了提高员工素质和工作技能而对员工进行的在岗培训是企业应尽的义务，不需要与员工签订培训协议。但如果对部分员工进行特殊培训或花高额培训费进行的培训，企业就可以与员工签订培训协议，将有关权利义务和离职补偿问题等作为劳动合同的附件。

（1）关于培训服务期。

如果培训服务期短于劳动合同期，则员工的劳动合同期限包含其相应的培训服务期，员工劳动合同期限以签订的劳动合同为准。如果培训服务期长于劳动合同期，则劳动合同自动延长至培训服务期截止日期，双方应另行签订劳动合同补充协议。

（2）建立培训者档案。

企业应为每一位签订培训协议的员工建立培训者档案，档案具体应包括以下五个方面。

①申请批准资料：员工本人的培训申请表、企业关于批准或指派其参加培训的文件批复。

②培训机构课程资料：学校或培训机构的招生简章、培训项目名称、课程体系介绍、任课教师资料、教学计划资料及具体培训时间等。

③员工学习成绩资料：培训或考试成绩单、学校或培训机构对该员工的学业及品绩等评价资料、员工培训总结的书面资料。

④企业与员工签订的培训服务期协议：包括学习与培训费用的计算方法和报销办法、培训服务期的起止时间、员工义务及离职补偿办法等。

⑤留好员工参加外训或内训的发票，以及由员工本人签字的有关付费凭证。

（3）建立培训服务期的相应管理制度和管理办法。

企业须建立培训服务期的相应管理制度和管理办法，并在管理制度、管理办法和与员工签订的培训服务协议中明确规定有关原则、标准和奖罚办法，这样管理制度或管理办法就可以作为员工劳动合同的有效附件。其中涉及的主要问题包括以下八个方面。

①对于企业出资外派员工参加培训，员工因个人原因而中途退学的，要制定明确的处罚标准。

②明确培训费的范围，比如培训费、教材费、资料费、场地费、餐饮费、培训期间的住宿标准、交通费等是否都计算在“培训费”范畴，要在协议中明确，以免在员工培训纠纷中产生不必要的争议。

③明确培训期间，注意较长时间的培训是否有探亲假，如有探亲假将如何规定。

④明确员工在培训期间的待遇，包括出国期间的补贴、工资福利、保险等。

⑤若员工参加的是时间周期比较长、培训费用比较大的培训，企业有权在培训期或培训结束后根据工作需要调整其工作岗位和薪酬。

⑥明确培训服务期限的计算方式，是在一定期限内单次计算时间还是累计时间，是单次计算培训费用还是累计培训费用，若能用数学公式明确标明则会更清晰。

⑦对于高额培训或者出国参加培训，企业可建议采取培训担保人制度，由担保人对参训员工进行培训担保，担保人可以是本企业员工，也可以是其家人或朋友。

⑧明确违约责任。若员工因个人原因提前解除或终止劳动合同，要明确赔偿方法和额度，原则上培训服务期最多不超过五年，并平均分摊在相应年度内；员工的最高赔偿标准不超过培训费用之和。

4.5 建立申诉机制，化解冲突

申诉是指员工认为自己在工作中的权利受到侵犯，要求得到解决的行为。申诉通常是在员工认为企业违反了集体协议、劳动法律，或者违背了过去的惯例、规章制度，企业应承担相应的责任时发生的。建立申诉制度，为处理劳资之间的纠纷、分歧和不满提供了有效的途径。它用一种正式的、事先安排好的方式，为澄清纠纷提供了一种机制，有利于劳资双方在不同层次上的协商，从而确保员工的问题能得到及时处理。

4.5.1 申诉机制中的主体

企业的所有员工都有权提出申诉。此外，任何认为自身利益受损并且与企业员工相关的个人都可通过申诉机制向企业提出申诉。

员工在企业的工作和生活中，遇到的各类不满、抱怨、矛盾、意见都可通过申诉机制向运作主体提出申诉。申诉机制不适宜解决集体性申诉，集体性申诉可考虑通过企业内集体协商机制来实现。

申诉的处理主体为申诉者和被申诉者的共同管理部门，负责人为该部门行政事务负责人。

上诉的处理主体为申诉处理部门的直接上级主管部门，负责人为该部门行政事务负责人。

人力资源部在申诉全过程中负责协助申诉处理部门开展申诉调查，召集申诉会议，协助申诉和上诉处理部门做出处理决定，协助申诉者、被申诉者了解申诉和上诉程序等。

4.5.2 申诉的类型

企业内可能引发员工申诉的事项包括：

（1）薪资；

（2）工作时间；

（3）工作分配和配合；

（4）食堂伙食；

（5）领导层管理方式或管理态度；

（6）工作环境、生活环境、住宿环境；

（7）人际关系；

（8）岗位调动；

（9）企业内娱乐活动等。

在申诉机制构建初期，开展试点工作非常有必要。申诉机制试点可首先对特定申诉事项进行处理，然后逐步扩大可申诉事项，最终确保员工的所有申诉都能通过申诉机制来解决。

4.5.3 申诉处理的标准

申诉处理应当与国家和地方政府的法律法规、企业的规章制度保持一致，同时应遵守国际相关准则，比如联合国保护劳工权利与人权相关公约、工商企业行为准则等。

4.5.4 申诉处理的程序

申诉处理的程序如图 4-4 所示。

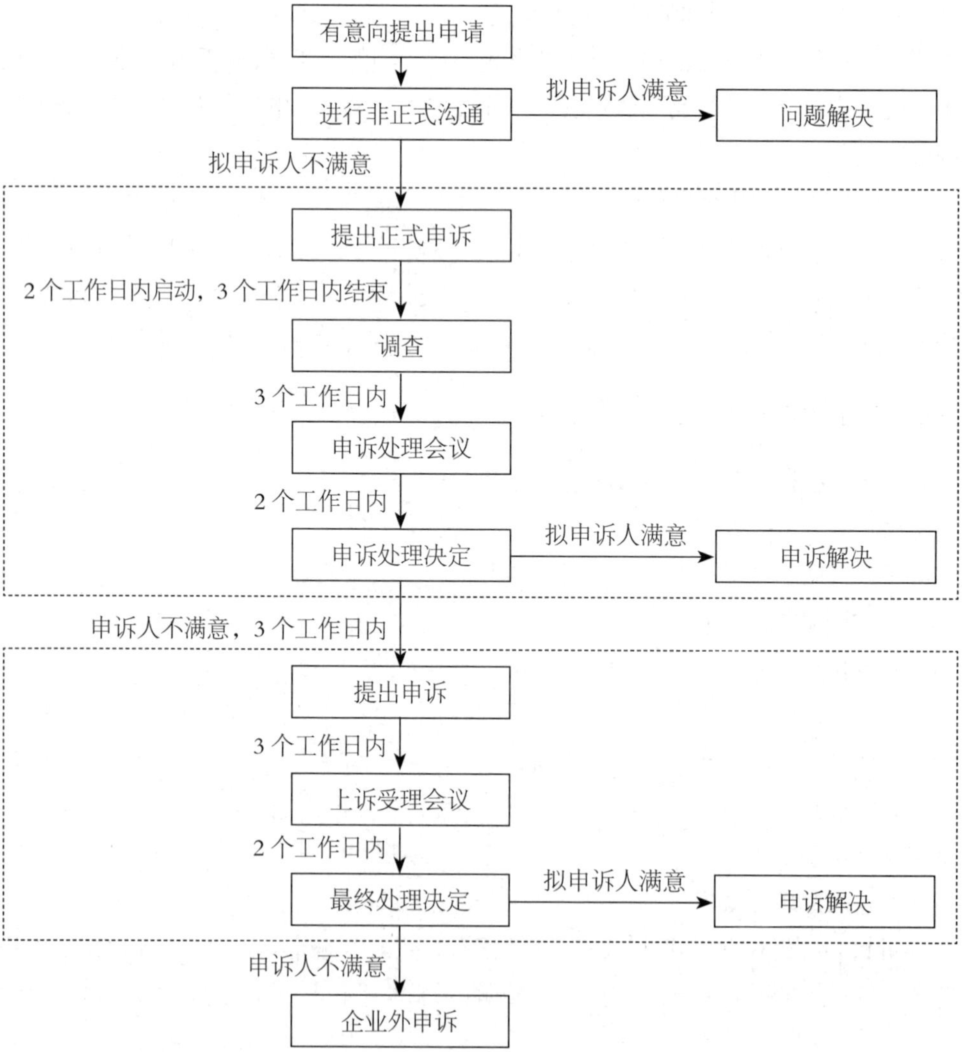

图 4-4 申诉处理的程序

申诉程序的说明见表 4–6。

表 4–6　申诉程序的说明

序号	程序	步骤说明	备注
1	进行非正式沟通	(1)在提出申诉前，应让员工通过企业既有的沟通渠道，尝试直接解决申诉所涉事项 (2)可直接与当事人单独进行沟通，也可在他人陪同下，或在调解员的调解下，与当事人进行沟通 (3)非正式沟通无效，或所涉事项不适合沟通，员工可提出正式申诉	申诉机制鼓励员工以非正式沟通的方式解决各类引发申诉的问题，从而有效节约员工和企业在申诉机制中的成本投入
2	提出正式申诉	(1)员工可就企业内部发生的任何问题提出正式申诉 (2)员工可自行提出申诉；也可在员工代表或企业内工会成员、获得员工信任的外部机构或个人的陪同下提出正式申诉；还可委托企业内的其他员工作为代理人代表员工提出申诉，代理人向员工提供咨询意见，协助员工完成整个申诉程序 (3)申诉受理部门为申诉者和被申诉者的直接主管部门，处理申诉的负责人为该部门行政事务负责人。人力资源部负责协助申诉各方完成申诉流程。当人力资源部负责人作为被申诉者时，人力资源部应指派专人协助各方完成申诉流程 (4)正式申诉可通过书面或口头形式呈递至申诉受理部门 (5)以书面形式提出的申诉，申诉受理部门应通过人力资源部向员工开具收悉证明 (6)以口头形式提出的申诉，申诉受理部门应通过人力资源部安排专人记录申诉，将书面记录向员工阅读，得到员工签字确认后向员工提供书面记录副本	员工有获得陪同的权利和指定代理人的权利。获得陪同的权利在于缓解员工提出申诉时的紧张情绪，为员工提供参考意见，维护员工的利益。指定代理人的权利在于保障员工因担心申诉可能给自己带来的潜在风险，而选择通过代理人表达申诉。代理人可以是工会代表，可以是非工会人员但是是由部分员工推举出的员工代表，也可以是获得员工个人委托的其他员工，还可以是获得员工信任的外部机构或个人
3	调查	申诉受理部门收到申诉后，应在人力资源部的参与下，在 2 个工作日内启动申诉调查，并在 3 个工作日内结束调查。若遇到特殊情况，申诉调查启动时间或完成时间需要延期，申诉受理部门应当给出明确的理由及延期所需时间	—

（续表）

序号	程序	步骤说明	备注
4	处理	（1）调查结束后 3 个工作日内，申诉受理部门应在人力资源部的参与下，召集申诉人、被申诉人举行申诉处理会议，公布申诉调查结果。调查结果公布后，申诉人、被申诉人有权在申诉处理会议上表达自己的立场、观点和对事实的解释或澄清。申诉人、被申诉人都享有获得陪同和委托代理人的权利 （2）在人力资源部的参与下，申诉受理部门应在申诉处理会议结束 2 个工作日内出具申诉处理决定 （3）申诉处理决定应传达至申诉人、被申诉人，并应在人力资源部保留备份	—
5	上诉	（1）若申诉人、被申诉人对申诉处理会议的处理决定有异议，可在收到申诉决定后的 3 个工作日内提出上诉 （2）上诉处理部门为申诉受理部门的直接上级主管部门，负责人为该部门行政事务负责人。人力资源部负责协助上诉各方完成申诉流程 （3）在人力资源部的参与下，上诉处理部门应在上诉提出的 3 个工作日内召开上诉处理会议 （4）申诉人、被申诉人有权在上诉处理会议上表达自己的立场、观点和对事实的解释或澄清。申诉人、被申诉人都享有获得陪同和委托代理人的权利 （5）对申诉的上诉处理，应以申诉受理部门的调查结果、申诉人和 / 或被申诉人对事实的解释或澄清为依据，原则上不对申诉内容重新展开调查 （6）在人力资源部的参与下，上诉受理部门应在上诉处理会议结束 2 个工作日内出具上诉处理决定。上诉处理决定应传达至申诉人、被申诉人，并应在人力资源部保留备份 （7）上诉处理决定为企业的最终处理决定。若申诉受理部门为企业最高管理部门，则申诉处理决定为最终处理决定	“两级终审制”的方式能够有效减少企业管理层对申诉处理的资源投入，提高申诉处理的效率；同时，在企业内部设置申诉和上诉两级环节，能清楚地表明企业管理层对申诉的态度立场，因此过多的上诉环节并无必要。员工若仍对上诉处理决定不满，则可选择企业外部救济渠道
6	企业外申诉	申诉人对上诉处理决定不满意的，可在企业外部寻求其他非司法救济或司法救济	申诉人、被申诉人使用申诉机制，并不等于放弃在企业外部获得其他非司法救济或司法救济的权利

4.5.5 申诉信息的保密

企业管理层在申诉过程中应确保相关信息不会外泄。申诉者可决定相关信息是否公开。

申诉和上诉处理决定可在隐匿参与方姓名或任何可能导致参与方身份泄露等信息的前提下，由人力资源部向全体员工或管理层公布。

申诉信息在保持匿名的情况下向全体员工公开，是展示申诉处理过程透明、公开的最好方式，有利于在员工中树立申诉机制的公信力，获得员工对申诉机制的认可与信任，也有利于在员工中普及企业的管理制度。申诉信息在保持匿名的情况下向管理层公布，有利于管理层积累管理经验和教训，提升管理水平，不断改进、完善企业申诉机制。

4.6 加班风险防范

加班已经成为现代企业一种常见的工作形态，因加班管理所引起的劳动争议案件在所有劳动争议案件中占有很高的比例，用人单位往往对此风险防控意识不足，在处理加班争议的过程中存在失误，导致在劳动纠纷仲裁或者诉讼中败诉，最终承担不必要的经济损失。

对于员工加班的安排，《劳动合同法》第三十一条做出了一些限制性的规定。因此，在加班方面若没有做好安排，则会给企业带来风险。

4.6.1 企业不得强迫员工加班

目前，国家法定的工作时间和休息休假制度主要体现在以下三个方面：

（1）实行每日 8 小时工作制；

（2）规定法定节假日、年休假和职工探亲假等休假制度；

（3）对加班进行限制性规定。

为了保障员工的休息权和身体健康，《劳动法》第四十一条严格限制了企业延长员工的工作时间。同时，《劳动法》第四十三条明确规定，用人单位不得违反本法规定延长劳动者的工作时间。也就是说，一般情况下，企业不得随意安排员工加班。

依据《劳动法》的相关规定，企业安排员工加班需要注意的事项见表 4-7。

表 4-7　企业安排员工加班需要注意的事项

序号	注意事项	具体说明
1	由于企业的生产经营需要，不得不延长工作时间	生产经营需要主要是指生产任务紧急，必须连续生产、运输或者经营
2	必须与工会协商，经工会同意	企业决定安排员工加班的，应把安排加班的理由、涉及人数、时间长短等情况向工会说明，征得工会同意后方可延长工作时间。如果工会不同意，不可以强令员工加班
3	必须与员工协商	企业决定安排员工加班的，应进一步与员工协商。因为加班需要占用员工的休息时间，只有在员工自愿的情况下才可以安排加班。如果员工不同意，也不可强令其加班。因为员工的休息权是法定的权利，任何人非依法定程序不可剥夺
4	企业安排加班的时间长度必须符合《劳动法》的限制性规定	根据《劳动法》第四十一条的规定，企业安排员工加班应严格控制延长工作时间的限度，一般每日不得超过一小时；因特殊原因需要延长工作时间的，在保障员工身体健康的条件下每日不得超过三小时
5	不受上述条件限制的加班	在正常情况下，企业是不得随意要求员工加班的。但在出现紧急事件危害公共安全和公众利益的情况下，法律允许企业延长员工工作时间，可适当突破上述规定。根据《劳动法》和有关国家规定，只有在下列情形时，企业安排加班才不受上述条件的限制 （1）发生自然灾害、事故或者因其他原因，威胁劳动者生命健康和财产安全，需要紧急处理的 （2）生产设备、交通运输线路、公共设施发生故障，影响生产和公众利益，必须及时抢修的 （3）法律、行政法规规定的其他情形
6	国家对加班人员也有一定的限制	根据《劳动法》和其他国家有关规定对女职工和未成年工（满16周岁未满18周岁）实行特殊保护的规定，禁止企业安排未成年工、怀孕女工和哺乳未满12个月的女工在正常工作日以外时间加班

4.6.2　企业不得变相强迫员工加班

在实践中，企业变相强迫员工加班的主要表现为：企业通过制定不合理、不科学的劳动定额标准，使该企业大部分员工在每日 8 小时制的标准工作时间内不可能完成生产任务；而为了完成企业规定的工作任务，获得足以维持其基本生活的劳动报酬，员工不得不在标准工作时间之外延长工作时间。

制定科学合理的劳动定额标准对维护员工合法权益极其重要。根据《劳动法》第三十六条和第三十七条的规定，对实行计件工作的员工，企业应当根据每日不超过 8 小时、每周不超过 40 小时的工作时间标准合理确定其劳动定额和计件报酬标准。也就是说，对于计件工作的员工，其劳动定额应当是以多数员工在正常工作的情况下，能在每日 8 小时、每周 40 小时的法定工作时间以内完成的。超出这个标准，则会被认定为不合理的劳动定额标准。

企业如违反上述规定，则须承担一定的法律责任。员工可以依据《劳动法》和《劳动合同法》的有关规定，要求企业补发其为了完成超过合理数量的劳动定额而加班工作的工资报酬。

4.6.3 企业安排员工加班的，应当支付其加班费

加班费是指员工按照企业生产和工作需要在规定工作时间之外继续生产劳动或者工作所获得的劳动报酬。

影响加班工资计算的因素：一是加班工资的计算基数，二是加班时间小时（日）数，三是加班工资的计算标准。计算加班工资的基本公式为：加班工资 = 小时（日）加班工资计算基数 × 加班小时（日）数 × 计算标准（150%、200%、300%）。

（1）加班工资计算基数的确定。

加班工资计算基数是具有争议、较模糊、难以确定的一个概念，也是引发有关加班工资劳动纠纷的主要因素。首先，目前法律法规对这个概念的规定可操作性较差。根据《工资支付暂行规定》的规定，用人单位安排劳动者延长工作时间的，按不低于劳动合同约定的其本人工资一定比例支付加班工资。在实际中，很多用人单位在劳动合同中对于工资的约定不明确。即使劳动合同中有明确约定，劳动者的工资常常是随着企业经营效益的变化或者劳动者工作职务的升迁而改变的，而及时变更劳动合同条款的情况又非常少。因此，劳资双方在劳动合同中约定的工资与劳动者正常工作所得不一致，以此作为加班工资计算基数是不可行的。其次，有关规范性文件对加班工资计算基数的规定不尽合理。《关于〈中华人民共和国劳动法〉若干条文的说明》（劳办发 289 号）规定，加班工资计算基数是指用人单位规定的其本人的基本工资。在实践中，大多数劳动者的工资待遇远远高于其基本工资。如果按照基本工资支付加班工资，似乎有些不公平。最后，部分省、市出台了相关政策，但对加班工资计算基数的规定也不尽相同，还有很多地方未制定相关政策。由此可见，加班工资计算基数的规定十分

混乱，由国家统一加班工资计算基数是十分必要和紧迫的。针对目前各地区加班工资计算情况，我们对确定加班工资计算基数持以下观点。

①劳动合同中明确约定工资数额的，应按不低于劳动合同约定的工资标准为加班工资计算基数。集体合同确定的标准高于劳动合同约定标准的，应按集体合同标准确定加班工资计算基数。应当注意的是，如果劳动合同约定的工资项分为“标准工资”“岗位工资”“职务工资”等，应以各项工资的总额作为加班工资的计算基数，不能以“标准工资”“岗位工资”或“职务工资”单独某一项或几项作为加班工资计算基数。

②劳动合同和集体合同都没有约定工资数额，或者合同约定不明确的，应遵照地方的相应法规执行。地方没有出台相应法规的，原则上应以员工的实际月工资总额为标准计算加班工资。员工的实际工资总额包括用人单位直接支付给员工的工资、奖金等。在以实际工资作为加班工资计算基数时，加班工资、伙食补助和劳动保护补贴等应当扣除，不能列入计算范围。

③实行计件工资的劳动者，应以其法定工作时间内的计件单价作为加班工资的计算基数。

④加班工资计算基数不得低于当地最低工资标准，否则应以当地最低工资标准的额度为加班工资计算基数。

（2）加班工资计算基数的折算。

在确定劳动者小时（日）加班工资计算基数时，应按照劳动和社会保障部《关于职工全年月平均工作时间和工资折算问题通知》的规定，以每月工作时间为20.83天和166.64小时进行折算。

（3）几种特殊情况下加班工资的计算。

①综合工时制加班工资的计算。在实行综合计算工时工作制时，劳动者在综合计算工时周期内的工作时间超过法定标准时间的，应按不低于劳动者本人小时工资标准的150%支付劳动者加班工资；用人单位在法定休假节日安排劳动者工作的，应按不低于劳动者本人日或小时工资标准的300%支付加班工资。在综合工时制中不存在休息日按200%支付加班工资这一比例。

②不定时工时制加班工资的计算。在实行不定时工时制时，劳动者在工作日和休息日延长工作时间的，用人单位不需要向其支付加班工资。用人单位在法定休假节日安排劳动者工作的，一般情况下也不需要向劳动者支付加班工资，但有部分地区出台有关法规，规定仍应按300%的标准向劳动者支付加班工资。笔者认为这一规定是比较合理的，值得借鉴。

③计件工资制加班工资的计算。用人单位依法安排实行计件工资制的劳动者在法定标准工作时间以外工作的，即实行计件工资制的劳动者在完成计件定额后，由用人单位安排延长

工作时间的，应参照标准工时制的加班标准，分别按不低于其本人法定工作时间计件单价的150%、200%、300% 支付工资。

4.6.4 加班认定中的疑难情形解析

加班认定过程中存在诸多问题，比较常见的问题包括自愿加班的问题；双休日出差是否属于加班；外派人员双休日是否属于加班；周六日开会培训是否属于加班；一周工作六天能否计算加班费；考勤记录能否作为加班的依据；中层以上管理人员是否可以不计算加班费。

针对上述问题，要区分对待。

（1）现实中存在一些员工自愿加班的行为，这种行为也成为困扰企业的问题之一。这种行为是否属于加班，关键要看在何种条件下，结合企业的加班审批制度及劳动定额现状予以确认。

（2）有些企业经常需要员工在双休日出差，此时，若出差了但没工作，不算加班；若双休日在工作，算加班，出差路途算加班，出差补贴不能替代加班费。

（3）针对外派人员双休日工作的问题，要看企业实行何种工时制度，若是不定时工时制则不算加班，若是标准工时制则算加班。

（4）针对周六、周日员工培训问题，关键要看是否是员工自愿，若是企业强行组织则算加班，若是员工自愿参加则不算加班。

（5）一周工作六天能否认定为加班，要看总工作时间是否超标，超过劳动法关于每周工作时间的规定，可以认定为加班。

（6）考勤记录也是可以作为加班依据的，所以企业规章制度中可以注明考勤记录只作为出入办公场所的记录，不作为上班的依据。

（7）针对高管人员，可以在劳动合同中规定高管人员为不定时工时制，无需向劳动部门申请，如果未规定为不定时工时制，则视为标准工时制，应计算加班费。目前只有北京地区有这样的规定，其他地区均需要申请。而且，北京地区是只要在劳动合同中约定为不定时工时制，无论何时都不算加班，其他地区即使申请为不定时工时制，法定节假日加班也要支付加班工资。

4.6.5 企业加班工资争议的防范

（1）正确实行综合计算工时制和不定时工作制。

对于季节性生产和比较特殊的行业，企业通过实行综合计算工时制，将加班时间平摊至淡季或其他空闲时间中，这样可以有效控制加班费的开支。由于实行不定时工时制的劳动者只有在法定节假日工作才需要支付其加班费（除上海、深圳之外的其他地区，实行不定时工时制的劳动者即使在法定假日工作也无须支付其加班费），其他时间均不存在加班情况，因此无须支付加班费。因此，企业通过实行不定时工时制，可以有效控制加班费的开支。

（2）建立加班审批制度。

建立加班审批制度，一方面可以控制加班，另一方面也可以控制实际未加班而需支付加班费的情况的发生。在劳动争议案件中，如果劳动者以考勤记录显示其工作时间超过法定工作时间为由向用人单位主张加班费，而用人单位已建立加班审批制度，那么用人单位可以未经审批不视作加班为由拒绝支付加班费。

（3）实行复合式工资结构，在劳动合同中约定加班费计算基数。

用人单位可将工资拆分为基本工资、奖金、津贴、补贴、提成等项目，在劳动合同中明确约定加班费计算基数，最好与基本工资相一致。这样就可以将劳动合同约定的工资作为基数来计算加班费了，加班费由此得以降低。

（4）优先选择调休。

按照法律规定，用人单位在休息日安排劳动者加班的，有权决定是安排劳动者调休还是选择支付加班费。有条件的用人单位应优先选择调休来代替加班费支出，尤其是对工资较高的劳动者。

（5）制作规范完备的工资支付凭证。

规范完备的工资支付凭证应当能够明确反映当月的加班工资，并由劳动者签字确认。在劳动争议案件中，如果用人单位安排劳动者加班又未在工资支付凭证中反映加班工资，劳动者主张支付加班费的，用人单位将处于被动地位。

（6）妥善保管考勤记录和工资支付凭证至劳动者离职后 1 年。在劳动争议案件中，考勤记录和工支付凭证均应由用人单位提供，如果用人单位无法提供或拒不提供，将承担不利后果。根据《中华人民共和国劳动争议调解仲裁法》关于劳动报酬时效的规定，用人单位应将这些证据保留至劳动者离职后 1 年。

4.7　工伤待遇争议的防范

工伤待遇是指员工因工受伤或者死亡时所享受的医疗、伤残补偿、工伤辞退补偿等方面的待遇。

4.7.1 工伤待遇争议纠纷产生的原因

（1）规定的倾斜。

员工只要在工作中受伤就属于工伤，不论其是否有过错，除非企业能证明该员工系自伤自残，但这几乎是不可能的。在实践中，员工在工作中受伤的原因包括机器设备陈旧、存在安全隐患或者设施不符合安全标准，以及员工在操作过程中违反操作程序或疏忽大意乃至故意为之。

（2）工伤辞退费规定的倾斜。

有些地方性法规对工伤辞退费的规定向员工倾斜。例如，《××省社会工伤保险条例》规定，员工因工受伤后只要鉴定有伤残等级的，除了得到一笔不少的一次性伤残补偿金外，不论是企业解雇、开除，还是其自己辞工、自动离职，企业都要支付几千元到十几万元不等的高额工伤辞退费，即使购买了工伤保险也是一样的。企业若不愿主动支付这笔费用，便会由此而引起争议。

（3）高额赔偿致使有些受伤员工的心态极大扭曲。

由于某些地方规定的工伤赔偿金比较高，因为直接导致员工心态的极大扭曲。可能会有个别员工不爱惜自己的身体，放任工伤事故的发生甚至是故意受伤，以期得到高额赔偿。员工一旦受伤，通常是在医疗终结和伤残等级鉴定结果出来、一次性伤残补偿金拿到手后便提出辞工，索要工伤辞退费；即使是暂时留下来的，也不会安心工作，而是最终辞工或者故意制造事端迫使企业辞退。

工伤多、工伤待遇纠纷多，对企业来说不是好事，这已不仅仅是金钱支付的问题，它已严重影响到企业的正常生产经营和内部管理秩序。

4.7.2 防范工伤法律风险的措施

要减少这类风险的发生，企业应当做好以下工作。

（1）进一步强化、规范劳动管理，包括加大对员工的劳动技术和纪律教育、加强各生产经营环节的劳动安全监督、改善员工的劳动条件和生产环境。

（2）注重员工的健康卫生检查，包括招聘环节的适当体检和在职期间的定期体检。对于在招聘环节体检中发现患有不适合病症的人员，不予聘用；对合同期内发现可能影响劳动安全的患病员工，及时调整其工作岗位或送医治疗。

（3）及时参加工伤社会保险，辅以适当的商业性雇主责任险，以分散工伤法律风险。参加工伤社会保险，为员工缴纳工伤保险金，是企业应尽的法律义务。通过参加工伤社会保险，企业支付一定的社会保险费用，可以在很大程度上将发生工伤事故时本应由企业承担的赔偿责任转移到社保机构。考虑到现行工伤社会保险制度下参加工伤社会保险的员工发生工伤事故，企业仍可能需要承担部分项目的赔偿责任，为进一步分散、转移这部分工伤法律责任，企业可以采用参加商业性雇主责任保险的方式。鉴于这种商业性雇主责任险所具有的非强制性、辅助性特点，企业可以根据本企业的行业特点、经济条件，选择决定参保的范围、标准。例如，家具生产企业可将操作、使用机械生产等发生工伤事故频率较高的岗位的员工列入参加商业性雇主责任险的范围，对文管、销售、保安等其他岗位的员工就无须办理这一险种。考虑到雇主责任保险的商业性质，企业可以自主与承保机构进行商业谈判，以确定适当的保险条件。在条件许可的情况下，企业可以采取集体谈判、行业团购等方式，协同本地区、本行业多家企业与承保机构进行商业谈判，以提高己方在谈判中的地位。

（4）加强劳动工伤事故管理环节的法律工作。对于已经发生的工伤事故，严格依照法律程序处理。对于工伤员工及其家属提出的合理合法的要求，应由社保基金支付的，力争由社保机构支付；应当由企业自行承担的，在法定标准范围内及时予以妥善解决；对于工伤员工及其家属提出的超出法定范围的要求，依法、耐心地做好说服和调解工作，必要时可通过劳动仲裁、诉讼等法律途径解决。

4.7.3 出现工伤时及时处理

《工伤保险条例》第四条第三款规定，员工发生工伤时，用人单位应当采取措施使工伤员工得到及时救治。该条款明确规定了在出现工伤事故时，用人单位应承担对发生工伤员工进行及时救治的义务。那么，在企业已为员工办理工伤保险的情况下出现工伤时，企业应该如何做才能避免承担不必要的法律责任呢？在实践中，很多企业对此并不明确，以下做一些简单介绍。

（1）工伤救治。

①员工发生工伤后，应当在统筹地区的协议医疗机构进行治疗，病情危急时可送往就近的医疗机构进行抢救；在统筹区域以外发生工伤的员工，可在事故发生地优先选择协议医疗机构治疗。

企业应及时取得医疗机构出具的诊断证明，并在工伤事故发生之日起三日内书面通知工伤保险经办机构，以便为工伤员工列入工伤医疗服务做好准备。工伤员工治疗时，企业应垫付必要的医疗费，必要时也可申请由医疗保险基金先行垫付。

②对于未在统筹地区协议医疗机构救治的工伤员工，企业应及时向经办机构报告工伤员工的伤情及救治医疗机构的情况，待工伤员工病情稳定后将其转回统筹地区的协议医疗机构治疗。

③工伤员工因旧伤复发需要治疗的，企业凭协议医疗机构的诊断证明，向经办机构申请并经核准后列入工伤保险医疗服务管理范围。

企业、工伤员工、经办机构因工伤员工旧伤复发需要治疗而发生争议的，须凭协议医疗机构的诊断证明，经劳动能力鉴定委员会鉴定后进行处理。

（2）工伤认定。

自工伤事故发生之日起30日内，企业向统筹地区劳动保障行政部门申请工伤认定。企业如果未在规定的时间内申请工伤认定手续，工伤员工或者其直系亲属、工会均可在工伤事故发生之日起一年内申请工伤认定；企业未在30日内为工伤员工提交工伤认定申请的，在此期间发生符合《工伤保险条例》规定的工伤待遇等有关费用由该用人单位承担，工伤保险基金对此不予支付。因此，为及时将工伤员工的工伤医疗费及其他工伤待遇交由工伤保险基金支付，分散企业的工伤风险，企业应在规定时限内为工伤员工申请工伤认定。

（3）为工伤员工办理工伤医疗等有关待遇手续。

工伤认定后，企业应及时到工伤保险经办机构为工伤员工办理工伤医疗及其他工伤保险待遇手续。根据我国相关法律规定，对工伤员工发生的符合工伤保险药品目录、诊疗项目目录和住院服务标准等管理规定的医疗费用和康复费用，包括员工工伤认定前已由医疗保险基金、企业或员工个人垫付的工伤医疗费用，由经办机构从工伤保险基金中按规定予以支付，企业应及时将垫付的医疗费向经办机构进行核销。相关手续办理完毕，工伤员工应享受的工伤保险待遇全部由工伤保险基金支付，企业应尽量早些从员工工伤风险中脱离出来。

（4）申请劳动能力鉴定。

发生工伤的员工经治疗，伤情相对稳定后存在残疾、影响劳动能力的，企业应及时为其申请劳动能力鉴定。根据工伤员工伤残等级和所需护理程度，企业可依法处理与工伤员工之间的善后事宜。

总之，企业在出现工伤事故后应依法采取有效措施，一味地逃避法律义务不仅于事无补，在法律上还可能丧失很多有利机会，从而给自己带来不应有的负担与责任。

4.8 员工患病医疗费争议防范

从理论上来讲，预防这类纠纷是比较困难的。但是，只要企业做好以下工作，此类纠纷必然会大大减少。

（1）严把新进员工的健康关。所有新招收的员工均应到企业指定的医院进行检查，只有符合企业健康标准要求的人员才予以录用。最好不要录用不符合健康标准的人员，即使确需录用的，也要等其健康达标后再录用。

（2）注意企业的环境卫生，特别是员工食堂的食品卫生，尽量减少员工在企业内患病的风险。

（3）对于生病的员工，如果是小病，最好让其在门诊治疗，非到必需时不要轻易同意员工住院治疗。

（4）如果企业经济条件允许，建议为全体员工购买住院医疗保险，以便在员工有急病、重病需住院治疗时减轻企业的负担。

管理工具

【工具 4-01】

培训经费管理制度

1. 总则

1.1 为了加强培训经费管理，合理使用培训经费，特制定本制度。

1.2 本制度适用于本公司培训经费的管理工作。

1.3 管理职责

1.3.1 在制订年度培训计划时，由人力资源部确定各项培训所需的具体费用，汇总为年度的培训预算，并对专项费用进行分配与监管。培训费用预算纳入人力资源部年度费用预算中。

1.3.2 费用分配遵循以下原则：知识、技能培训是重点；业务部门、设计部门的培训优先于服务部门、事务性部门；管理干部、专业技术骨干培训重于一般员工培训；上年度关键绩效领域发生重大不良事件且有能力不足因素的，应当首先满足该项目的培训。

1.3.3 财务部负责培训经费的计提和报销审核工作。

2. 培训经费使用范围

2.1 公派外出培训（进修）的学费、资料费。

2.2 公派学历教育费用。

2.3 专业对口或相关专业非公派学历教育费用。

2.4 项目开发文件印刷费用。

2.5 用品、用具、仪器、设备购置或租赁费。

2.6 讲师授课费、食宿费、交通费。

2.7 教学场地租赁费。

2.8 考试费。

2.9 其他与培训密切相关的费用等，如外派学习的食宿费、交通费等（按照财务报销标准执行）。

3. 培训经费使用办法

3.1 外出培训费用：指参加由社会组织的短期培训班、研修班（中期培训班）和学历教育班（长期培训班）发生的所有费用。

3.2 本单位内部培训费用：指参加由本单位组织的培训，包括聘请外部讲师、内部兼职讲师发生的费用，以及购买培训设施、用品等的费用。

3.3 培训过程中如需产生费用的，由公司培训管理人员填写培训费用申请单。

4. 培训经费支出使用程序

4.1 公派外出培训

公司统一安排外派课程的，参加外训的人员需先与公司签订《培训协议书》。签订后从参加该课程的人员中选举一名组长统一填写“外出培训申请表”及《借款借据》，办理课程费用的借款手续，借款数额不得超过预估费用。

课程结束后，组长到人力资源部拿“外出培训申请表”及填写好的“费用报销单”到财务部报销，报销标准按照财务部的具体标准执行。

4.2 个人自行参加的外出培训

4.2.1 个人自行参加的外出培训需由本人提前填写好“外出培训申请表”，获批并且签订《培训协议书》后到财务部办理课程费用借款手续，借款数额不得超过预估费用。课程结束后，参训人员凭“外出培训申请表”及填写好的“费用报销单”到财务部报销，报销标准按照财务部的具体标准执行。

4.2.2 没有执行“外出培训申请表”流程自行外出学习的，在培训结束并取得相关证书后，如提出报销申请，人力资源部根据专业、工种对口情况提出是否予以报销及报销比例的建议。

4.2.3 原则上专业、工种对口且为岗位工作必需，经个人申请批准后列入培训计划的，可准予报销100%学费；专业、工种对口但非岗位工作必需，以及专业、工种相关且岗位工作必需的，经个人申请批准后，可列入培训计划的，准予报销50%学费；与岗位工作不相关的专业及专业相关性较小，其学费由个人自理，且不得占用工作时间。

4.3 内训发生的费用

外聘讲师进行内训的，讲师的授课费、食宿费、交通费从培训经费中列支，手续办理参考相关制度。内训产生的费用由人力资源部统一填写“付款申请单”，经批准后到财务部报销。

4.4 内部讲师课酬

内部讲师授课前需提前到人力资源部做好登记。课程结束后，由人力资源部以月为单位填写好“课酬支付统计表”，并于每月月底将“课酬支付统计表”交予财务部确认、下发课酬。

4.5 其他培训相关费用

对于内部培训班，其教材费、教学资料费、教学用品和教学用具费、教学场地和教学设备租赁费、考试费等与培训工作密切相关的费用，从培训经费中列支，由人力资源部统一填写“付款申请单”，经批准后到财务部报销。

5. 外派培训服务期限界定

公司公派的外出培训或自己申请获批的外派培训都需与公司签订《培训协议书》，明确服务期限。具体服务期限如下。

5.1 外派学习总费用（包括课程费用、教材费、车船费、住宿费等）1000 元（含）以下的，需要与公司签订外派的服务期限。

5.2 外派学习总费用（包括课程费用、教材费、车船费、住宿费等）1000 元以上 2000 元（含）以内的，需要与公司签订一年的服务期限。

5.3 外派学习总费用（包括课程费用、教材费、车船费、住宿费等）2000 元以上 5000 元（含）以内的，需要与公司签订两年的服务期限。

5.4 外派学习总费用（包括课程费用、教材费、车船费、住宿费等）5000 元以上的，与公司协商具体的服务期限。

5.5 服务期限从培训课程结束后第二天开始计算，服务期内时长按照每月平均 30 天的情况计算，6 个月共计算 180 天（180 天内依法正常休息、法定节假日正常休息）；服务日期起每连续 30 天计算一个月，连续不满 15 天的不计算一个月；服务期限计算截止日期为“员工离职申请表”上的申请日期。

5.6 不满服务期限提前离职的员工，需要偿还公司相应的培训费用，偿还的培训费用计算如下。

$$应偿还的培训费用=\frac{培训总费用}{应服务月数}\times（应服务月数-实际服务月数）$$

例如，甲与公司签订的培训服务期限为 6 个月，课程总费用为 900 元，3 月 1 日培训课程结束。培训服务期从 3 月 2 日开始计算，假设甲提前辞职，“员工离职申请表”上的申请日期为 5 月 10 日。

甲与公司的服务期限时长为 3 月 2 日—5 月 10 日共计 70 天，其中 3 月 2 日—3 月 31 日期间 30 天，4 月整个月 30 天，5 月 10 天。

甲与公司的服务期限其计 70 天，根据服务期间连续不满 15 天不计算一个月，故甲与公司的服务期限实际计算 2 个月，甲离职时候需偿还公司培训费 600[900÷6×（6−2）] 元。

【工具4-02】

员工申诉管理办法

1. 目的

为了维护公司与员工的合法权益，及时发现和处理隐患问题，保障员工与公司管理层的沟通，提高员工的工作积极性，从而建立和谐的劳动关系，增强企业凝聚力，提高员工满意度，特制定本办法。

2. 适用范围

本办法适用于公司所有在职员工。

3. 管理规定

3.1 原则：申诉人应根据事实，按照本办法的规定进行申诉，经查证表明申诉人有欺骗行为的，公司将依据相关规定对其进行处罚，申诉受理人应在保密的原则下对申诉事件给予严肃认真对待，保证员工的正当利益不受侵害。

3.2 申诉范围应在人力资源部的职能范围内，包括但不仅限于以下情形。

3.2.1 对绩效考核及奖惩有异议的，依据《员工绩效评估反馈及奖惩申诉管理办法》。

3.2.2 对岗位、职等职级的调整有异议的。

3.2.3 对招聘、培训方面有异议的。

3.2.4 对薪酬、福利、考勤方面有异议的。

3.2.5 对劳动合同的签订、续签、变更、解除、终止等方面有异议的。

3.2.6 对用餐、用车等行政后勤方面有异议的。

3.2.7 认为受到上级或同事不公平对待的。

3.2.8 申诉人有证据证明自己的权益受到侵犯的其他事项。

3.3 申诉渠道及方式。

3.3.1 公司成立申诉处理委员会，由申诉人直属主管、所在部门的经理及人力资源部相关成员（包括员工关系助理、员工关系及薪酬福利专员、招聘培训专员、绩效专员、人力资源部经理及分管副总）组成。

申诉受理人均可在权限范围内对申诉事项进行解答，如果申诉人接受该答复即可终结申诉。如果申诉受理人无法对申诉做出解答，可按照本办法规定的申诉处理程序进行处理。如果申诉提交到了人力资源部，人力资源部各模块专员将负责调查、取证、提出初步处理意见、参与研究、反馈答复意见等工作。

3.3.2 申诉时效为10日（法定节假日顺延），即申诉人应在申诉事件发生起10日内申诉，因不可抗力而致逾期者，应向申诉处理委员会申明理由，申请延长申诉期限，但延长期限不得超过10日。

3.3.3 申诉时，申诉人需填写人力资源部提供的“员工申诉书”，描述相关事项。

3.3.4 申诉受理人应记录好“员工申诉书”，记录完成后应要求申诉人签字确认。

3.3.5 申诉人在等待申诉事件处理期间应严格遵守公司相关规章制度，保证正常上班。

3.4 申诉处理的程序。

3.4.1 申诉人应在申诉事项发生之日起10日内到人力资源部领取“员工申诉书”，并尽快填写完毕交给申诉受理人即自己的直属主管，申诉人不可代理申诉并且不得越流程作业。

3.4.2 申诉受理人应在接收“员工申诉书”后详细分析申诉事项是否符合本办法规定的申诉范围要求，如不符合要求，应当场告知申诉人终止申诉并在“员工申诉书”上注明。如果申诉事项符合要求，申诉受理人应立即告知申诉人自己能否对申诉事项做出解答，如果不能做出解答，则应明确告知申诉人，并在“员工申诉书”上写明由申诉处理程序的后一级进行解答。

3.4.3 申诉人的直管经理和部门经理均可直接对申诉事项进行调查、处理，申诉人对处理结果满意的即可终结申诉；如果申诉人对二者的处理结果均不满意，可继续向人力资源部提出申诉，人力资源部各模块专员负责申诉事项的调查、取证、反馈等工作。

3.4.4 涉及多个模块的，各模块专员应齐心协力共同完成。若申诉人对处理结果不满意，可继续向人力资源部经理提交申诉，申诉处理人员应在10日内针对申诉事项做好调查、取证等工作并得出最终结论。如果申诉人对人力资源部经理给出的结论仍不满意，可以在知道申诉结论之日起10日内提出再申诉，10日内不提出再申诉即表示申诉人接受该结论。再申诉时，分管人力资源的副总将负责主导工作，申诉处理委员会所有成员应积极讨论，以最终结果为申诉事件的最终结论，申诉人应无条件遵守，不得再申诉。

3.4.5 涉及跨部门的申诉，由相关部门申诉受理人积极讨论，待达成共识后解决。

3.5 申诉答复。

申诉处理结果应记录为一式三份的“员工申诉书”，一份交申诉人保存，一份存入申诉人人事档案，一份由人力资源部员工关系组汇总并保存。

3.6 在整个申诉处理过程中，相关人员应保守秘密，如有泄密者，企业将依据相关规定对其进行处罚；如有对申诉人进行打击报复者，将根据相关规定从重处罚。

3.7 申诉结论得出后，由人力资源部员工关系组负责对结论的执行情况进行跟踪和监督。

【工具4–03】

加班管理规定

1. 目的

为了规范加班管理，提高工作效率，根据《劳动法》及相关法规，结合本公司的实际情况，特制定本规定。

2. 适用范围

本规定适用于公司非提成人员及非提成工作的工作人员。

3. 管理规定

3.1 加班的含义及原则

3.1.1 含义。加班是指在规定工作时间外，因本身工作需要或主管指定事项，必须继续工作的情况。

3.1.2 原则。加班的原则如下。

（1）公司提倡高效率的工作，鼓励员工在工作时间内完成本职工作任务，原则上不提倡加班，因处理工作时间内未完成的本职工作或本人工作疏忽而未完成的工作，不计加班。

（2）严格控制加班的时限，保证员工的休息时间。

（3）加班时间以0.5小时为单位计算，累计4小时为0.5个工作日，累计8小时为1个工作日，并以此作为计算加班补贴和调休的依据（加班时间累计或累计后的零头采用四舍五入的方式）。

（4）因公司特殊情况需要临时加班的，公司所有员工必须服从命令。

（5）加班部门如需其他部门配合或提供相关资料，应于工作时间内提前通知相关部门，以便安排配合工作。

3.2 加班申请及记录

3.2.1 工作日加班：需在实际加班当日下班前填写“加班申请单”，经所在部门主管或分管领导审批同意后方可计为加班。

3.2.2 双休日加班：员工需在星期五下午下班前如实填写“加班申请单”，经所在部门主管或分管领导审批同意后方可计为加班。

3.2.3 节假日加班：员工需在实际加班前的最后一个工作日下班前填写“加班申请单”，经所在部门主管或分管领导审批同意后方可计为加班。

3.2.4 公司统一安排加班：员工不需另外填写“加班申请单”，由行政部统一汇总。为了更好地培养员工做计划的习惯，公司将强制执行加班需要提前申请的做法，因此，如果员工不能在规定时间提前递交加班申请，原则上其实际加班时间将视为无效。

3.2.5 紧急任务：因紧急任务需要临时加班的，员工需在加班后实际上班的第一个工作日内补办手续，相关部门主管或分管领导要在“加班申请单”上加以说明。

3.2.6 领导出差或公出：如果员工提出申请时，需要审批的领导适逢外出，员工要先通过电话或者电子邮件的方式征得领导的同意，并按照规定待领导回来时补签“加班申请单”。

3.2.7 加班打卡：无论是工作日、双休日或是节假日加班，员工均应如实打卡，记录加班时间。

3.3 不算加班的情况

3.3.1 因业务不熟练而延长工作时间。

3.3.2 在正常工作时间以外阅读技术材料或参加培训。

3.3.3 在正常工作时间以内参加培训导致8小时以外工作的。

3.3.4 在正常工作时间以外参加公司或公司以外的有关部门组织的公共活动的。

3.3.5 员工出差期间不应申报加班。

3.3.6 其他情况。

3.4 统计

行政部在每月月末汇总加班统计，并作为安排调休和发放加班补偿的依据。

3.5 加班补偿

3.5.1 员工平时零星加班以及周末加班或公司项目的紧迫需要而统一强制性加班，原则上都采取调休的方式进行补休。

3.5.2 安排员工在法定节假日（元旦/春节/清明节/劳动节/端午节/中秋节/国庆节）加班，采用发放加班工资的方式进行补偿。

3.5.3 员工因为自身工作安排需要延迟下班，或在工作时间内未完成本职工作而延迟下班，延长的时间不计为加班。

3.5.4 由于公司的原因加班后在一年内不能安排员工调休的，公司将按照国家相关规定发放加班补贴。

3.5.5 周末加班补偿方式有调休和加班补贴两种，对于当月的加班，公司根据工作紧张程度先安排调休，未能安排调休的报公司主管经理审批后发放加班补贴。

3.5.6 调休时间的计算

（1）零星加班累计时间按1：1的比例折算调休时间。

（2）周末加班按1：1的比例折算调休时间。

（3）国家法定节假日加班按1：3的比例折算调休时间。

【工具 4-11】

外派培训服务协议书

甲方：

乙方：

甲乙双方根据平等自愿的原则，达成以下培训协议，此协议与劳动合同具有同等法律效用，任何一方违反本协议，对方均有追究赔偿损失及法律责任的权利。

一、甲方的权利与义务

1. 根据乙方自愿申请和公司有关部门的推荐，甲方同意乙方参加公司为其安排的培训学习。

2. 由甲方为乙方提供培训学习费用。

3. 甲方负责为乙方提供办理参加培训的必要手续和条件。

4. 在乙方参加培训期间，甲方负责为乙方协调与培训相关的各方面关系，做好乙方生活安排，以便很好地完成培训任务。

5. 对参加完培训之后的人员，在今后的后备干部提名、任职、待遇等方面，甲方将其作为技术骨干予以优先考虑。

二、乙方的责任与义务

1. 乙方自愿参加甲方组织的培训学习，愿意接受甲方所提供的条件与费用，并遵守本协议的所有内容。

2. 培训期间，乙方需努力掌握培训的相关知识或达到培训的目标要求，乙方在培训中务必掌握技术要点，并做认真详细的记录。

3. 培训期间，乙方必须服从培训组织领导的工作、学习安排，遵守公司、主办单位或委托培训单位的各项管理制度，积极维护公司的形象和利益，遵守所在国家的法律法规，如果由于自己不慎或故意行为导致自身或甲方利益受损的，所有赔偿均由乙方承担。

4. 乙方参加完培训之后，必须服从甲方安排，到甲方所规定的岗位上工作，乙方为甲方服务的年限为____年，即从____年__月__日至____年__月__日，若因甲方公司内部发生变更，需缩减合同时间，则以甲方变更为准。

5. 乙方严格执行公司保密制度，未经甲方许可，不得将培训中所得到的专业技术外泄或传播给第三者，培训期间所有重要技术资料均交还公司存档。

三、甲乙双方其他约定

1. 服务期限界定：将外部培训结束时间作为服务期限的起始时间；实施劳动合同后，按劳动合同的终止时间作为服务期限的终止时间。

2. 乙方在培训协议规定的服务期限届满前，由于非正常、合理原因，未经甲方批准而辞职，或由于正常原因被甲方辞退除名的，应按以下公式向甲方提供赔偿：退还金额 = 培训金额 ÷ 应服务公司总月份 × 不足年限（月）。

（续表）

3. 乙方在培训期间，如出现违反有关规定，未能通过培训考核或未达到培训要求，未能取得培训证书的，由本人负担30%的培训费用。在培训过程中，如因甲方原因或发生人事变动，甲方有权中断培训，所发生的培训费用由甲方承担。 4. 乙方在培训中获得的培训证书所有权归公司所有。 5. 本协议一式二份，甲乙双方各执一份，协议自签字之日起生效。 甲方（签章）：　　　　乙方： 签字日期：　　　　签字日期：

【工具4-12】

加班申请单

申请人		部门		申请时间	
加班时间	起		止		时数
	__月__日__时		__月__日__时		
加班内容					
部门主管			行政部		
备注	加班类别：□工作日　□休息日　□节假日　□其他				

【工具4-13】

员工申诉书

申诉人工号		姓名	
所在部门		岗位	
申诉人入职日期		申诉事件发生日期	

（续表）

申诉事实经过及理由（可附页）：   申诉日期：
申诉人直属主管处理经过及结论：   受理人：　　　　受理日期：
申诉人部门经理处理经过及结论：   受理人：　　　　受理日期：
人力资源部专员处理经过及结论：   受理人：　　　　受理日期：
人力资源部经理处理经过及结论：   受理人：　　　　受理日期：
申诉处理委员会最终结论：   受理人：　　　　受理日期：
申诉人确认：　　　　日期：

注：（1）表中任一申诉受理人，都有对申诉事项进行调查并得出结论的权利。

（2）申诉处理委员会不直接接收申诉，但根据申诉处理程序申诉到达申诉处理委员会时，其做出的结论为最终结论，申诉人应无条件遵守。

（3）本申诉书一式三份，申诉人持一份，公司持两份。

第五章

商业秘密泄露风险防范

商业秘密是指不为公众所知悉、能为权利人带来经济利益、具有实用性并经权利人采取保密措施的技术信息和经营信息。很多企业对商业秘密的管理仅限于在劳动合同或者规章制度中设置一条或者几条简单的保密条款，又或者与员工签订一个保密协议。如此薄弱的制度设计导致商业秘密面临被审判仲裁机构否定的风险，最终导致企业相关权益无法得到保护。企业应采取更多的保密措施，包括订立保密协议、建立保密制度及采取其他合理的保密措施。

学习目标

（1）了解与商业秘密有关的法律法规。

（2）掌握商业秘密的风险来源。

（3）了解商业秘密泄露风险防范措施，掌握各项措施的具体操作要求、方法和细节。

商业秘密泄露风险防范学习指引

序号	培训内容	时间安排	期望目标	未达成目标时的改进措施
1	与商业秘密有关的法律法规			
2	商业秘密泄露风险的来源			
3	商业秘密泄露风险的防范措施			

5.1 与商业秘密有关的法律法规

与商业秘密有关的法律法规有许多，表 5-1 做了一些简要的介绍。

表 5-1 与商业秘密有关的法律法规

序号	法规名称	规定条款
1	《中华人民共和国反不正当竞争法》	第九条规定，经营者不得实施下列侵犯商业秘密的行为：①以盗窃、贿赂、欺诈、胁迫或者其他不正当手段获取权利人的商业秘密；②披露、使用或者允许他人使用以前项手段获取的权利人的商业秘密；③违反约定或者违反权利人有关保守商业秘密的要求，披露、使用或者允许他人使用其所掌握的商业秘密。第三人明知或者应知商业秘密权利人的员工、前员工或者其他单位、个人实施前款所列违法行为，仍获取、披露、使用或者允许他人使用该商业秘密的，视为侵犯商业秘密。本条款所称的商业秘密，是指不为公众所知悉、具有商业价值并经权利人采取相应保密措施的技术信息、经营信息等商业信息 第二十一条规定，经营者违反本法第九条规定侵犯商业秘密的，由监督检查部门责令停止违法行为，处十万元以上五十万元以下的罚款；情节严重的，处五十万元以上三百万元以下的罚款
2	《中华人民共和国促进科技成果转化法》	第四十一条规定，科技成果完成单位与其他单位合作进行科技成果转化的，合作各方应当就保守技术秘密达成协议；当事人不得违反协议或者违反权利人有关保守技术秘密的要求，披露、允许他人使用该技术 第四十二条规定，企业、事业单位应当建立健全技术秘密保护制度，保护本单位的技术秘密。职工应当遵守本单位的技术秘密保护制度。企业、事业单位可以与参加科技成果转化的有关人员签订在职期间或者离职、离休、退休后一定期限内保守本单位技术秘密的协议；有关人员不得违反协议约定，泄露本单位的技术秘密和从事与原单位相同的科技成果转化活动。职工不得将职务科技成果擅自转让或者变相转让
3	《中华人民共和国民法典》	第五百零一条规定，当事人在订立合同过程中知悉的商业秘密，无论合同是否成立，不得泄露或者不正当地使用。泄露或者不正当地使用该商业秘密给对方造成损失的，应当承担损害赔偿责任 第五百零九条规定，当事人应当按照约定全面履行自己的义务。当事人应当遵循诚实信用原则，根据合同的性质、目的和交易习惯履行通知、协助、保密等义务

（续表）

序号	法规名称	规定条款
4	《中华人民共和国劳动法》	第二十二条规定，劳动合同当事人可以在劳动合同中约定保守用人单位商业秘密的有关事项 第一百零二条规定，劳动者违反本法规定的条件解除劳动合同或者违反劳动合同中约定的保密事项，对用人单位造成经济损失的，应当依法承担赔偿责任
5	《中华人民共和国劳动合同法》	第十七条第二款规定，劳动合同除前款规定的必备条款外，用人单位与劳动者可以约定试用期、培训、保守秘密、补充保险和福利待遇等其他事项 第二十三条规定，用人单位与劳动者可以在劳动合同中约定保守用人单位的商业秘密和与知识产权相关的保密事项。对负有保密义务的劳动者，用人单位可以在劳动合同或者保密协议中与劳动者约定竞业限制条款，并约定在解除或者终止劳动合同后，在竞业限制期限内按月给予劳动者经济补偿。劳动者违反竞业限制约定的，应当按照约定向用人单位支付违约金 第二十四条规定，竞业限制的人员限于用人单位的高级管理人员、高级技术人员和其他负有保密义务的人员。竞业限制的范围、地域、期限由用人单位与劳动者约定，竞业限制的约定不得违反法律、法规的规定。在解除或者终止劳动合同后，前款规定的人员到与本单位生产或者经营同类产品、从事同类业务的有竞争关系的其他用人单位，或者自己开业生产或者经营同类产品、从事同类业务的竞业限制期限，不得超过二年 第九十条规定，劳动者违反本法规定解除劳动合同，或者违反劳动合同中约定的保密义务或者竞业限制，给用人单位造成损失的，应当承担赔偿责任
6	《中华人民共和国公司法》	第一百四十九条规定，董事、高级管理人员不得有下列行为：①挪用公司资金；②将公司资金以其个人名义或者以其他个人名义开立账户存储；③违反公司章程的规定，未经股东会、股东大会或者董事会同意，将公司资金借贷给他人或者以公司财产为他人提供担保；④违反公司章程的规定或者未经股东会、股东大会同意，与本公司订立合同或者进行交易；⑤未经股东会或者股东大会同意，利用职务便利为自己或者他人谋取属于公司的商业机会，自营或者为他人经营与所任职公司同类的业务；⑥接受他人与公司交易的佣金归为己有；⑦擅自披露公司秘密；⑧违反对公司忠实义务的其他行为。董事、高级管理人员违反前款规定所得的收入应当归公司所有

5.2 商业秘密泄露风险的来源

5.2.1 企业对商业秘密的认识不到位

部分企业对商业秘密的范围、构成要件的认知不到位。

5.2.2 缺少对员工关于商业秘密的系统培训

当前，大多数企业保护商业秘密的主要措施是在规章制度中要求员工应当保护公司商业秘密，禁止外泄。但在争议发生后，企业难以举证说明员工已经知悉企业的规章制度，导致企业权益难以得到保障。另外，部分员工对商业秘密意识淡薄，对本企业的商业秘密及保护措施了解甚少，关注不够，常常出现泄露商业秘密而不知的情况。

5.2.3 跳槽人员带走商业秘密

企业员工跳槽已经成为经济生活中的普遍现象，这也是企业商业秘密被侵犯的常见诱因之一。更有甚者在跳槽之后，利用原单位的商业秘密为聘用单位提供服务，与原单位成为竞争对手，造成原单位的经济损失。

5.2.4 事后救济难以实现

企业在经营管理过程中想要杜绝商业秘密泄露的难度很大，商业秘密被侵害后，主要依靠两种救济方式：行政救济和司法救济。但是总的来看，企业想要得到救济就必须投入大量的财力、人力，同时还要考虑追究侵权人的法律责任及其赔偿能力，因此很难真正得到圆满的救济。

5.3 商业秘密泄露风险的防范措施

5.3.1 明确商业秘密的范围

依据《中华人民共和国反不正当竞争法》（以下简称《反不正当竞争法》）第九条的规定，商业秘密是指不为公众所知悉、具有商业价值并经权利人采取相应保密措施的技术信息、经营信息等商业信息。其范围见表 5-2。

表 5-2 商业秘密的范围

序号	范围	具体说明
1	产品	企业开发的新产品在既没有申请专利又未投放市场之前，是企业的商业秘密；有些产品即便公开面市，但是产品的组成方式也可能是商业秘密
2	配方	工业配方、化学配方、药品配方等是商业秘密的常见形式，包括化妆品配方，其中各种含量的比例也属于商业秘密
3	工艺程序	产品由于投放市场可能完全公开，但生产产品的工艺程序，特别是生产操作的知识和经验，是重要的商业秘密。许多技术诀窍也属于这类商业秘密
4	改进的机器设备	在公开的市场上购买的机器设备不是商业秘密，但企业提出特殊设计而定制的设备，或者购买设备后企业技术人员对其进行改进之处，属于企业的商业秘密
5	图纸	产品图纸、模具图纸及设计草图等都是重要的商业秘密
6	研究开发的文件	记录新技术研制开发活动内容的各类文件，比如会议纪要、实验结果、技术改进通知、检验方法等，都是商业秘密
7	客户情报	客户名单是商业秘密非常重要的组成部分，如被竞争对手知悉，可能危及企业的生存
8	其他资料	其他与竞争和效益有关的商业信息，如采购计划、供货渠道、销售计划、财务报表、价格方案、分配方案、计算机软件、重要的管理方法等。这些信息能使企业在竞争中有一定优势。经企业有意进行保密的信息，都应当是商业秘密

5.3.2 对商业秘密进行鉴定

企业应把企业所有情报资料进行分类，以鉴定哪些是商业秘密，哪些是一般性情报资料。

（1）鉴定人员。对于企业商业秘密的确定，最好的选择是由企业自己鉴别，以减少商业秘密的知悉范围。企业应当由管理者、技术人员和法律人士组成专门的鉴定小组，对企业所有情报资料进行分析鉴定。在涉及相关部门时，鉴定小组必须先进行咨询。

（2）鉴定标准。鉴定商业秘密时，企业可以直接根据商业秘密的价值性、实用性、新颖性、秘密性、保密性来进行评价；企业应当分析一定区域本行业的形势，以正确评估竞争地位，从对企业有利的角度鉴定商业秘密，而不能单纯地从法律角度鉴定商业秘密。

5.3.3 对商业秘密进行分类、定级

企业对商业秘密进行分类，主要是为了方便管理。其分类方法也是灵活多变的，可以从商业秘密所属范畴划分，分为技术类商业秘密、经营类商业秘密和其他类商业秘密；也可以从生产环节划分，分为开发环节商业秘密、生产环节商业秘密等。比较常见的、便于管理的一种分类方法就是按照情报资料涉密的程度（密级）分类，具体说明见表 5-3。

表 5-3 涉密的程度（密级）分类

序号	涉密的程度（密级）	具体说明
1	关键性商业秘密（绝密级）	一个具有竞争力的企业，至少有一部分具有极大价值的关键性商业秘密，比如配方、生产工艺等。这些商业秘密是企业赖以生存的基础，一旦泄密，企业就会遭受灭顶之灾，所以必须将其划出并予以特别保护。当然，将这类商业秘密无限扩大也是一个误区，企业管理者必须准确、清醒地认识到危及企业生存的商业秘密是什么
2	重要性商业秘密（机密级）	这一类商业秘密也是有重大价值的，它的泄密虽然不像关键性商业秘密会给企业带来灾难性后果，但是也会使企业大伤元气，遭受巨大的经济损失
3	一般性商业秘密（秘密级）	其他具备商业秘密要件的情报资料都可以归入这一类。一般性商业秘密对竞争对手也是有价值的，但是竞争对手得到它不会使企业遭受不可弥补的损害
4	其他情报资料	有些虽有价值但并不属商业秘密范围。但是由于这些可利用资料的收集和整理需要付出一定的时间和成本，企业也应当在短时间内妥善保管

5.3.4 物理性防范措施

物理性防范措施主要是指从机构安全体系方面对保守商业秘密采取的最基本的措施，在实践中有着极其明显的效应。物理性防范措施包括以下几个方面：

（1）厂区的安全设置；

（2）特别的保密区域（如生产车间、检测间、研究室等）或保密室；

（3）严格的出入制度和监督人员；

（4）废弃物的处理；

（5）保密区域的隔离措施等。

5.3.5 制定保密规章制度

保密规章制度的制定要合理、合法、切实、可行。保密规章制度的内容如果过于琐碎，会与工作不适应，从而造成工作障碍，影响经营活动；相反，过于简单则又形同虚设。企业制定保密规章制度时应当考虑以下五个方面：

（1）商业秘密的范围；

（2）商业秘密的管理者及其责任；

（3）商业秘密档案管理规定；

（4）商业秘密的申报与审查；

（5）商业秘密的保密义务，以及泄密后的处罚等。

由于保密规章制度是企业单方面的要求，不是与职工所达成的协议，因此为了更加切实可行地管理商业秘密，设置规章制度还不够，企业还应当与职工签订保密协议和竞业限制协议。

5.3.6 加强对商业秘密文件的管理

商业秘密文件是指以文字、图片、音像及其他记录形式记载商业秘密内容的资料，包括公文、书刊、函件、图纸、报表、磁盘、胶片、幻灯片、照片、录音带等。这些文件记载着重要的商业秘密，必须对其进行严格的管理。商业秘密文件管理的措施与要求见表 5-4。

表 5-4 商业秘密文件管理的措施与要求

序号	管理措施	措施的操作要领
1	商业秘密文件密级的划分及标识	对于属于商业秘密的文件，应针对涉密的不同层次进行分类并施以统一标识。对企业管理者而言，熟悉而简单的分类包括“绝密”“机密”“秘密”三个等级，不同等级的文件首面应分别加盖“绝密”“机密”“秘密”字样的印章
2	商业秘密文件的收发管理	针对涉密文件建立登记制度，每份文件都应注明编号、份数、制作日期，同时应建立收文和发文制度，防止涉密文件在收发过程中流失
3	商业秘密文件的保管	对于商业秘密文件应采取一定物理性保管措施，指定专门的档案存放场所。绝密级文件应当放在保险柜里；机密级文件应当存放在保险柜或铁制文件柜里；秘密级文件应当存放在专用的普通文件柜里；因工作需要由使用者个人保管的商业秘密文件，应由有审批权限的主管领导批准并确保文件的安全

（续表）

序号	管理措施	措施的操作要领
4	商业秘密文件的查阅复制	管理者应先对商业秘密文件的查阅权限进行划分，并形成制度。涉密文件的查阅权限应限制在最小的范围内。绝密文件只允许在保密室内查阅，不得擅自查阅不应该查阅的文件。所有商业秘密文件的复制都必须在企业内进行并登记，由具有审批权限的领导审批。绝密级文件不得复制，若必须复制的，则应当由企业法定代表人批准并有两名以上的主管领导签字
5	商业秘密文件的销毁	涉密文件不再需要时应当清退或销毁，企业应当规定清退或销毁的审批权限和程序并形成记录

5.3.7 与涉密人员签订保密协议

在生产经营过程中，企业商业秘密必定会被加以利用，无论是其员工还是第三者都有机会接触、知悉商业秘密，所以企业应当与接触商业秘密的人员签订保密协议。

（1）员工对企业的保密义务。

员工对企业的保密义务基于其对企业的忠实义务的要求，其内容包括以下六个方面：

①保守商业秘密的义务；

②正确使用商业秘密的义务；

③获得商业秘密职务成果及时汇报的义务；

④不得利用企业的商业秘密成立自己企业的义务；

⑤不得利用商业秘密为竞争企业工作的义务；

⑥妥善保管商业秘密文件的义务。

员工对企业的上述义务不仅是单方面负有的义务，而且是默示义务。即使企业与员工没有书面合同或协议，员工仍然对企业商业秘密负有上述义务。

（2）保密协议。

尽管如此，企业还是应当与每一个有可能接触商业秘密的员工签订保密协议。这个协议可以作为劳动合同里的保密条款的补充，也可以是一个单独的协议。

《反不正当竞争法》《中华人民共和国刑法》（以下简称《刑法》）等对商业秘密的规定较为笼统，因此，如果当事双方就某一信息是否属于商业秘密没有明确、具体的约定，相关法律将失去意义，谁能在诉讼中取胜就要看其举证能否证明自己的主张并为法院所接受。但是，如果权利人和侵权人在事前签有保密协议，明确商业秘密的名称、范围及其他条款，并且这些条款与现行的法律法规没有抵触，权利人仅凭保密协议就能证明特定的信息属于自己的商业秘密，从而使自己在诉讼中处于非常有利的地位。

企业可以从以下三个方面入手起草保密协议。

①商业秘密范围的界定。对哪些属于商业秘密、涉密的范围与具体的种类性质等内容应做详尽的规定，这是侦办或诉讼时的有力证据。

②关于保密期限的约定。鉴于商业秘密的性质，只要不公开就会永远保持其秘密性。因此，对于权利人以外知悉商业秘密的人，权利人有权要求其无限期地负有保密义务。除了在工作关系和劳动合同存续期间，在工作关系或劳动合同解除以后直至商业秘密公开为止，相关人员或员工都不得披露、使用或许可他人使用企业的商业秘密。

③关于违约责任，这是协议中很重要的一点。由于侵犯商业秘密罪是结果犯罪，目前商业秘密损失赔偿额的确定有相当的难度，被侵害企业举证也很困难，因此有必要在协议中事先约定相关人员或员工违约造成泄密时应付的违约金和赔偿金的计算方法和具体数目。这样做一方面便于诉讼，另一方面昂贵的预期违约成本也有助于抑制违约泄密行为的发生。

（3）该签保密合同的人员。

在具体实施时，除了考虑企业内部的研究开发人员、技术人员、市场计划和营销人员、财会人员、秘书人员、保安人员外，不能忽略在工作交往中不得不向其提供本企业商业秘密的合作伙伴、谈判对手、重要客户、服务提供单位等。该签合同的一定要签，该履行的手续一定要履行，以防侵权后发生争执。

管理工具

【工具5-01】

商业秘密管理办法

1. 总则

1.1 为了加强公司商业秘密管理，保护公司合法权益，依照国家相关法律、法规和《公司知识产权管理规定》，特制定本办法。

1.2 本办法所称商业秘密，是指具有以下条件的技术信息和经营信息：

（1）不为该信息应用领域的人所普遍知悉；

（2）具有实际的、潜在的商业价值；

（3）经公司采取了合理的保密措施。

1.3 公司商业秘密管理坚持积极防范、有利工作的指导思想，遵循需要知悉原则和分割原则。

需要知悉原则是指根据管理、科研、业务工作的需要，若不向员工授权掌握某项商业秘密则无法进行生产、工作或者达成某项交易，因此应使其知悉该内容。

分割原则是指把完整的事项根据经营、管理不同环节分割成若干部分，每个环节只能知悉本部分商业秘密的内容。

1.4 本办法适用于本公司。

1.5 公司对商业秘密保护工作实行统一领导、分级管理、分工负责的领导体制和工作机制。

1.6 公司应把商业秘密保护工作列入各级领导议事日程，纳入公司各部门业绩考核指标体系。

1.7 公司保密、法律和宣传部门应经常性地加强员工保密教育，普及保密知识，不断提高员工的保密意识。

1.8 公司员工必须严格遵守本办法，认真履行保护公司商业秘密的义务。

2. 管理机构和职责

2.1 公司知识产权领导小组对公司商业秘密保护工作实行统一领导，研究决定商业秘密保护重大事项。

2.2 公司知识产权管理部是公司商业秘密的归口管理部门。其主要职责如下：

（1）宣传贯彻国家保密法规和公司相关保密制度；

（2）组织制定公司商业秘密保护规章制度；

（3）监督指导公司商业秘密的管理及定密、标密工作；

（4）负责出国携带资料或新闻宣传的保密审查；

（5）检查指导计算机信息网络的安全保密工作；

（6）调查处理公司的失密、泄密、窃密事件。

2.3 公司对商业秘密的保护实行领导负责制。所属部门主要负责人是保密工作的第一责任人。

2.4 公司对商业秘密的保护实行分工负责制，遵循“谁主管业务，谁负责保密”和“谁涉密，谁负责”的原则。

公司分管保密工作的领导担负具体组织领导的责任，分管有关方面工作的领导负责分管工作范围内的保密工作。

公司各部门负责各自职责范围内涉密事项的保密管理、监督和检查工作，并根据本部门的业务工作实际制定专业的保密管理制度。

2.5 公司各部门及所属部门应设立专（兼）职保密员岗位。专（兼）职保密员岗位职责如下：

（1）落实国家及公司各项保密规定，制定本部门保密事项的保密管理制度；

（2）监督检查本部门的保密工作，发现问题及时整改；

（3）负责本部门商业秘密的定密、解密工作；

（4）协助调查处理本部门的失密、泄密、窃密事件。

3. 管理规定

3.1 范围和密级划分

（1）在公司生产、经营活动中，某一信息泄露后会造成下列后果之一的，该信息就处于公司商业秘密保护范围：

①影响公司改革和发展的事项；

②影响公司营销活动的事项；

③影响公司技术进步的事项；

④使公司在商业竞争中处于被动或不利地位的事项；

⑤使公司经济利益受到损害的事项；

⑥影响公司对外交流和商业谈判顺利进行的事项；

⑦影响公司的稳定和安全的事项；

⑧影响公司对外承担保密义务的事项；

⑨公司特别指定的其他保密信息。

公司商业秘密包括技术、工艺、配方、数据、程序、设计、制作方法、客户名单、货源情报、产品价格、产销策略、招投标文件、计算机程序及相关文档、公司发展规划、投资计划、财务状况、法律事务、重大改革方案等。

（2）公司商业秘密的密级按重要程度划分为“AAA 级”“AA 级”“A 级”三个等级。关系到公司生存与发展及重大经济利益的应划为“AAA 级”，关系到公司发展及经济利益的应划为“AA 级”，影响公司经济利益的应划为“A 级”。

（3）公司商业秘密项目的确定和修改应遵循“谁产生秘密，就由谁定密”的原则，依照以下程序办理：

①密源产生部门拟出保密项目，本部门保密员负责审核，审核通过后由本部门主要负责人签字确认，随后报公司知识产权管理部；

②公司知识产权管理部汇总保密项目后报公司知识产权工作领导小组审批，审批通过后方

可执行。公司知识产权管理部将对保密项目实行动态管理。

3.2 标识和保密期限

（1）公司商业秘密的标志为“△”，“△”前标密级，“△”后标保密期限。保密期限应依照公司涉及保密项目的内容而定。保密期限一般不超过10年，特殊情况可以定为长期。标注密级时应同时标注保密期限。

（2）对于涉及公司商业秘密的各类公文，密源产生部门应在发文稿纸上的相应栏目内做出密级和保密期限标识。

（3）密源产生部门应对涉及公司商业秘密的各类公文、领导讲话、报表、资料等纸质秘密载体做出密级和保密期限标识。

（4）密源产生部门应对涉及公司商业秘密的磁介质、光盘介质等秘密载体严格按照存储文件同样的密级进行管理，在适当位置加盖“公司商业秘密保密标记章”，并做出标识。

3.3 保护措施

（1）本办法所指的商业秘密保护措施，包括建立保密制度、做出保密标识、加盖保密标记章、附注保密文字说明或提出口头保密要求、签订保密协议、在劳动合同中订立保密条款等合理措施。

（2）公司应加强内部保卫工作。未经许可，非本公司人员不得进入公司办公场所及会议场所。

（3）公司应加强对重点涉密区、保密部门及涉密部位的管理。

①公司领导办公区为特别保密区，总经理办公室，以及财务、技术、事务、信息、采购、销售等部门是重点涉密部门。

②特别保密区、重点涉密部门、重点涉密部位，未经许可，无关人员不得进入或接触。

（4）公司必须与重点涉密部门、部位和岗位的重点涉密人员，以及所有涉密人员签订商业秘密保密协议，明确保密范围及双方的权利、义务和违约责任。对上岗、在岗、离岗各环节实行严格监督，发现不适合在涉密岗位工作的人员应及时调离。

（5）公司应严格控制商业秘密知悉范围，严格按规定的数量制作商业秘密载体，严格按指定范围组织阅读和使用，并对接触和知悉内容的人员做出文字记载。

（6）公司应完善商业秘密载体的收发、传递、借阅、复制、管理、销毁等管理工作。

①收发商业秘密载体时，应当履行清点、登记、编号、签收等手续。

②传递商业秘密载体时，送往外部门的，必须通过机要方式寄送，严禁通过电子邮件、传真方式传递；商业秘密载体不得携带和邮寄出境，在特殊情况下确需携带时，必须履行保密审查手段，并采取严格的保护措施。

③借阅“AAA级”“AA级”载体时应经本部门主管领导批准。

④复制商业秘密载体应经密源产生部门主要负责人或公司知识产权管理部负责人批准，复制的商业秘密载体应视同原件管理，不得改变其密级、保密期限和知悉范围。

⑤销毁商业秘密载体应经本部门主要负责人批准，并履行登记手续，严禁将商业秘密载体作为废品或垃圾出售给个体商贩或者废品收购点。

⑥对于商业秘密载体，应当由各部门设置安全可靠的保密设备保存并由专人管理，阅读后要及时清退、归档。

（7）公司应对计算机和网络采取严格的保密措施。

①计算机应设置用户口令，关键数据和软件应加密。电子邮件和语音信箱密码应加强防护。

②涉及商业秘密的信息不得存储在公用电子邮箱、私人电脑或私人用途的移动硬盘内。未经批准，严禁将涉密笔记本电脑带离保密办公区域。

③涉密计算机信息系统应该采取系统访问控制、数据保护和系统安全保密监控管理措施。

④涉密计算机网络应当与公共信息网络实行有效的物理隔离。严禁涉密计算机网络及用于处理涉密信息的计算机直接或间接地与公共信息网络相连。

（8）公司应对涉密会议采取严格的保密措施。

①会议场所应当具有屏蔽保密效果或保密条件，不得使用无线话筒。

②会前应对与会人员宣布保密纪律。

③不得采用电视或电话会议的形式召开“AAA级”内容的涉密会议。

④涉密会议文件、资料必须加注保密标识，严格控制发放范围并做好登记，重要涉密文件资料应当标明“会后收回”字样，会议休会或结束时，会议主办部门应及时收回并进行清点、登记。

（9）公司应当加强计划、营销等方面的保密工作。严禁泄露货源、库存、价格等信息。

（10）公司应加强项目投资计划、商务谈判、招投标等关键环节的保密管理工作。

①在谈判或合作前，签订保密协议或者订立保密条款，明确商业秘密的具体范围、保护措施、保护义务、违约责任等。

②参与项目谈判、招投标的人员，应当签订保密协议。

（11）公司在新闻宣传、学术交流等活动中实行保密审查制度。

①对外公开发表的论文和新闻，应由发布人所在部门进行保密初审，然后报公司知识产权管理部进行保密审查。

②在对外宣传和举办展览、参加评审会或鉴定会、参加学术交流活动过程中用到的论文、交流材料等，涉及公司商业秘密的，应由密源产生部门进行保密审查。

（12）公司应加强外来人员参观考察和交流过程中的保密管理，合理安排行程路线，重要涉密部门、涉密装备等禁止参观或者拍照。

（13）公司在涉外经济技术合作等活动中，应严格遵守涉外工作保密规定，对确需提供商业秘密的，应事先签订保密协议，严格界定提供和使用的范围，并办理审批手续。

（14）公司应在合作研究与开发、专利转让、委托加工等活动中做好商业秘密的保护工作。

①委托或合作研究与开发项目时，应订立保密协议，对涉密的具体内容、使用范围、权利归属、商业秘密的披露及保密义务，以及项目完成后商业秘密的管理、使用、违约责任等应做出约定。

②转让科技成果、专利技术时，涉及商业秘密的，应订立保密协议，约定许可使用的地域、时间、内容、使用方式、使用费用及违约责任等。

③委托加工产品、提供设备或承销其产品时，涉及商业秘密的，应订立保密协议，对商业秘密的范围、保护措施、转让流程、违约责任等做出明确规定。

（15）商业秘密的解密按以下程序办理。

①商业秘密事项保密期限届满，自行解密。

②保密期限未到，原定保密部门或有关部门认为需提前解密的，应报本公司知识产权管理部审核，解密时应在原密级旁标明“解密”字样并做好登记。

③保密期限需要延长的，由原定保密部门确定。

（16）公司应国家机关要求披露或提供涉及商业秘密的信息资料时，应向国家机关说明情况并请求予以保密。

（17）公司商业秘密受到侵害时，应及时通过行政或法律途径予以解决。

（18）对为保护公司商业秘密做出突出贡献的所属部门、员工，公司将给予表彰或者奖励。

（19）对违反本办法造成重大泄密隐患或泄密事件的所属部门员工，公司将视情节轻重和危害程度给予相应的处罚。

3.4 员工的保密义务和权利

（1）公司与员工签订劳动合同时，应订立保守公司商业秘密的条款或签订商业秘密保密合同作为劳动合同的附件，明确保密的范围、内容、责任和义务、期限及违约责任。公司有权拒绝聘用不签订保密协议或保密条款的人员。

（2）公司员工应谨慎、妥善保存涉及公司商业秘密的一切有关资料、记录、软盘、设备等，不得实施下列行为。

①以盗窃、利诱、胁迫或其他任何不正当手段，获取本公司的商业秘密。

②违反公司有关保密规定或与公司签订的劳动合同、保密协议，披露或提供本公司的商业秘密。

③未经公司许可，将公司商业秘密用于指定目的以外的用途。

④以不正当手段协助他人获取本公司的商业秘密。

⑤非法侵害、利用他人商业秘密。

⑥泄露因执行职务知悉的他人商业秘密。

（3）员工与公司终止或解除劳动关系后，仍对公司商业秘密承担保密义务，直至保密期限届满。

①原保管的涉密文件、资料、物品应当全部退还公司并办理移交手续。

②不得利用其所知悉的公司商业秘密为自己或他人谋取利益。

③终止或解除劳动关系后二年内，非经公司书面同意，不得到与公司生产同类产品或经营同类业务且有竞争关系的其他用人部门任职，也不得自己生产与公司有竞争关系的同类产品或经营同类业务。

员工遵守前款规定，造成实际损失并提出补偿请求的，公司可以根据实际情况分期给予适当补偿。

（4）公司员工应司法、行政、立法等机构要求披露或提供涉及公司商业秘密的信息资料的，应立即报告公司，并配合公司采取适当措施。

（5）员工发现商业秘密泄露，应及时向公司知识产权管理部报告，协助相关人员调查并采取积极有效的补救措施。

（6）有下列情形之一的，员工保密义务解除。

①商业秘密保密事项期限届满。

②公司正式公开披露该保密事项。

③公司违反保密协议或保密条款约定义务的。

（7）公司与员工因商业秘密保护发生争议的，应当协商解决。经协商不能达成一致的，可按以下方式处理。

①属于劳动争议的，按照《中华人民共和国劳动法》规定的劳动争议处理程序解决。

②属于其他争议的，可通过仲裁、诉讼途径解决。

【工具5-02】

员工保密协议

甲方：×× 实业有限公司

乙方：　　　　　　　　　　　　身份证号码：

鉴于乙方在甲方任职，并且在工作中将接触、知悉甲方的商业秘密，为了有效保护甲方的商业秘密，明确乙方的保密义务，根据《民法典》《劳动合同法》《反不正当竞争法》等有关法律法规，甲、乙双方本着平等、自愿、公平和诚实信用的原则签订本保密协议。

一、本协议提及的“商业秘密”，是指不为公众知悉、能为权利人带来经济利益、具有实用性并经权利人采取保密措施的技术信息和经营信息。该商业秘密既包括甲方及其关联公司所有或持有的商业秘密，也包括虽属于第三方所有或持有，但甲方负有保密义务的商业秘密。

技术信息包括但不限于技术方案、工程设计、电路设计、制造方法、配方、工艺流程、制作方法、操作方法、控制方法、测试方法、技术指标、计算机软件、数据库、研究开发记录、技术报告、检测报告、实验数据、试验结果、图纸、样品、样机、模型、模具、操作手册、技术文档、相关的函电等。

经营信息包括但不限于管理诀窍、客户名单、货源情报、产销策略、生产成本、负债情况、重大诉讼、谈判底线、标底及标书内容、行销计划、发展战略、采购资料、定价政策、财务资料等。

二、本协议中所称的任职期间，以乙方与甲方签订的书面劳动合同所约定的期间为准；没有签订书面劳动合同的，以实际形成劳动关系的期间为准。任职期间包括乙方在正常工作时间以外加班的时间，而无论加班场所是否在甲方工作场所内。

本协议中所称的离职包括但不限于劳动合同期满、退休、调动、辞职、辞退、自动离职、除名等。

三、按照法律规定，乙方在甲方任职期间，因履行职务、承担甲方交给的任务，或者主要是利用甲方的物质技术条件、业务信息等产生的商业秘密归甲方所有。

一切记录着甲方商业秘密的文件、资料、图表、笔记、报告、信件、传真、磁带、磁盘、仪器以及其他任何形式的载体，均属甲方资产，归甲方所有。

四、乙方在甲方任职期间，由于工作关系会知悉甲方的商业秘密，因此乙方应履行以下义务。

（1）遵守甲方制定的成文的和其他形式的保密规章制度，履行与其工作岗位相应的保密职责。甲方的保密规章、制度没有规定或者规定有不明确之处，乙方应本着谨慎、诚实的态度，采取必要、合理的措施，保持甲方商业秘密的秘密性。

（2）不到与甲方生产同类产品、经营同类业务或与甲方有竞争关系的其他用人单位兼职，也不组建或参与组建、参股这样的单位，但事先取得甲方书面同意的除外。

（3）未经甲方同意，不以泄露、告知、公布、发布、出版、传授或者其他方式使任何第三方（包括按照保密规章制度规定不得知悉该项秘密的甲方其他职员）知悉甲方的商业秘密，也不在履行职务之外使用、许可或转让上述商业秘密，不非法使用任何属于他人的商业秘密。

（4）离职时应将本协议第三条所述的甲方资产归还甲方，并将记载于自有载体上的商业秘密立即删除；不能删除的，应当立即销毁或无条件移交给甲方，同时向甲方书面保证已经全部归还或销毁上述资料及其他载体。

五、无论乙方因何种原因离职，乙方离职之后仍对其在甲方任职期间接触、知悉的甲方商业秘密承担如同任职期间一样的保密义务。

六、乙方离职后承担保密义务的期限为下列第____种（没有做出选择的，视为无限期保密）。

（1）无限期保密，直至甲方宣布解密或者秘密信息实际上已经公开。

（2）有限期保密，保密期限自离职之日起，至____年__月__日止。

七、根据乙方涉密程度，在乙方离职前双方协商确定是否签订竞业限制协议。该竞业限制协议另行签订。

八、乙方若违反本协议约定的保密义务，甲方有权采取以下措施。

1. 根据乙方所造成后果的轻重，分别采取调离涉密岗位、解除劳动合同等处置措施。

2. 乙方违约行为构成犯罪的，提请有关机关依法追究乙方的刑事责任。

3. 乙方违约行为造成甲方经济损失的，甲方在采取上述处理措施的同时，有权要求乙方对实际损失进行赔偿。

九、双方因履行本协议发生争议的，可向甲方所在地劳动仲裁机构申请仲裁或向人民法院提起诉讼。

十、双方一致同意对本协议补充、修改时，以书面方式签订补充或变更协议。

十一、双方确认在签署本协议前已仔细审阅过协议的内容，并完全了解协议各条款的法律含义。

十二、本协议一式两份，甲乙双方各执一份，具有同等法律效力，自甲方签字盖章、乙方签字后生效。

甲方（盖章）：　　　　　　　　　　乙方（签字）：
代表人：
　　年　月　日　　　　　　　　　　　　年　月　日

【工具5-03】

商业秘密认定审批表

申请部门		申请时间	
信息名称及主要内容			
建议密级		保密期限	
建议理由			
建议知悉人员			
部门负责人意见	签章： 年 月 日		
总经办意见	签章： 年 月 日		
总经理意见	签章： 年 月 日		

注：1.“信息名称及主要内容”栏不得涉及该信息的实质性内容。

2.“总经理意见”栏适用于绝密级信息的审批。

【工具5-04】

变更或解除商业秘密信息审批表

申请部门		申请时间	
涉密信息名称			
原密级及保密期限		建议密级及保密期限	
建议理由			
建议知悉人员			
部门负责人意见	签章： 年 月 日		

（续表）

总经办意见	签章：　　　　年　月　日
总经理意见	签章：　　　　年　月　日

【工具5–05】

商业秘密信息表

商业秘密名称		代码	
密级		保密期限	
知悉人员			
认定部门		认定时间	
变更密级时间		变更后密级及期限	
解密理由			
解密时间			

复制件登记					
编号	用途	领用人	领取时间	归还时间	销毁

其他须说明的情况	

【工具5-06】

涉密载体复制审批表

涉密载体名称		密级	
申请复制理由		复制数量	
申请人		申请部门意见	
复制人		复制部门意见	
总经理审批	年　月　日		

注：1. 绝密级资料的复制应经总经理审批。
　　2. 本表由申请部门填制，将复制承办部门存档。

【工具5-07】

商业秘密台账

部门：　　　　　　　　　　　　　　____年

序号	名称 / 代码	密级及期限	认定时间	密级变更单间	解密时间	载体原件	复制件	备注

【工具5-08】

涉密载体借（查）阅登记簿

日期	借（查）阅人	借（查）涉密载体名称	借（阅）原因	密级	部门领导审批	经办人	备注

【工具5-09】

涉密载体销毁保密审批表

单位（部门）：

<table>
<tr><th>载体编号</th><th>密级</th><th>涉密载体名称内容</th><th>类别</th><th>数量</th><th>页数</th><th>制作时间</th><th>销毁方式</th><th>销毁地点</th></tr>
<tr><td></td><td></td><td></td><td></td><td></td><td></td><td></td><td></td><td></td></tr>
<tr><td></td><td></td><td></td><td></td><td></td><td></td><td></td><td></td><td></td></tr>
<tr><td></td><td></td><td></td><td></td><td></td><td></td><td></td><td></td><td></td></tr>
<tr><td></td><td></td><td></td><td></td><td></td><td></td><td></td><td></td><td></td></tr>
<tr><td colspan="9">销售部门领导审核意见：
签字：　　　　年　月　日</td></tr>
<tr><td colspan="9">总经办审核意见：
签字：　　　　年　月　日</td></tr>
<tr><td colspan="9">总经理审核意见：
签字：　　　　年　月　日</td></tr>
<tr><td colspan="6">销毁人签字：</td><td colspan="3">监销人签字：</td></tr>
<tr><td colspan="9">备注：</td></tr>
</table>

第六章

竞业限制风险防范

员工泄露不外乎泄露公司的商业秘密、客户资料等，公司通常会通过签署各种保密协议和竞业限制协议来进行防范。竞业限制的主要目的是保护用人单位的商业秘密不会随着员工的流动流向竞争性的用人单位，以保持用人单位在竞争中的优势地位。

学习目标

（1）了解有关竞业限制的法律规定。

（2）了解竞业限制中可能的风险。

（3）了解竞业限制风险防范措施，掌握各项措施的具体实施要求、方法、细节。

竞业限制风险防范学习指引

序号	培训内容	时间安排	期望目标	未达成目标时的改进措施
1	有关竞业限制的法律规定			
2	竞业限制中的风险			
3	竞业限制风险防范措施			

6.1 有关竞业限制的法律规定

竞业限制是指用人单位在劳动合同、知识产权归属协议或技术保密协议等中，对与本单位技术权益和经济利益有重要影响的有关行政管理人员、科技人员和其他相关人员协商，约定劳动者在职期间和离开单位后一定时期内，不得在生产同类产品或经营同类业务且有竞争关系的单位内任职，或者自己生产、经营与原单位有竞争关系的同类产品或业务。凡有这种约定的，用人单位应向受竞业限制的离职人员支付一定数额的补偿费。限制时间由当事人事先约定，但不得超过二年。竞业限制制度的重要目的，就是为了保护雇主或企业的商业秘密不受雇员的侵犯。

我们国家关于竞业限制的规定散见于法律法规与部门规章中。

6.1.1 《劳动合同法》对竞业限制的规定

第二十三条的规定，用人单位与劳动者可以在劳动合同中约定保守用人单位的商业秘密和与知识产权相关的保密事项。对负有保密义务的劳动者，用人单位可以在劳动合同或者保密协议中与劳动者约定竞业限制条款，并约定在解除或者终止劳动合同后，在竞业限制期限内按月给予劳动者经济补偿。劳动者违反竞业限制约定的，应当按照约定向用人单位支付违约金。

第二十四条的规定，竞业限制的人员限于用人单位的高级管理人员、高级技术人员和其他负有保密义务的人员。竞业限制的范围、地域、期限由用人单位与劳动者约定，竞业限制的约定不得违反法律、法规的规定。在解除或者终止劳动合同后，前款规定的人员到与本单位生产或者经营同类产品、从事同类业务的有竞争关系的其他用人单位，或者自己开业生产或者经营同类产品、从事同类业务的竞业限制期限，不得超过二年。

6.1.2 《公司法》对竞业限制的规定

第六十九条规定，国有独资公司的董事长、副董事长、董事、高级管理人员，未经国有资产监督管理机构同意，不得在其他有限责任公司、股份有限公司或者其他经济组织兼职。

第一百四十八条第五款规定，董事、高级管理人员不得未经股东会或者股东大会同意，利用职务便利为自己或者他人谋取属于公司的商业机会，自营或者为他人经营与所任职公司同类的业务。董事、高级管理人员违反该条款规定所得的收入应当归公司所有。

6.1.3 《中华人民共和国合伙企业法》对竞业限制的规定

第三十二条规定，合伙人不得自营或者同他人合作经营与本合伙企业相竞争的业务。除合伙协议另有约定或者经全体合伙人一致同意外，合伙人不得同本合伙企业进行交易。合伙人不得从事损害本合伙企业利益的活动。

第九十九条规定，合伙人违反本法规定或者合伙协议的约定，从事与本合伙企业相竞争的业务或者与本合伙企业进行交易的，该收益归合伙企业所有；给合伙企业或者其他合伙人造成损失的，依法承担赔偿责任。

6.1.4 《中华人民共和国个人独资企业法》对竞业限制的规定

第二十条第六款规定，投资人委托或者聘用的管理个人独资企业事务的人员不得未经投资人同意，从事与本企业相竞争的业务。

6.1.5 其他法规对竞业限制的规定

（1）《关于加强科技人员流动中技术秘密管理的若干意见》（国科发政字〔1997〕317号）。

第七条规定，单位可以在劳动聘用合同、知识产权权利归属协议或者技术保密协议中，与对本单位技术权益和经济利益有重要影响的有关行政管理人员、科技人员和其他相关人员协商，约定竞业限制条款，约定有关人员在离开单位后一定期限内不得在生产同类产品或经营同类业务且有竞争关系或者其他利害关系的其他单位内任职，或者自己生产、经营与原单位有竞争关系的同类产品或业务。凡有这种约定的，单位应向有关人员支付一定数额的补偿费。竞业限制的期限最长不得超过三年。

竞业限制条款一般应当包括竞业限制的具体范围、竞业限制的期限、补偿费的数额及支付方法、违约责任等内容。但与竞业限制内容相关的技术秘密已为公众所知悉，或者已不能为本单位带来经济利益或竞争优势，不具有实用性，或负有竞业限制义务的人员有足够证据证明该单位未执行国家有关科技人员的政策，受到显失公平待遇以及本单位违反竞业限制条款，不支付或者无正当理由拖欠补偿费的，竞业限制条款自行终止。

单位与有关人员就竞业限制条款发生争议的，任何一方有权依法向有关仲裁机构申请仲裁或向人民法院起诉。

（2）最高人民法院印发《关于当前形势下做好劳动争议纠纷案件审判工作的指导意见》的通知（法发〔2009〕41号）。

第十条规定，妥善处理因竞业限制引发的纠纷。在审理竞业限制纠纷案件时，要充分考虑到我国经济和科技发展的实际水平，坚持以社会公共利益为基点，既要维护社会主义市场经济的公平竞争秩序，又要注意平衡市场主体的利益关系；既要防止因不适当扩大竞业限制的范围而妨碍劳动者的择业自由，又要保护用人单位的商业秘密等合法权益，最大限度地实现设立竞业限制制度的立法本意和目的。

（3）最高人民法院《关于充分发挥知识产权审判职能作用推动社会主义文化大发展大繁荣和促进经济自主协调发展若干问题的意见》（法发〔2011〕18号）。

第二十六条规定，妥善处理保护商业秘密与自由择业、涉密者竞业限制和人才合理流动的关系，维护劳动者正当就业、创业的合法权益，依法促进劳动力的合理流动。职工在工作中掌握和积累的知识、经验和技能，除属于单位的商业秘密的情形外，构成其人格的组成部分，职工离职后有自主利用的自由。在既没有违反竞业限制义务，又没有侵犯商业秘密的情况下，劳动者运用自己在原用人单位学习的知识、经验与技能为其他与原单位存在竞争关系的单位服务的，不宜简单地以反不正当竞争法的原则规定认定构成不正当竞争。妥善处理商业秘密保护和竞业限制协议的关系，竞业限制协议以可保护的商业秘密存在为前提，但两者具有不同的法律依据和行为表现，违反竞业限制义务不等于侵犯商业秘密，竞业限制的期限也不等于保密期限。原告以侵犯商业秘密为由提起侵权之诉，不受已存在竞业限制约定的限制。

（4）《国务院关于印发国家知识产权战略纲要的通知》【国发〔2008〕18号（29）】。

第二十九条规定，引导市场主体依法建立商业秘密管理制度。依法打击窃取他人商业秘密的行为。妥善处理保护商业秘密与自由择业、涉密者竞业限制与人才合理流动的关系，维护职工合法权益。

6.2 竞业限制中的风险

在实践中，除了负有保密义务的人员，并非全公司员工都要签订竞业限制协议。即便签订协议，如果员工提出其不涉及公司商业秘密，则该竞业限制协议可能将被认定为无效。以下从原用人单位的角度与新用人单位的角度展开详述。

6.2.1 原用人单位

用人单位须正确判断可以与哪些人员签订竞业限制条款，竞业限制的主体限于企业的高级管理人员、高级技术人员及其他负有保密义务的人员。用人单位与不属于法律规定的竞业限制人员签订竞业限制条款或协议，竞业限制条款或协议将可能被认定为无效。从保守公司商业秘密的角度来看，也没有必要让全体员工均签订竞业限制协议，核心人员工签订竞业限制条款即可。因为签订了竞业限制协议，员工离职后就会自动生产竞业限制补偿金，即使公司提前解除竞业限制协议，都将增加人力资源用工成本。

若原用人单位未约定竞业限制违约金，则需要对自身所受损失进行举证，进而存在无法得到损失赔偿的可能性。虽然法律规定，员工违反竞业限制义务的，用人单位可以要求员工赔偿给原用人单位造成的损失。但在实践中，原用人单位往往较难提供证据证明因员工违反竞业限制义务而生产的直接经济损失及损失金额。

因此，用人单位应当完善竞业限制协议，明确规定相关违约金条款，即对违约金进行适当约定。首先，如果违约金太低，则员工违约成本低，竞业限制义务形同虚设。其次，如果违约金数额约定过高，法院会行使自由裁量权对违约金数额予以调低。因此，建议企业慎重考量违约金数额。

原用人单位不能提供劳动者违反了竞业限制的证据材料时，将承担不利的后果。从举证责任的角度来看，对离职劳动者违反竞业限制协议的违约行为的举证责任由原用人单位承担，故原用人单位须知道哪些证据可以证明离职劳动者违反了竞业限制协议及如何取证。否则，员工抵赖，原用人单位无法追究该员工的违约责任。在实践中，此类劳动争议往往处于“猫捉老鼠”的状态。目前，我们发现越来越多的员工与新用人单位会采取隐蔽的方式用工。例如，安排员工和一家与原用人单位无竞争关系的公司签订劳动合同，而实际该员工是为新用人单位工作或被安排在家办公等，从而使原用人单位无法提供该员工违反竞业限制协议的相关证据。

6.2.2 新用人单位

新用人单位因竞业限制所产生的法律风险主要在于劳动者隐瞒了其仍处于与前一家用人单位约定的竞业限制期内，这种情形容易导致新用人单位与劳动者向前一家用人单位承担连带侵权损害赔偿责任。对此可以采取如下措施。

（1）对可能掌握原用人单位商业秘密的劳动者，要求其出具退工单原件及原劳动合同。

（2）让劳动者承诺未与原用人单位签署过任何竞业限制协议，不承担任何竞业限制义务。同时承诺，对于已掌握的原用人单位的商业秘密，将继续遵守保密义务，不会在新用人单位的工作中运用。

（3）如果属于已解除竞业限制义务的，应当提供解除证明，如原用人单位要求解除的函件原件或劳动者书面通知原用人单位的原件。

（4）与劳动者的原用人单位进行沟通，确保不存在竞业限制情形。

6.3 竞业限制风险防范措施

6.3.1 确定竞业限制适用的人群

根据《劳动合同法》第二十四条的规定，用人单位的高级管理人员、高级技术人员和其他负有保密义务的人员，应该根据用人单位的要求，约定竞业限制条款。

企业的高级管理人员、高级技术人员和其他负有保密义务的人员与企业签订的竞业限制条款是由双方约定的，因此不得违背相关法律法规的规定。

6.3.2 明确适用竞业限制追究劳动者违约责任的条件

追究劳动者的竞业限制违约责任，必须满足下列条件。

（1）支付劳动者保密费或竞业限制补偿费。

只约定竞业限制而不支付相应的经济补偿，对于在劳动合同关系中处于弱势的劳动者来说，无疑是有失公平的。

（2）限定竞业限制的主体。

竞业限制协议一般应限制在有机会接触到商业秘密的决策人员、高级研究和技术人员、销售人员等范围内。《劳动合同法》对竞业限制主体范围规定为："竞业限制的人员限于用人单位的高级管理人员、高级技术人员和其他负有保密义务的人员。"

这里需要明确的是，《劳动合同法》对用人单位高级管理人员、高级技术人员和负有保密义务的人员的划分是并列的。这可以理解为，对于高级管理人员、高级技术人员，用人单位可以在劳动合同中要求其承担竞业限制业务，不管其是否知悉用人单位的商业秘密；而对于这些人员以外的其他人员，如因职务上的需要接触和了解用人单位商业秘密的人员，才能在合同中要求其承担竞业限制义务。

如果将竞业限制扩大到全体员工，那么不仅会威胁到广大无关员工的生存权，而且会导致用人单位因竞业限制过多而增加支付给员工的补偿费用。

（3）限定竞业限制的内容。

竞业限制的相关商业秘密必须是用人单位采取了必要的保护措施，建立了相应的保护制度，不为一般员工或社会公众所知悉的。未进行保护的，或者与竞业限制内容相关的商业秘密已为公众所知悉，或者不能为本单位带来经济利益或竞争优势，不具有实用性的，即不具有或丧失其秘密性，就不能成为竞业限制的内容。

（4）竞业限制期限最长不能超过二年。

劳动者竞业限制义务条款自劳动合同终止或解除后二年自动解除，对劳动者不再具有约束力。

（5）竞业限制的范围、地域。

竞业限制的范围、地域限于与用人单位构成竞争关系的产品或业务领域及地域，超出这个范围即无效。

凡竞业限制条款不能满足上述条件之一的，竞业限制条款应自行终止。凡违反竞业限制约定构成违约的，应当向用人单位支付违约金。

6.3.3 约定好竞业限制合同的条款

从企业的角度来看，在与员工约定竞业限制条款时，在保证条款内容符合法律法规的规定的同时，还要把握双方合意的原则。如果仅从自身的利益考虑单方面约定竞业限制内容，有可能导致竞业限制无效。

竞业限制合同的内容主要包括以下三个方面。

（1）限制范围条款。

限制范围条款包括时间、地域、限制领域等。时间是指离职后多少年内，不得从事限制领域的工作；地域是指在约定的地域内不得从事限制领域的工作；限制领域是指从事某种技术、产品、经营、服务等的企业或工作岗位。关于限制领域的具体内容可以结合本行业或本企业的特点，另外制定内容详尽的附件。

（2）禁止劝诱离职。

员工离职后，不得诱使其他知悉企业商业秘密的员工离职。该条款意在防范近年频繁出现的员工集体离职给企业带来严重损失的行为。

（3）补偿费。

作为对员工牺牲一定程度择业自由的补偿，企业应支付一定数额的竞业限制补偿费，具体标准可由双方约定或执行相关行业或地方的规定。由于被企业竞业限制的员工承担了竞业限制的义务，选择工作受到影响，这必然会给其带来经济损失。如果不给予合理补偿，既不符合权利与义务相统一的原则，使员工单方面蒙受损失，同时也会使企业滥用竞业限制条款而毫无相应经济支出。如果合同中没有经济补偿费的规定，员工则不受竞业限制条款的限制。

竞业限制协议限制了宪法赋予劳动者的劳动权和择业自主权。因此，对于竞业限制协议的生效条件必须加以严格的限制，原则上必须具有合法性和合理性。合法性是指竞业限制协议不得违反法律的相关规定；合理性是指协议约定的内容对受限制的义务人和施加限制的权利人应平等互利、公平合理。

6.3.4 用人单位进行竞业限制管理时应注意的事项

（1）竞业限制可以有效避免高级人才和核心人才的流失，但是《劳动合同法》规定的竞业限制适用范围缩小，成本高，代价高昂，企业应谨慎运用，不要轻易与没有保密义务的普通员工签订竞业限制协议。

（2）约定竞业限制的，企业应按规定在劳动关系结束后，在竞业限制期限内按月向员工支付经济补偿。如果企业没有尽到这一义务，就无法要求员工履行竞业限制的义务。在此情况下，员工有权解除竞业限制协议。

（3）为了避免出现纠纷，在签订竞业限制协议时，最好明确本企业的经营范围和业务范围（可以列出竞争单位名单）。

（4）签订竞业限制协议一定要约定违约金。只有约定了违约金，一旦员工违约，即使企业没有损失，也可以依据违约责任要求员工支付违约金。如果员工给企业造成的损失超过违约金，企业还可以要求其支付赔偿金。反之，如果事先不约定违约金，当员工违约而没有给企业造成损失，企业是无法主张赔偿的，即使造成损失，也要证明损失的存在才可以要求赔偿。

管理工具

【工具 6-01】

竞业限制管理办法

1. 目的

为了加强对竞业限制岗位的管理，明确公司和员工的权利与义务，维护公司的合法权益，特制定本办法。

2. 适用范围

本办法适用于全公司员工。

3. 管理机构及职责

3.1 公司人力资源管理部门负责本办法的制（修）定，负责公司高层，各事业部，分、子公司（以下简称“各经营单元”）管理团队及公司直属部门竞业限制岗位的认定和管理。

3.2 各经营单元人力资源管理部门负责本单元竞业限制管理实施细则的制（修）定，负责本单位除管理团队以外的竞业限制岗位的认定和管理。

3.3 财务管理部门负责竞业限制补偿费的给付；督察部门负责对竞业限制管理办法的执行情况进行检查与监督；法务部门负责受理竞业限制管理的相关法务工作。

4. 管理规定

4.1 竞业限制的定义

竞业限制是指经公司认定属于竞业限制人员的员工在解除或终止劳动合同后，在竞业限制期内不得在生产与公司同类产品、经营与公司同类业务或与公司有其他竞争关系的用人单位任职，也不得自己生产或经营与公司有竞争关系的同类产品、业务。

4.2 竞业限制人员的认定

4.2.1 竞业限制人员的拟认定范围

（1）公司高级管理人员、经营单元管理团队成员；

（2）掌握公司核心机密、重要客户资源、社会公关资源等信息的直属部门负责人、关键岗位人员；

（3）从事技术研究、技术开发工作的二级主管工程师及以上技术职务的技术人员；

（4）其他经公司认定需进行竞业限制的人员。

4.2.2 竞业限制人员的认定流程

（1）申报：由部门负责人提出并说明具体理由，提交人力资源管理部门；

（2）评审：人力资源管理部门组织申报人员所在部门、董事会办公室、干部管理部门、督察部门和法务部门等的相关人员对申报人员进行评审；

（3）审批：公司高级管理人员、经营单元管理团队成员及公司直属部门竞业限制人员报CEO批准，经营单元的竞业限制人员（除管理团队成员以外）由经营单元第一负责人批准。

4.2.3 竞业限制人员每年申报认定一次，已认定的竞业限制人员不再重新申报认定。

4.3 竞业限制协议的订立

经批准认定为竞业限制的人员，由人力资源管理部门与其签订竞业限制协议（见附件一）。

4.4 竞业限制协议的履行

4.4.1 竞业限制期限

竞业限制期限：自竞业限制人员离职之日起二年。

4.4.2 竞业限制补偿费标准

（1）营销和售后提成类人员。

竞业限制补偿费月标准：竞业限制人员离职前12个月的月平均工资（不含司龄工资、业绩提成等部分，不足12个月的按实际工作月数计算）的100%，且最高不超过______元；

（2）非营销和售后提成类人员（不包括高管、协议人员）。

竞业限制补偿费月标准：竞业限制人员离职前12个月的月平均工资（月平均工资指月平均薪级工资，不包含司龄工资、绩效工资等部分，不足12个月的按实际工作月数计算）的20%，且最高不超过______元；

（3）高管、协议人员

竞业限制补偿费月标准：竞业限制人员离职前12个月的月平均工资（不足12个月的按实际工作月数计算）的20%，且最高不超过______元；

4.4.3 竞业限制补偿费审批

（1）竞业限制补偿费审批流程：竞业限制人员离职时，人力资源管理部门填写"竞业限制补偿费审批单"，确认其竞业限制期限，计算竞业限制补偿费→员工所在部门负责人签署意见（三级机构及以上负责人）→人力资源管理部门负责人或经营单元第一负责人批准→人力资源管理部门对员工开具"竞业限制补偿费审批确认通知单"。

（2）如果员工已纳入竞业限制范围，但出现员工入职时间较短（3个月以内）、掌握的公司信息或技术不会对公司造成损失等情形，离职时员工所在部门负责人根据实际情况提出不进行竞业限制，公司与其签订的竞业限制协议终止。

（3）竞业限制人员办理退休手续后，公司不进行竞业限制，公司与其签订的竞业限制协议终止。

4.4.4 竞业限制补偿费的支付

（1）竞业限制补偿费自竞业限制人员离职次月起按期予以支付。

（2）公司高管、经营单元管理团队、公司直属部门的竞业限制补偿费由公司人力资源管理部门核算并造册，财务管理部门按期支付，其中经营单元管理团队成员的竞业限制补偿费由各经营单元承担。

（3）经营单元（除管理团队以外）的竞业限制补偿费由经营单元核算、造册并支付。

4.5 竞业限制人员离职后管理

4.5.1 竞业限制人员离职后必须在每季度第5个工作日前向人力资源管理部门提交"竞业限制人员个人信息告知单"（见附件四），变更通信方式或变更新单位的应在变更后5个工作日内填写"竞业限制人员个人信息告知单"书面告知人力资源管理机构，否则视为放弃竞业限制补偿费，公司停止支付竞业限制补偿费，但竞业限制人员仍要继续履行竞业限制义务。竞业限制人员因不可抗力无法与公司联系，在障碍消除后10个工作日内，竞业限制人员应主动与公司联系并能证明相关事实，公司可补发竞业限制补偿费。

4.5.2 竞业限制人员离职后，每季度由人力资源管理部门负责核实离职员工的任职情况，并填写"竞业限制跟踪调查表"；离职竞业限制人员的任职情况难以核实的，由督察部门协助调查。经核实离职竞业限制人员有违约行为的，公司停止支付竞业限制补偿费，并转法务部门对其追究违约责任。

4.6 竞业限制协议的解除与终止

4.6.1 竞业限制期满的，竞业限制协议终止。

4.6.2 对属于竞业限制的人员，公司认为无须再对其进行竞业限制的，可以解除所签订的竞业限制协议，公司不需另行通知竞业限制人员本人，无须支付竞业限制补偿费，已支付的补偿费亦不再追回。

4.7 竞业限制人员的认定流程、竞业限制补偿费审批流程

4.7.1 公司直属部门竞业限制人员的认定流程、竞业限制补偿费审批流程。

（1）竞业限制人员的认定与变更流程。

流程	说明	责任人
提交申请	①部门负责人提出竞业限制人员申请，填写“竞业限制人员认定申请表” ②提交人力资源管理部门	部门负责人
↓ 处理	人力资源管理部门组织申报人员所在部门、持续改进部门、督察部门和法务部门负责人进行评审	人事管理员
↓ 审批	①人力资源管理部门负责人签署意见 ②CEO 批准	相关领导
↓ 签订协议	人力资源管理部门通知员工签订竞业限制协议	人事管理员

（2）竞业限制补偿费审批流程。

流程	说明	责任人
填写审批单	人力资源管理部门填写“竞业限制补偿费审批单”	人事管理员
↓ 处理	人力资源管理部门确认竞业限制期限，计算竞业限制补偿费	人事管理员
↓ 审批	①员工所在部门负责人签署意见 ②人力资源管理部门负责人批准	相关领导
↓ 开具确认单	人力资源管理部门对员工开具“竞业限制补偿费审批确认单”	人事管理员

4.7.2 经营单元竞业限制人员的认定流程、竞业限制补偿费审批流程由各经营单元参照公司直属部门流程自行拟定。

4.8 其他

4.8.1 经营单元管理团队成员的竞业限制协议的签订，竞业限制补偿费的审批、支付及离职后的跟踪调查由公司人力资源管理部门管理。

4.8.2 各经营单元竞业限制人员的增减均需报公司人力资源管理部门备案。

【工具6-02】

竞业限制协议

甲方：________股份有限公司

乙方：________（任职岗位）

竞业限制是指乙方和甲方在解除或终止劳动合同后，乙方在竞业限制期内不得在生产与甲方同类产品、经营与甲方同类业务或与甲方有其他竞争关系的用人单位任职，也不得自己生产或经营与甲方有竞争关系的同类产品、业务。

依据《中华人民共和国劳动合同法》《中华人民共和国反不正当竞争法》等法律法规，双方达成以下协议。

1. 保密条款

1.1 不论在乙方受聘于甲方的时期内还是其后，乙方均不得向他人透露，或者为乙方自身或他人的利益使用甲方拥有、掌握或使用的任何保密信息、专有信息（以下统称“专有信息”）。专有信息包括下列所有商业信息和技术信息：

（1）不为公众所知悉且他人无法轻易查明的商业信息和技术信息；

（2）能为甲方带来现实或潜在的经济利益的商业信息和技术信息；

（3）具有实用性并经甲方采取保密措施的商业信息和技术信息。

1.2 专有信息包括但不限于：

（1）与甲方现有或计划的产品、软件、研究、发明、工艺、技术、设计或其他技术数据有关的信息；

（2）与甲方的管理、财务或营销活动有关的信息，如人力资源信息、客户名单、营销计划、采购资料、定价政策、财务资料、进货渠道等；

（3）自甲方的客户、发明人、认购人、雇员、承包商，以及与甲方进行交易的其他第三方处取得的信息；

（4）含有上述信息的任何书面文件或其他载体。

1.3 但是，根据本条第 1 款应由乙方承担的义务将不适用于下列任何专有信息：

（1）未经乙方任何行动，已经为或成为公众所知悉的专有信息；

（2）甲方一般透露给第三方的专有信息，并且甲方未对该第三方加以限制；

（3）经甲方的负责人书面授权准许予以发布的信息。

1.4 甲乙双方终止劳动关系时，或在甲方要求的任何时候，乙方将立刻向甲方交还乙方掌握或控制的、由乙方或他人制作的、包含专有信息的所有笔记、备忘录、笔记本、图纸、记录、档案、磁盘和任何其他文件及存储载体（包括这些材料的所有复印件或复制件）。

2. 劳动成果的确认及使用

2.1 乙方在甲方任职期间，因履行职务或者利用甲方的物质技术条件、业务信息等产生的发明创造、作品、计算机软件、技术秘密或其他商业秘密信息，有关的知识产权均归甲方所有。甲方可以在业务范围内充分自由地利用这些发明创造、作品、计算机软件、技术秘密或其他商业秘密信息，用于申请权利保护、生产经营或者向第三方转让。乙方应当按甲方的要求，提供一切必要的信息和采取一切必要的行动，包括申请、注册、登记等，协助甲方取得和行使有关的知识产权。

2.2 对于乙方在甲方任职期间所完成的、与甲方业务相关的发明创造、作品、计算机软件、技术秘密或其他商业秘密信息，乙方主张由其本人享有知识产权的，应当及时向甲方申明，经甲方核实，认为确属于非职务成果的，由乙方享有知识产权，甲方不得在未经乙方明确授权的前提下利用这些成果进行生产、经营，亦不得自行向第三方转让；乙方没有申（声）明，而是推定其属于职务成果的，甲方可以使用这些成果进行生产、经营或者向第三方转让，即使日后证明实际上是非职务成果的，乙方也不能求甲方承担任何责任。

3. 竞业限制双方的权利和义务

3.1 竞业限制期限

乙方的竞业限制期限为自乙方离职（含退休）之日起两年。

3.2 乙方的竞业限制义务

3.2.1 乙方在竞业限制期内不得在生产与甲方同类产品、经营与甲方同类业务或与甲方有其他竞争关系的用人单位任职，也不得自己生产或经营与甲方有竞争关系的同类产品、业务。

3.2.2 乙方在竞业限制期内承担的其他义务包括但不限于不泄漏、不使用、不使他人获得或使用甲方的商业秘密；不传播、不扩散不利于甲方的消息或报道；不直接或间接地劝诱或帮助他人劝诱甲方员工或客户离开甲方。

3.3 竞业限制补偿费

3.3.1 乙方与甲方解除或终止劳动合同后，在竞业限制期限内，且甲方认定需对乙方履行竞业限制义务给予补偿的，甲方向乙方支付竞业限制补偿费，具体标准和支付依据甲方最新有效的《竞业限制管理办法》。

3.3.2 甲方自乙方离职（含退休）后次月起按期支付竞业限制补偿费。

4. 协议解除或终止

4.1 竞业限制期满的，竞业限制协议终止。

4.2 甲方认为不需再对乙方进行竞业限制的，无需另行通知乙方，可直接解除所签竞业限制协议，并且无须支付竞业限制补偿费，已支付的补偿费亦不再追回。

5. 违约责任

5.1 乙方若有违反本协议的情形出现，甲方可以追究其违约责任，不予支付（剩余的）竞业限制补偿费（并有权向乙方追偿已经支付的竞业限制补偿费）。未给甲方造成损失的，立即停止违约，继续履行本协议；给甲方造成损失的，立即停止违约，继续履行本协议，同时乙方应承担损害赔偿责任，向甲方支付违约金10000元。同时，违约金不足以补偿甲方损失的，乙方还应赔偿由此给甲方造成的一切经济损失并承担法律事务费用；损害无法精确计算时，乙方承担竞业限制补偿费金额三倍的赔偿。

5.2 如果乙方或由任何他人代表乙方或在乙方指导下采取违反本协议的行动，甲方有权就因此等违约而产生的任何及全部直接或间接性损害要求赔偿，其中包括但不限于利润损失。

6. 其他规定

6.1 若协议中部分条款无效，不应影响本协议中其他条款的有效性。

6.2 本协议中所称的任职期间，是以乙方从甲方领取工资为标志，并以该项工资所代表的工作期间为任职期间，任职期间包括乙方在正常工作时间以外的加班时间，而无论加班场所是否在甲方工作场所内。

6.3 本协议中所称的离职，是指在劳动合同到期后，甲方解除乙方聘用关系或者乙方明确表示辞去聘用关系，并办理好相关解除聘用关系手续的行为（包含退休）；乙方接到甲方要求其办理解除聘用关系手续的通知后，拒不办理手续的行为以离职论。在劳动合同的有效期间，乙方拒绝领取工资且停止履行职务的行为，或者擅自出走离岗，视为提出辞职，以离职论。

6.4 甲方延迟行使或未行使本协议项下的任何权利的，不视为甲方放弃此权利或任何其他权利。

6.5 乙方在签署本协议之前，已获得机会全面审阅本协议，并向专业人士就本协议的含义和影响进行咨询，理解并自愿同意本协议包含的每一项规定。

6.6 如有纠纷，双方友好协商解决；若协商不成，向劳动仲裁委员会申请仲裁；对仲裁裁决不服的，向甲方所在地人民法院提起诉讼。

6.7 竞业限制人员离职后必须在每季度第5个工作日前向人力资源管理机构提交“竞业限制人员个人信息告知单”，变更通信方式或变更新单位的应在变更后5个工作日内填写“竞业限制人员个人信息告知单”书面告知人力资源管理机构，否则视为放弃竞业限制补偿费，公司停止支付竞业限制补偿费，但竞业限制人员仍要继续履行竞业限制义务。竞业限制人员因不可抗力无法与公司联系，在障碍消除后10个工作日内，离职竞业限制人员应主动与公司联系并能证明相关事实的，公司可补发竞业限制补偿费。

6.8 本协议自双方签字、盖章之日起生效。

乙方（员工）签字：　　　　　　　　甲方（单位）签字：

身份证号码：

日期：　　　　　　　　　　　　　　日期：

【工具6-03】

竞业限制补偿费审批单

日期：　　年　月　日

<table>
<tr><th colspan="6">人力资源部填写</th></tr>
<tr><td>姓名</td><td></td><td>离职时间</td><td></td><td>身份证号码</td><td></td></tr>
<tr><td>起止时间</td><td colspan="2">近三年在公司任职部门（部门）</td><td colspan="2">岗位</td><td>是否属于竞业限制岗位</td></tr>
<tr><td></td><td colspan="2"></td><td colspan="2"></td><td></td></tr>
<tr><td></td><td colspan="2"></td><td colspan="2"></td><td></td></tr>
<tr><td></td><td colspan="2"></td><td colspan="2"></td><td></td></tr>
<tr><td></td><td colspan="2"></td><td colspan="2"></td><td></td></tr>
<tr><td></td><td colspan="2"></td><td colspan="2"></td><td></td></tr>
<tr><td>竞业限制期限</td><td colspan="5">年　月　日至　　年　月　日，共　　月</td></tr>
<tr><td colspan="3">离职前月均薪级工资（元）：</td><td colspan="3">补偿费用标准（元）：</td></tr>
<tr><td colspan="6">补偿费总金额（大写）：</td></tr>
</table>

（续表）

审批	
用人部门负责人意见： □需支付竞业限制补偿费 □不需要支付竞业限制补偿费	人力资源部负责人意见：

【工具6-04】

竞业限制补偿费审批确认单

第一联：存根联

________同志：

依据公司《竞业限制管理办法》，经相关领导审批，公司决定：

□不支付竞业限制补偿费

公司不再对您进行竞业限制，您离职后不需要承担竞业限制责任，原签订的竞业限制协议自行失效。

□支付竞业限制补偿费

竞业限制期限　　　　年　月　日至　　年　月　日，共　　月

补偿费用标准（元）：

说明：员工必须在每季度第5个工作日前向人力资源管理机构提交“竞业限制人员个人信息告知单”，变更通信方式或变更新单位的应在变更后5个工作日内填写“竞业限制人员个人信息告知单”书面告知人力管理机构，否则视为放弃竞业限制补偿费，公司停止支付竞业限制补偿费，但员工仍要继续履行竞业限制义务。

发送方式：□本人签收　　□特快专递　　□挂号信

经办人（签字／日期）：　　　　　　　　签收人（签字／日期）：

单位签章：　　　　　　　　　　　　　　联系电话：

备注：1. 不支付竞业限制补偿费的，由员工在存根联签字确认；

2. 支付竞业限制补偿费的，本通知书一式两份，公司与员工各持一份。

第二联：交员工本人

________同志：

依据公司《竞业限制管理办法》，经相关领导审批，公司决定：

□支付竞业限制补偿费 竞业限制期限　　　　　年　月　日至　　年　月　日，共　　月 补偿费用标准（元）： 说明：员工必须在每季度第5个工作日前向人力资源管理机构提交“竞业限制人员个人信息告知单”，变更通信方式或变更新单位的应在变更后5个工作日内填写“竞业限制人员个人信息告知单”书面告知人力管理机构，否则视为放弃竞业限制补偿费，公司停止支付竞业限制补偿费，但员工仍要继续履行竞业限制义务。

发送方式：□本人签收　　□特快专递　　□挂号信

经办人（签字／日期）：
单位签章：
备注：本通知书一式两份，公司与员工各持一份。

【工具6-05】

竞业限制跟踪调查表

竞业限制人员		原部门		原岗位	
竞业限制起止日期	年　月　日至　　年　月　日，共　　月			补偿费用标准	
年　月 至 年　月	工作单位：				
	单位联系人／电话：				
	工作内容：				
	评价：□无违约行为　　□无法核实，请督察部协助　　□违约，转法务部调查 评价人：　　　　日期：				

（续表）

年　月 至 年　月	工作单位：
	单位联系人／电话：
	工作内容：
	评价：□无违约行为　□无法核实，请督察部协助　□违约，转法务部调查 评价人：　日期：
年　月 至 年　月	工作单位：
	单位联系人／电话：
	工作内容：
	评价：□无违约行为　□无法核实，请督察部协助　□违约，转法务部调查 评价人：　日期：

注：此表放入离职人员个人档案备查，评价人为人力资源管理机构工作人员。

【工具6-06】

竞业限制人员个人信息告知单

姓名		性别		联系电话	
离开××后任职情况					
年　月 至 年　月	工作单位：				
	单位联系人／电话：				
	工作内容：				

（续表）

年　月 至 年　月	工作单位： 单位联系人 / 电话： 工作内容：
信息变更内容	
变更前	□联系方式　□任职单位名称　□任职岗位　□其他 具体内容：
变更后	□联系方式　□任职单位名称　□任职岗位　□其他 具体内容：
说明：员工必须在每季度第5个工作日前向人力资源管理机构提交“竞业限制人员个人信息告知单”，变更通信方式或变更新单位的应在变更后5个工作日内填写“竞业限制人员个人信息告知单”书面告知人力管理机构，否则视为放弃竞业限制补偿费，公司停止支付竞业限制补偿费，但员工仍要继续履行竞业限制义务。	
本人承诺以上填写内容完全属实。 填写人签字： 日期：	

第七章

离职环节风险防范

离职是员工流动的一种重要方式。员工流动对企业人力资源的合理配置具有重要作用，但过高的员工离职率会影响企业的持续发展。同时，对员工离职处理得不好也会给企业带来很大的法律风险。

学习目标

（1）了解有关离职的法律规定。

（2）掌握依法解除与终止合同、降低法律风险的具体措施。

（3）了解离职管理的内容，掌握离职管理的步骤、方法和细节。

（4）了解离职期可能产生的纠纷，掌握各类纠纷的预防措施。

离职环节风险与防范学习指引

序号	培训内容	时间安排	期望目标	未达成目标时的改进措施
1	有关离职的法律规定			
2	依法解除与终止劳动合同，降低法律风险			
3	做好离职管理			
4	离职期纠纷预防			

7.1 有关离职的法律规定

离职就是劳动合同的解除和终止。关于劳动合同的解除和终止，《中华人民共和国劳动合同法》（以下简称《劳动合同法》）有具体的规定。

7.1.1 劳动合同的解除和终止

《劳动合同法》第三十六条规定，用人单位与劳动者协商一致，可以解除劳动合同。

第三十七条规定，劳动者提前三十日以书面形式通知用人单位，可以解除劳动合同。劳动者在试用期内提前三日通知用人单位，可以解除劳动合同。

第三十八条规定，用人单位有下列情形之一的，劳动者可以解除劳动合同：

（1）未按照劳动合同约定提供劳动保护或者劳动条件的；

（2）未及时足额支付劳动报酬的；

（3）未依法为劳动者缴纳社会保险费的；

（4）用人单位的规章制度违反法律、法规的规定，损害劳动者权益的；

（5）因本法第二十六条第一款规定的情形致使劳动合同无效的；

（6）法律、行政法规规定劳动者可以解除劳动合同的其他情形。

用人单位以暴力、威胁或者非法限制人身自由的手段强迫劳动者劳动的，或者用人单位违章指挥、强令冒险作业危及劳动者人身安全的，劳动者可以立即解除劳动合同，不需事先告知用人单位。

第三十九条规定，劳动者有下列情形之一的，用人单位可以解除劳动合同：

（1）在试用期间被证明不符合录用条件的；

（2）严重违反用人单位的规章制度的；

（3）严重失职，营私舞弊，给用人单位造成重大损害的；

（4）劳动者同时与其他用人单位建立劳动关系，对完成本单位的工作任务造成严重影响，或者经用人单位提出，拒不改正的；

（5）因本法第二十六条第一款第一项规定的情形致使劳动合同无效的；

（6）被依法追究刑事责任的。

第四十条规定，有下列情形之一的，用人单位提前三十日以书面形式通知劳动者本人或者额外支付劳动者一个月工资后，可以解除劳动合同：

（1）劳动者患病或者非因工负伤，在规定的医疗期满后不能从事原工作，也不能从事由用人单位另行安排的工作的；

（2）劳动者不能胜任工作，经过培训或者调整工作岗位，仍不能胜任工作的；

（3）劳动合同订立时所依据的客观情况发生重大变化，致使劳动合同无法履行，经用人单位与劳动者协商，未能就变更劳动合同内容达成协议的。

第四十一条规定，有下列情形之一，需要裁减人员二十人以上或者裁减不足二十人但占企业职工总数百分之十以上的，用人单位提前三十日向工会或者全体职工说明情况，听取工会或者职工的意见后，裁减人员方案经向劳动行政部门报告，可以裁减人员：

（1）依照企业破产法规定进行重整的；

（2）生产经营发生严重困难的；

（3）企业转产、重大技术革新或者经营方式调整，经变更劳动合同后，仍需裁减人员的；

（4）其他因劳动合同订立时所依据的客观经济情况发生重大变化，致使劳动合同无法履行的。

裁减人员时，应当优先留用下列人员：

（1）与本单位订立较长期限的固定期限劳动合同的；

（2）与本单位订立无固定期限劳动合同的；

（3）家庭无其他就业人员，有需要扶养的老人或者未成年人的。

用人单位依照本条第一款规定裁减人员，在六个月内重新招用人员的，应当通知被裁减的人员，并在同等条件下优先招用被裁减的人员。

第四十二条规定，劳动者有下列情形之一的，用人单位不得依照本法第四十条、第四十一条的规定解除劳动合同：

（1）从事接触职业病危害作业的劳动者未进行离岗前职业健康检查，或者疑似职业病病人在诊断或者医学观察期间的；

（2）在本单位患职业病或者因工负伤并被确认丧失或者部分丧失劳动能力的；

（3）患病或者非因工负伤，在规定的医疗期内的；

（4）女职工在孕期、产期、哺乳期的；

（5）在本单位连续工作满十五年，且距法定退休年龄不足五年的；

（6）法律、行政法规规定的其他情形。

第四十三条规定，用人单位单方解除劳动合同，应当事先将理由通知工会。用人单位违反法律、行政法规规定或者劳动合同约定的，工会有权要求用人单位纠正。用人单位应当研究工会的意见，并将处理结果书面通知工会。

第四十四条规定，有下列情形之一的，劳动合同终止：

（1）劳动合同期满的；

（2）劳动者开始依法享受基本养老保险待遇的；

（3）劳动者死亡，或者被人民法院宣告死亡或者宣告失踪的；

（4）用人单位被依法宣告破产的；

（5）用人单位被吊销营业执照、责令关闭、撤销或者用人单位决定提前解散的；

（6）法律、行政法规规定的其他情形。

第四十五条规定，劳动合同期满，有本法第四十二条规定情形之一的，劳动合同应当续延至相应的情形消失时终止。但是，本法第四十二条第二项规定丧失或者部分丧失劳动能力劳动者的劳动合同的终止，按照国家有关工伤保险的规定执行。

7.1.2 关于支付经济补偿的规定

《劳动合同法》第四十六条规定，有下列情形之一的，用人单位应当向劳动者支付经济补偿：

（1）劳动者依照本法第三十八条规定解除劳动合同的；

（2）用人单位依照本法第三十六条规定向劳动者提出解除劳动合同并与劳动者协商一致解除劳动合同的；

（3）用人单位依照本法第四十条规定解除劳动合同的；

（4）用人单位依照本法第四十一条第一款规定解除劳动合同的；

（5）除用人单位维持或者提高劳动合同约定条件续订劳动合同，劳动者不同意续订的情形外，依照本法第四十四条第一项规定终止固定期限劳动合同的；

（6）依照本法第四十四条第四项、第五项规定终止劳动合同的；

（7）法律、行政法规规定的其他情形。

第四十七条规定，经济补偿按劳动者在本单位工作的年限，每满一年支付一个月工资的标准向劳动者支付。六个月以上不满一年的，按一年计算；不满六个月的，向劳动者支付半个月工资的经济补偿。

劳动者月工资高于用人单位所在直辖市、设区的市级人民政府公布的本地区上年度职工月平均工资三倍的，向其支付经济补偿的标准按职工月平均工资三倍的数额支付，向其支付经济补偿的年限最高不超过十二年。

本条所称月工资是指劳动者在劳动合同解除或者终止前十二个月的平均工资。

第四十八条规定，用人单位违反本法规定解除或者终止劳动合同，劳动者要求继续履行劳动合同的，用人单位应当继续履行；劳动者不要求继续履行劳动合同或者劳动合同已经不能继续履行的，用人单位应当依照本法第八十七条规定支付赔偿金。

7.2　依法解除与终止劳动合同，降低法律风险

劳动合同的解除与终止，都会使劳动合同约定的权利与义务消灭。劳动合同可由双方协商解除或者由劳动关系中的一方依法单方面解除，也可由法定终止条件终止。在劳动合同的解除与终止过程中，最容易引起纠纷，所以一定要注意防范。

7.2.1　协商解除劳动合同要符合条件

劳动合同依法订立后，双方当事人必须履行合同义务，遵守合同的法律效力，任何一方不得因后悔或者难以履行而擅自解除劳动合同。但是，为了保障企业的用人自主权和员工的劳动权，《劳动合同法》规定了在特定条件和程序下，企业与员工在协商一致且不违背国家利益和社会公共利益的情况下，可以解除劳动合同，但必须符合以下四个条件：

（1）被解除的劳动合同是依法成立的有效的劳动合同；

（2）解除劳动合同的行为必须是在被解除的劳动合同依法订立生效之后、尚未全部履行之前进行；

（3）企业与员工均有权提出解除劳动合同的请求；

（4）在双方自愿、平等协商的基础上达成一致意见，可以不受劳动合同中约定的终止条件的限制。

协商解除劳动合同过程中需要注意的是，按照《劳动合同法》第四十六条第二项和《违反和解除劳动合同的经济补偿办法》第五条的规定，企业提出解除劳动合同的，应依法向员工支付经济补偿金。

7.2.2　员工主动离职也要防范风险

员工具有单方解除劳动合同的权利，但必须提前30日书面通知企业。

（1）员工提前通知解除劳动合同的程序。

员工在行使解除劳动合同权利的同时，也必须遵守法定的程序，主要体现在以下两个方面。

①遵守解除预告期。员工在享有解除劳动合同自主权的同时，也应当遵守解除合同预告

期，即应当提前30日通知企业才能有效。也就是说，员工在书面通知企业后还应继续工作至少30日，这样便于企业及时安排人员接替其工作，保持劳动过程的连续性，确保正常的工作秩序，避免因解除劳动合同影响企业的生产经营活动，给企业造成不必要的损失。因此，如果未提前预告，则会构成违法解除劳动合同，企业可以要求员工承担赔偿责任。

②以书面形式通知企业。在解除劳动合同时，无论是员工还是企业都必须以书面形式告知对方。因为这一时间的确定直接关系到解除预告期的起算时间，也关系到员工的工资等利益，所以必须采用慎重的方式来表达。

（2）试用期内员工与企业解除劳动合同须提前三日通知。

员工在试用期内，发现企业的实际情况与订立劳动合同时所介绍的情况不相符，或者发现自己不适合从事该工种工作，以及存在其他不能履行劳动合同的情况，员工无须任何理由，可以通知企业解除劳动合同，但应提前三日通知企业，以便企业安排人员接手工作。

员工违反法律法规规定的条件解除劳动合同，给企业造成经济损失的，企业可以要求其承担赔偿责任。员工自己提出解除劳动合同的，企业可以不支付经济补偿金。

（3）当员工提出辞职时，企业应注意以下事项：

①采用由企业提供的固定格式文本要求员工签署，避免因辞职信的形式和内容不规范而为日后埋下争议的"祸根"；

②辞职申请中一定要带有"本人自愿解除与××公司的劳动合同"字样；

③说明已结清员工在职期间的工资、社保及相关待遇，可以使用"本人确认已从公司领到××元作为本人所应得到的工资待遇，并且确认是本人辞职的最终和全部待遇"这样的语句；

④可以要求员工做出同意按照企业规定办理辞职手续并归还企业所有财产等内容的承诺。

7.2.3 因企业的过错，员工可以解除劳动合同

企业有以下过错时，员工可以解除劳动合同，而且无需向企业预告，具体说明见表7-1。

表 7-1 员工因企业的过错而可以解除劳动合同的情形

序号	可以解除劳动合同的情形	具体说明
1	未按照劳动合同的约定提供劳动保护或者劳动条件	《劳动合同法》第十七条规定，劳动保护和劳动条件是劳动合同的必备条款，即提供劳动保护和劳动条件是企业应尽的义务。如果企业未按照国家规定的标准或劳动合同的规定提供劳动条件，致使劳动安全、劳动卫生条件恶劣，严重危害员工的身体健康，并得到国家劳动部门、卫生部门的确认，员工可以与企业解除劳动合同
2	未及时、足额地支付劳动报酬	支付劳动报酬也是劳动合同所规定的必备条款。企业未按照劳动合同约定及时、足额地支付劳动报酬，就是违反劳动合同，也是对员工合法权益的侵害，员工有权随时告知企业解除劳动合同
3	未依法为员工缴纳社会保险费	社会保险具有国家强制性，企业应当依照有关法律法规的规定，为员工缴纳各项社会保险费用，并负有代扣、代缴本企业员工社会保险费的义务。因此，如果企业未依法为员工缴纳社会保险费，是对员工基本权利的侵害，员工可以与企业解除劳动合同
4	企业的规章制度违反法律法规的规定，损害员工权益	企业的规章制度违反了法律法规的规定，企业没有按法律规定制定规章制度，给员工的权益带来损害的，员工可以与企业解除劳动合同
5	因《劳动合同法》第二十六条第一款规定的情形致使劳动合同无效	《劳动合同法》第二十六条规定了劳动合同无效或者部分无效的三种情况。无效的劳动合同从订立的时候起就没有法律约束力，员工可以不予履行；对于已经履行，给员工造成损害的，企业还应承担赔偿责任
6	法律法规规定员工可以解除劳动合同的其他情形	（1）企业以暴力、威胁或者非法限制人身自由的手段强迫员工劳动的，如把员工非法拘禁在特定的场所，强迫其劳动，不让他出来，是严重侵犯员工人身权利的行为，是非法的，员工有权随时解除劳动合同，而无须事先告知企业 （2）企业违章指挥、强令冒险作业危及员工人身安全的，员工有权拒绝并撤离作业场所，并可以立即解除劳动合同

7.2.4 因员工的过失，企业可以单方解除劳动合同

《劳动合同法》在赋予员工单方解除权的同时，也赋予企业对劳动合同的单方解除权，以

保障企业的用工自主权。但为了防止企业滥用解除权，随意与员工解除劳动合同，立法上严格限定企业与员工解除劳动合同的条件，禁止企业随意或武断地与员工解除劳动合同，保护员工的劳动权。企业单方解除劳动合同主要有六种情形，具体说明见表 7-2。

表 7-2　企业单方解除劳动合同的情形

序号	可以单方解除劳动合同的情形	适用的注意事项
1	在试用期间被证明不符合录用条件	（1）企业所规定的试用期间要符合法律规定 （2）对是否合格的认定。一般情况下应当以法律法规规定的基本录用条件和企业在招聘时规定的知识文化、技术水平、身体状况、思想品质等条件为标准 （3）对于员工在试用期间不符合录用条件的，企业必须提供有效的证明
2	严重违反企业的规章制度	（1）规章制度的内容必须符合法律法规的规定，而且通过民主程序公之于众 （2）员工的行为客观存在，并且属于“严重”违反企业的规章制度。何为“严重”，一般应以劳动法规和企业内部的规章制度所规定的具体界限为准，如违反操作规程，损坏生产经营设备，给企业造成经济损失的；不服从企业正常工作调动；不服从企业的人力资源管理；无理取闹、打架斗殴、散布谣言损害企业声誉等，给企业的正常生产经营秩序和管理秩序带来损害 （3）企业对员工的处理是按照本企业规章制度规定的程序办理，并符合相关法律法规的规定
3	严重失职、营私舞弊，给企业的利益造成重大损害	员工在履行劳动合同期间，没有按照岗位职责履行自己的义务，违反其忠于职守、维护和增进企业利益的义务，有未尽职责的严重过失行为或者利用职务之便谋取私利的故意行为，使企业有形财产、无形财产遭受重大损害，但不够刑罚处罚的程度。例如，因粗心大意、玩忽职守而造成事故；因工作不负责而经常产生废品、损坏工具设备、浪费原材料或能源等
4	员工“兼职”	（1）员工同时与其他企业建立劳动关系，对完成本企业的工作任务造成严重影响的 （2）员工同时与其他企业建立劳动关系，经企业提出，拒不改正的。需注意的是，必须是给企业造成“严重”影响的。如果影响轻微，企业不能以此为由与员工解除劳动合同

（续表）

序号	可以单方解除劳动合同的情形	适用的注意事项
5	因《劳动合同法》第二十六条第一款第一项规定的情形致使劳动合同无效	《劳动合同法》第二十六条第一项规定，以欺诈、胁迫的手段或者乘人之危，使对方在违背真实意思的情况下订立或者变更劳动合同的，劳动合同无效或者部分无效
6	被依法追究刑事责任	被依法追究刑事责任是指被人民检察院免予起诉的、被人民法院判处刑罚的、被人民法院依据《中华人民共和国刑法》第三十二条免予刑事处分的。员工被人民法院判处拘役、三年以下有期徒刑缓刑的，企业可以解除劳动合同

7.2.5 无过失性辞退须给予员工相应的经济补偿

无过失性辞退是指企业根据劳动合同履行中客观情况的变化而解除劳动合同。这里的客观情况既包括企业的原因，也有员工自身的原因。

企业因客观情况变化而解除劳动合同，主要包括以下三种情况，具体说明见表7-3。

表7-3　企业因客观情况变化而解除劳动合同的情况

序号	客观情况变化的情形	适用的注意事项
1	员工患病或者非因工负伤，在规定的医疗期满后不能从事原工作，也不能从事由企业另行安排的工作	员工在医疗期满后，有义务进行工作。如果员工由于身体健康原因不能胜任工作，企业有义务为其调动岗位，选择他力所能及的岗位工作。如果员工对企业重新安排的工作也无法完成，说明员工不能履行合同，企业需提前三十日以书面形式通知员工本人或额外支付员工一个月工资后，可以解除劳动合同，以便员工在心理上和时间上为重新就业做准备
2	员工不能胜任工作，经过培训或者调整工作岗位，仍不能胜任工作	不能胜任工作是指员工不能按要求完成劳动合同中约定的任务或者同工种、同岗位人员的工作量。但企业不得故意提高定额标准，使员工无法完成。员工没有具备从事某项工作的能力，不能完成某一岗位的工作任务，这时企业可以对其进行职业培训，提高其职业技能，也可以把其调换到能够胜任的工作岗位上，这是企业负有的协助员工适应岗位的义务。如果企业尽了这些义务，员工仍然不能胜任工作，说明员工不具备在该企业工作的能力，企业可以在提前三十日书面通知的前提下解除与该员工的劳动合同

（续表）

序号	客观情况变化的情形	适用的注意事项
3	劳动合同订立时所依据的客观情况发生重大变化，致使劳动合同无法履行，经企业与员工协商，未能就变更劳动合同内容达成协议	这里的客观情况是指履行原劳动合同所必要的客观条件，因不可抗力或出现致使劳动合同全部或部分条款无法履行的其他情况，如自然条件、企业迁移、被兼并、企业资产转移等。发生上述情况时，为了使劳动合同能够得到继续履行，必须根据变化后的客观情况，由双方当事人对合同进行变更协商，直到达成一致意见。如果员工不同意变更劳动合同，原劳动合同所确立的劳动关系就没有存续的必要。在这种情况下，企业也只能解除劳动合同

企业因员工的非过失性原因而解除合同的，还应当给予员工相应的经济补偿。

7.2.6 裁员应符合法定条件和程序

《劳动合同法》第四十一条规定，一次性裁减人员二十人或者裁减不足二十人但占企业职工总人数百分之十以上的，属于经济性裁员。

经济性裁员作为企业单方解除劳动合同的一种方式，必须满足法定条件。这些法定条件包括实体性条件和程序性条件，只有同时具备部分实体性条件和全部程序性条件，才是合法有效的经济性裁员。

（1）经济性裁员的实体性条件。

经济性裁员必须满足的实体性条件见表 7-4。

表 7-4 经济性裁员必须满足的实体性条件

序号	细类情形	具体说明
1	依照《中华人民共和国企业破产法》规定进行重整	《中华人民共和国企业破产法》第二条规定，企业法人不能清偿到期债务，并且资产不足以清偿全部债务或者明显缺乏清偿能力的，依照本法规定清理债务。企业法人有前款规定情形，或者有明显丧失清偿能力可能的，可以依照本法规定进行重整。在重整过程中，企业可根据实际经营情况进行经济性裁员
2	生产经营发生严重困难	在企业的生产经营发生严重困难时，应允许企业通过各种方式进行自救，而不是进一步陷入破产、关闭的绝境。在企业的生产经营发生严重困难时，裁减人员、缩减员工规模是一项比较有效的缓减措施。从全局看，这对企业的员工群体是有利的，但涉及特定员工的权益，应

（续表）

序号	细类情形	具体说明
2	生产经营发生严重困难	慎重处理。因此，《劳动合同法》允许企业在生产经营发生困难时采取经济性裁员的措施，但同时要求企业要慎重使用该手段，注意“困难”两字前加了“严重”的限制
3	企业转产、重大技术革新或者经营方式调整，经变更劳动合同后，仍需裁减人员	在生产经营过程中，企业为了寻求生存和更大发展，必然要进行结构调整和整体功能优化，这些方式包括企业转产、重大技术革新和经营方式调整。企业转产、重大技术革新或者经营方式调整并不必然导致企业进行经济性裁员，若企业转产，从事原工作岗位的员工可以转到转产后的工作岗位。为了更好地保护员工的合法权益，同时引导企业尽量不使用经济性裁员，《劳动合同法》要求企业转产、重大技术革新或者经营方式调整，只有在变更劳动合同后仍需要裁减人员时，才可进行经济性裁员
4	其他因劳动合同订立时所依据的客观经济情况发生重大变化，致使劳动合同无法履行的	除了以上列举的三类情形外，还有一些客观经济情况发生变化，需要经济性裁员的情形，比如有些企业为了防治污染进行搬迁而需要进行经济性裁员

（2）经济性裁员的程序性条件。

经济性裁员的程序性条件见表 7–5。

表 7–5　经济性裁员的程序性条件

序号	细类情形	具体说明
1	提前向工会或者全体员工说明情况	（1）裁减人员二十人以上或者裁减不足二十人但占企业员工总数百分之十以上的，必须提前三十日向工会或者全体员工说明情况，并听取工会或者员工的意见 （2）听取员工意见可以有多种形式，如座谈会、设置意见箱、部门负责人收集意见等。员工代表所反映的也是员工意见
2	裁减人员方案向劳动行政部门报告	（1）企业向工会或者全体员工说明情况，听取工会或者员工的意见，对原裁减人员方案进行必要修改后，形成正式的裁减人员方案

（续表）

序号	细类情形	具体说明
2	裁减人员方案向劳动行政部门报告	（2）该裁减人员方案需要向劳动行政部门报告，以使劳动行政部门了解裁减情况，必要时采取相应措施，防止出现意外情况，监督经济性裁员合法进行。这里的“报告”性质上属于事后告知，不是事前许可或者审批。当然，有的企业出于各种考虑，自愿提前与劳动行政部门报告协商，相关法律并不禁止
3	进行经济性裁员必须遵循社会福利原则	（1）裁减人员时，应当优先留用下列人员 ①与本企业订立较长期限固定期限劳动合同的 ②与本企业订立无固定期限劳动合同的 ③家庭无其他就业人员，有需要扶养的老人或者未成年人的 （2）三类优先留用的员工之间并没有先后顺序，企业可以根据实际需要予以留用
4	重新招用人员的，被裁减人员具有优先就业权	（1）企业有通知被裁减人员的义务，以使被裁减人员慎重考虑，及时行使优先就业权 （2）如果被裁减人员各方面条件与其他员工的条件没有明显差距，企业应当优先招用被裁减的人员

（3）企业裁员的实施要领。

①设计裁员流程。企业裁员的种类和时机较多，针对不同的情况，企业应设计适宜的裁员流程。裁员流程应融入企业管理制度，而不应在开始裁员时才设计。裁员流程设计首先考虑的不是某一个具体的人，而是先分析、梳理企业的业务流程，与企业部门职能的重组及岗位架构的重新设计互相配合，这样设计的裁员流程才具有实用性和可操作性。

法律上已有具体规定的，如经济性裁员等，企业应遵循法律规定设计裁员流程；法律法规中没有固定程序的，裁员流程可灵活制定。在大规模裁员的流程设计中，企业应全面考虑行政主管部门、工会和媒体等部门的作用并制定出相应方案。

②确定裁员对象。无论何种裁员方式，企业在确定裁员对象时都必须契合自身经营发展的实际需求，对需要裁减的岗位及承担此岗位的员工进行全面分析，看其是否要伴随着岗位被裁掉。

一般有两种可能：一是该员工随岗位一起被裁掉，二是岗位被裁掉而该员工留下。

在第二种情况下，就需要对其他不被裁掉的岗位上的员工进行分析，看其是否需要被裁掉。有些岗位需要保留，但不一定需要保留该岗位的员工，此时可以让第二种情况下的员工补充这些岗位。第二种处理方式要看企业岗位转换的可行性有多大，以及这些员工的适应能力有多强。

③征询意见。正式确定裁员对象前，应征询其部门主管及相关业务部门的意见。企业应先向本企业高级管理人员及工会说明情况，听取其对裁员预案的意见并进行修改完善，制定裁员方案（征求意见稿）。如果属于经济性裁员或过失性裁员，在听取本企业工会意见后，应当制作正式的会议记录，由与会人员签字确认并存档备查。

④确定裁员方案。正式实施裁员前，人力资源部等部门应做出一个可行的裁员方案，具体内容包括预算费用、符合法律要求的补偿、对被裁人员的安抚工作及帮助或协助被裁员工寻找新的工作等。

如属经济性裁员，企业应召开全体职工会议，召开前应通知召开的具体日期和地点。会议召开日期应当安排在正式解除劳动合同之日的30日前，对无法直接联系的员工应当采取有效方式（如挂号信函、快递等）通知其本人。企业应在与会员工进入会场时组织书面签到以备查，并在会上向员工说明裁员背景（一般包括经营情况和资产状况等）及裁员方案的具体内容和操作步骤。企业可采取会上当场听取员工意见或会后收取员工书面意见等方式全面掌握员工对裁员方案的意见或建议。企业应当制作会议记录以备查，会后应当对员工所提出的意见或建议进行梳理、分析，并可采取面谈等方式向提出意见或建议的员工进行答复、解释，特别是要注意疏导存有异议的员工群体的情绪。如果工会或者员工反映其中的被裁减人员符合法定不得裁减人员范围或被裁减人员符合法定优先留用范围的，企业应重新核实，情况属实的不得裁减或优先留用，情况不实的应答复工会或者员工。企业应对员工提出的意见或建议逐一进行充分解释或答复，确保员工无明显对抗情绪后，从而正式确定裁员方案。

⑤裁员临场准备。为了确保万无一失，企业在正式实施裁员前应进一步做好准备工作，重点包括图7-1所示的五个方面。

1 各部门已细致沟通，充分认识到裁员的必要性

2 人力资源部已经准备好离职核对单、保密协议等文件

3 财务部或者人力资源部已经核算好员工的赔偿费用

4 网络管理部或者行政部已经准备好更换企业大门及电脑的安全密码

5 准备好急救中心和安全保障部的电话，必要时请助理或秘书留意裁员时的突发情况等

图7-1　企业正式实施裁员前的准备工作

⑥履行报告义务——裁员方案备案。如果属经济性裁员，企业应向当地劳动保障部门书面报告裁员工作准备过程和最终确定的裁员方案。书面报告中应说明企业裁减人员的理由、被裁减人员的基本情况、是否已向工会或者全体员工说明情况并听取工会或者员工的意见、负责人和联系方式等内容，并附上裁减人员方案和相关证明材料。劳动保障部门对裁员事项提出意见或建议的，企业应当认真研究，依法逐一解决并做出书面报告，直至劳动保障部门最终认可。劳动保障部门对裁员工作直接介入协调处理的，企业应积极配合。

⑦实施裁员。对被列为裁员对象的员工，企业应出具解除或者终止劳动合同的书面证明。书面证明中应当写明该员工的工作岗位、劳动合同期限、解除或者终止劳动合同的日期、在本企业的工作年限等内容。

企业在宣布对某员工的解雇决定前应准备好所有的相关文件。另外，还要处理好该员工的工资，包括其他方面的收入以及员工还没享受过的假期。这不仅能体现出企业制度的好坏，而且涉及法律问题。

企业最好在做出裁员决定的同时，足额支付被裁员工的全部劳动报酬；在被裁减人员完成工作交接之日，应一次性依法足额支付解除或终止劳动合同的经济补偿;对符合条件的人员，还要支付伤残补助、抚恤金等法定费用；在解除或终止劳动合同之日起 15 日内，企业应为被裁减人员办理档案转移手续，并依法办理社会保险待遇申领手续和转移手续。

⑧履行后续义务。裁员完成后，企业应收集、汇总被裁减人员的劳动合同文本、工资支付台账（包括能证明员工已领取相应工资的凭证）、劳动合同签收公示表等文件资料（特别是注意保留被裁减人员的联系方式），整理归档备查，一般情况下至少应保存两年。

为了避免争议，企业还应按照我国法律规定履行后续义务，如在实施裁员后六个月内优先招用被裁减人员、在竞业限制期限内按月给予劳动者经济补偿等。

7.2.7 要留意企业不得解除劳动合同的情形

根据《劳动合同法》第三十九条、第四十条、第四十一条的规定，出现法定情形时，企业可以单方面解除劳动合同。但《劳动合同法》第四十二条又规定了一些不得解除劳动合同的情形，具体说明见表 7-6。

表 7-6　不得解除劳动合同的六种情形

序号	不得解除劳动合同的情形	具体说明
1	从事接触职业病危害作业的劳动者未进行离岗前职业病健	（1）对从事、接触职业病危害作业的员工，企业应当按照国务院卫生行政部门的规定组织上岗前、在岗期间和离岗时的

（续表）

序号	不得解除劳动合同的情形	具体说明
1	康检查，或者疑似职业病病人在诊断或者医学观察期间的	职业健康检查，并将检查结果如实告知员工 （2）对未进行离岗前职业健康检查的员工，企业不得解除与其订立的劳动合同。在疑似职业病病人诊断或者医学观察期间，企业不得解除与其订立的劳动合同
2	在本单位患职业病或者因工负伤并被确认丧失或者部分丧失劳动能力的	无论是职业病还是因工负伤，都与企业有关工作条件、安全制度或者劳动保护制度不尽完善有关。发生职业病或者因工负伤，企业作为用工组织者和直接受益者理应承担相应责任。如果此时允许企业解除劳动合同，将会给员工的医疗、生活等带来困难。因此，《劳动合同法》规定在本单位患职业病或者因工负伤并被确认丧失或者部分丧失劳动能力的，用人单位不得解除与其订立的劳动合同
3	患病或者非因工负伤，在规定的医疗期内的	企业员工非因工致残和经医生或医疗机构认定患有难以治疗的疾病，医疗期满，应当由劳动鉴定委员会参照工伤与职业病致残程度鉴定标准进行劳动能力的鉴定。只有被鉴定为一至四级的，企业才可以依法解除劳动关系，并办理退休、退职手续，享受退休、退职待遇
4	女职工在孕期、产期、哺乳期的	任何单位不得因结婚、怀孕、产假、哺乳等情形，降低女职工的工资，辞退女职工，单方解除劳动（聘用）合同或者服务协议。但是，女职工要求终止劳动（聘用）合同或者服务协议的除外
5	在本单位连续工作满十五年，且距法定退休年龄不足五年的	《劳动合同法》加强了对老员工的保护，包括规定企业初次实行劳动合同制度或者国有企业改制重新订立劳动合同时，员工在该企业连续工作满十年且距法定退休年龄不足十年的，应订立无固定期限劳动合同；在本企业连续工作满十五年，且距法定退休年龄不足五年的，企业不得根据《劳动合同法》第四十条、第四十一条的规定单方解除劳动合同
6	法律、行政法规规定的其他情形	考虑到有些法律、行政法规中也有不得解除劳动合同的规定，同时为了便于与以后颁布的法律相衔接，《劳动合同法》还规定了一个兜底条款，这有利于对员工进行保护

7.2.8 劳动合同的终止

劳动合同的终止是指劳动合同关系自然失效，双方不再履行。《劳动法》第二十三条规定，劳动合同期满或者当事人约定的劳动合同终止条件出现，劳动合同即行终止。《劳动合同法》第四十四条对劳动合同终止的情形做出了规定，具体说明见表 7-7。

表 7-7 劳动合同的终止情形

序号	终止情形	具体说明
1	劳动合同期满的	这主要适用于固定期限劳动合同和以完成一定工作任务为期限的劳动合同两种情形。劳动合同期满，除了依法续订劳动合同的和依法应延期的，劳动合同自然终止，双方权利义务结束。根据相关规定，劳动合同的终止时间，应当以劳动合同期限最后一日的 24 时为准
2	劳动者已开始依法享受基本养老保险待遇的	根据法律、行政法规的规定，劳动者依法享受基本养老保险待遇的条件有两个：一是劳动者已退休；二是个人缴费年限累计满 15 年或者个人缴费和视同缴费年限累计满 15 年。《劳动法》并没有规定劳动者退休，劳动合同终止。劳动者退休但并没有依法享受基本养老保险待遇的，其劳动合同是否终止？按照《劳动合同法》的规定，劳动者退休并不必然导致劳动合同终止，除非其他法律、行政法规另有规定
3	用人单位被依法宣告破产的	根据《企业破产法》的相关规定，企业一旦被依法宣告破产，就进入破产清算程序，企业的主体资格即将归于消灭。因此，企业一旦进入被依法宣告破产的阶段，就意味着劳动合同一方主体资格必然消灭，劳动合同归于终止
4	用人单位被吊销营业执照、责令关闭、撤销或者用人单位决定提前解散的	根据《公司法》的相关规定，公司解散是指已经成立的公司，因公司章程或者法定事由出现而停止公司的经营活动，并开始公司的清算，使公司法人资格消灭的法律行为。由于公司解散将会导致公司法人的主体资格归于消灭，因此在公司解散的情况下，劳动合同由于缺乏一方主体而归于终止。考虑到与后面条文中有关经济补偿规定的衔接，因此本项仅规定用人单位被吊销营业执照、责令关闭、撤销或者用人单位决定提前解散的，劳动合同终止
5	法律、行政法规规定的其他情形	有关劳动终止的情形，除了《劳动合同法》规定的五种情形外，可由法律、行政法规做出规定。考虑到保持整个劳动合同终止制度的统一性和劳动合同终止并没有地方独特性等情况，《劳动合同法》并没有授权地方性法规创设劳动合同终止制度

7.2.9　不要忽略特殊情形下劳动合同的逾期终止

（1）劳动合同期满不得终止的规定。

①从事、接触职业病危害作业的员工未进行离岗前职业健康检查，劳动合同期满的，必须等到进行了职业健康检查后，劳动合同才能终止。

②疑似职业病病人在诊断或者医学观察期间，劳动合同期满的，必须等到排除了职业病、确认了职业病或者医学观察期结束，劳动合同才能终止。

③在本企业患职业病，劳动合同期满的，必须等到职业病治愈，劳动合同才能终止；如果职业病不能治愈，劳动合同就不能终止。

④因工负伤并被确认丧失劳动能力，劳动合同期满的，必须等到劳动能力全部恢复，劳动合同才能终止；如果劳动能力不能全部恢复，劳动合同就不能终止。

⑤患病或者非因工负伤在医疗期内，劳动合同期满的，必须等到医疗期满后才能终止劳动合同；女职工孕期、产期、哺乳期满后，劳动合同才可以终止。

⑥在本企业连续工作满 15 年，且距法定退休年龄不足 5 年的，如果劳动合同期满，由于这种工作年限的情况不可能消失，因此不能终止劳动合同。

（2）关于工伤的例外规定。

对于员工患职业病或者因工负伤并被确认部分丧失劳动能力的情形，《工伤保险条例》第三十六条、第三十七条的规定如下。

①员工因工致残被鉴定为五级、六级伤残的，保留与企业的劳动关系，由企业安排适当工作。难以安排工作的，由企业按月发给伤残津贴，并由企业按照规定为其缴纳应缴纳的各项社会保险费。经工伤员工本人提出，该员工可以与企业解除或者终止劳动关系，由工伤保险基金支付一次性工伤医疗补助金，由企业支付一次性伤残就业补助金。

②员工因工致残被鉴定为七级至十级伤残的，劳动合同期满终止，或者员工本人提出解除劳动合同的，由工伤保险基金支付一次性工伤医疗补助金，由企业支付一次性伤残就业补助金。

因此，企业在解除工伤员工的劳动合同时要依法进行处理。

7.2.10　依法支付经济补偿

（1）哪些情况必须支付经济补偿。

《劳动合同法》第四十六条规定了企业必须支付经济补偿的情形，其具体说明见表 7-8。

表 7-8　企业支付经济补偿的情形

序号	情形	具体说明
1	有《劳动合同法》第三十八条情形的	企业有违法、违约行为的，员工可以随时或者立即解除劳动合同，并有权取得经济补偿。企业的违约、违法行为包括 （1）未按照劳动合同约定提供劳动保护或者劳动条件的 （2）未及时足额支付劳动报酬的 （3）未依法为员工缴纳社会保险费的 （4）企业的规章制度违反法律、法规的规定，损害员工权益的 （5）企业有《劳动合同法》第二十六条第一款规定的欺诈、胁迫或者乘人之危等行为致使劳动合同无效或者部分无效的 （6）法律、行政法规规定的其他情形 企业以暴力、威胁或者非法限制人身自由的手段强迫员工劳动的，或者企业违章指挥、强令冒险作业危及员工人身安全的，劳动者可以立即解除劳动合同，不需要事先告知企业
2	双方协商一致解除劳动合同，但是由企业提出解除协议的	与《劳动法》的规定比较，本项经济补偿范围有所缩小。《劳动法》第二十四条、第二十八条规定，企业与员工协商一致解除劳动合同的，企业应当依照国家有关规定给予经济补偿。在《劳动合同法》制定过程中，考虑到在某些情况下，员工会主动跳槽，与企业协商解除劳动合同，此时员工一般不会失业，或者对失业早有准备，如果要求企业支付经济补偿不太合理，因此对协商解除情形下给予经济补偿的条件做出了一定限制
3	企业依照《劳动合同法》第四十条规定解除劳动合同的	《劳动合同法》第四十条规定，在员工有一定不足，企业没有过错且做了一些补救措施，但员工仍不符合工作要求的情况下，允许企业解除劳动合同。但为了平衡双方的权利与义务，企业须支付经济补偿。本项经济补偿与《劳动法》的规定一致
4	企业依照《劳动合同法》第四十一条第一款规定解除劳动合同的	《劳动合同法》第四十一条规定的是经济性裁员。在经济性裁员中，员工没有任何过错，企业也是迫于无奈，为了企业的发展和大部分员工的权益，解除一部分员工的劳动合同。为了平衡双方的权利与义务，在经济性裁员中，企业应当支付经济补偿。本项经济补偿与《劳动法》的规定一致

（续表）

序号	情形	具体说明
5	除企业维持或者提高劳动合同约定条件续订劳动合同，员工不同意续订的情况外，依照《劳动合同法》第四十四条第一项规定终止固定期限劳动合同的	（1）根据本项规定，劳动合同期满时，企业同意续订劳动合同，且维持或者提高劳动合同约定条件，员工不同意续订的，劳动合同终止，企业不支付经济补偿 （2）如果企业同意续订劳动合同，但要求降低劳动合同约定条件，员工不同意续订的，劳动合同终止，企业应当支付经济补偿 （3）如果企业不同意续订，无论员工是否同意续订，劳动合同终止，企业都应当支付经济补偿
6	依照《劳动合同法》第四十四条第四项、第五项规定终止劳动合同的	（1）《劳动合同法》第四十四条第四项规定，企业被依法宣告破产的，劳动合同终止；第五项规定，企业被吊销营业执照、责令关闭、撤销或者企业决定提前解散的，劳动合同终止。企业因为有违法行为而被吊销营业执照、责令关闭、撤销时，员工是无辜的，其权益应该受到保护。劳动合同终止时，企业应该支付经济补偿。较《劳动法》的规定，本项规定是增加的规定 （2）《企业破产法》第一百一十三条规定，破产清偿顺序中第一项为“破产人所欠职工的工资和医疗、伤残补助、抚恤费用，所欠的应当划入职工个人账户的基本养老保险、基本医疗保险费用，以及法律、行政法规规定应当支付给职工的补偿金”

（2）经济补偿的计算。

在劳动合同解除或终止，企业依法支付经济补偿时，涉及如何计算经济补偿的问题。计算经济补偿的普遍模式为：工作年限 × 每工作一年应得的经济补偿。

①经济补偿的计算标准为：经济补偿按员工在本企业工作的年限，每满一年支付一个月工资的标准向员工支付；六个月以上不满一年的，按一年计算；不满六个月的，向员工支付半个月工资的经济补偿。

②经济补偿的计算基数。计算经济补偿时，工作满一年支付一个月工资。月工资是指员工解除或者终止劳动合同前 12 个月的平均工资。

③经济补偿的计算封顶。这是在经济补偿部分对高等级员工做出的一定限制，即从工作年限和月工资基数两个方面做出限制，规定员工月工资高于企业所在地区的市级人民政府公布的上年度员工月平均工资三倍的，企业向其支付经济补偿的标准按当地公布的员工月平均工资三倍的数额支付，向其支付经济补偿的年限最高不超过 12 年。

为了督促企业及时支付经济补偿,《劳动合同法》第八十五条规定，解除或者终止劳动合同，未依照本法规定向员工支付经济补偿的，由劳动行政部门责令限期支付经济补偿；逾期不支付的，责令企业按应付金额 50% 以上 100% 以下的标准向员工加付赔偿金。

7.3 做好离职管理

离职在性质上可分为雇员自愿离职和非自愿离职。自愿离职包括员工辞职和退休；非自愿离职包括辞退员工和集体性裁员。企业需要真正关注的是对员工辞职的管理。以下将着重讨论自愿离职中的辞职情形，即企业的人才流失，也就是那些有利于企业运营和成长，属于企业留才、养才范围内的员工离职。

7.3.1 是否解除劳动合同要慎重选择

企业要先决定如何处理员工，是决定辞退还是可以留在其他工作岗位继续工作。此时有三种方案选择，一是员工自己辞职，二是企业辞退，三是企业准备调换岗位。

（1）如果员工同意辞职，那么企业应该让其立即递交辞职书，并立即办理工作交接手续。

（2）如果员工不同意辞职，企业也决定不再留用此人，那么企业应该立即向其发放书面的解除劳动合同通知书，通知书要加盖公章并签署日期。

（3）如果员工希望继续留在企业，而企业也同意其留下继续工作，那么企业应该立即制作岗位变更通知，让员工本人签字，以劳动合同附件的形式收录在劳动合同中，作为劳动合同的变更条款。

让员工辞职时，企业应发给员工一个月的工资作为补偿。这样对于员工和企业成本都是最低的，而且也是非常体面的做法。

7.3.2 避免离职管理过程中的不良表现

企业在员工离职管理过程中的表现主要有以下四种，这是人力资源管理者应该予以避免的。

（1）在认识上——恩断义绝。

一家企业对外发布新闻，宣称其 CEO 主动辞职了，但实际上该 CEO 是因为与董事会意见相左被解职的。随后，该公司董事长在内部发布了一份备忘录，宣布是董事会迫使CEO辞职的。员工们看到这名CEO在主管人事的副总裁的监视下，脸色灰白地收拾完自己的桌子愤愤离开。这以后，正如人们所预料的那样，该公司的士气急转直下，好几名核心员工接二连三地辞职。这种用一次性的态度来对待员工离职管理的“走人”方式，在企业中并不少见。在许多管理者看来，员工的离职就是对企业的“背叛”，离开企业也就脱离了与企业的所有联系，于是临走还给员工脸色看。

（2）在心理上——担惊受怕。

对于员工的离职，很多管理者不仅“深恶痛绝”其背叛行为，更是担忧其对企业的攻击问题。其中常见的情形是散播不利于企业的言论，对企业的声誉造成不利的影响。这种做法主要是因员工与企业之间“感情破裂”而造成的。离职员工“倒打一耙”事件的不断出现，实为管理者所担忧，企业不得不防。

（3）在制度上——形同虚设。

尽管很多企业对于员工离职都制定了一套比较完善的制度，规定了员工离职的程序及离职员工的后续管理等。但在实际执行中，更多的是为了程序而走程序，片面追求效率，简化程序，甚至离职员工对制度一无所知。相应的制度在执行中也成为机械作业，没有得到切实的落实。

（4）在实践中——软硬兼施。

为了留住员工，许多企业在处理离职员工的过程中往往会“软硬兼施”。

首先，“口气软”——空头许诺。有些企业可能会暂时给离职员工许下“空头支票”（如加薪、晋升等），以便完成眼前的业务或拖延时间找到合适的替代人选，一旦达到目的，就会遗忘或者否认当初的承诺，结果导致这些员工再次气愤地离去。他们会因此记着企业的不好，其带来的结果则是连环的负面效应。

其次，“执行硬”——克扣工资。一些企业不愿意放弃手中的人才，或是出于对员工离职的不满采取经济手段强留或制裁员工。很多员工都曾有过被原企业克扣工资的经历。可能企业认为这是一种最为直接有效的留住人才的措施，也是离职员工对自己的行为做出补偿的一种方式。殊不知，这样做恰恰适得其反，不仅会因为金钱而伤害了员工感情，企业形象也会受到损害，最终断送企业的未来。

7.3.3 开明的离职程序——彼此尊重，好聚好散

为了防止员工离职，许多企业使出了浑身解数，封堵日益剧烈的人才外流，如设置违约金等，这些做法的直接后果就是使离职员工和企业的关系势如水火。相反，惠普公司有一家子公司对待跳槽的员工是不指责、不强留，利索地放人，握手话别。国内某商业银行的员工

向该行行长提出想到北京某银行发展时，行长不仅爽快应允，而且让人力资源部经理协助他到相关部门办好全部手续。临行前，该行长一句“有空常回家看看”更让其感动不已。因此，员工在办理离职时，企业应及时结算工资，积极配合办理相关手续，并及时给付相应补偿，不要与员工太过于计较，这也是能真正体现企业人性化管理的做法。

人力资源部在办理员工离职手续时，可以按照图 7-2 所示的程序进行。

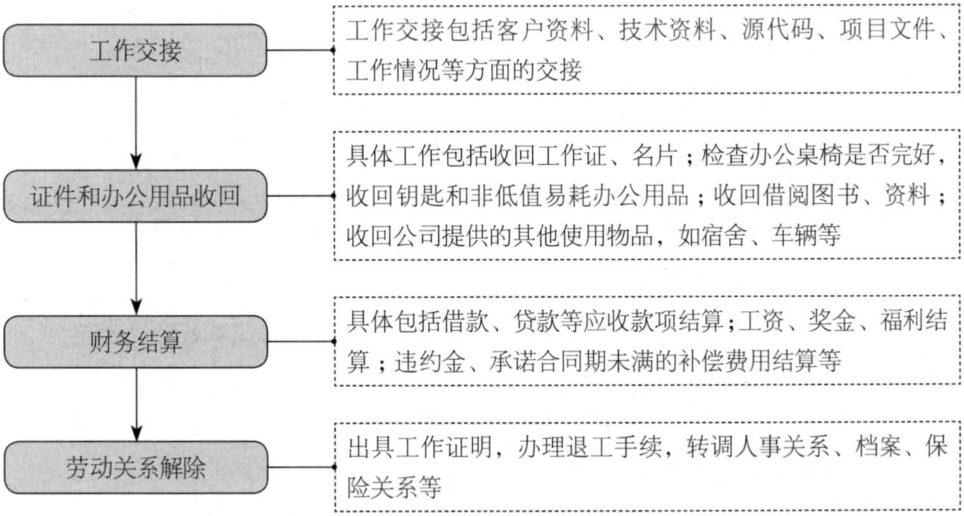

图 7-2　办理员工离职手续的程序

企业办理离职手续首要的问题是不要遗漏上述事项，因为离职手续办理完毕，离职员工与企业的工作关系就正式解除了。如果出现问题，企业势必要花大量的时间和精力来弥补。

7.3.4　员工主动辞职的离职面谈

离职面谈是企业与员工最后一次面对面的、正式的交流和沟通。通过离职面谈，了解员工离职的真实原因，不仅是对离职员工的恳切挽留，也体现了企业的人性化管理，使在职员工感受到企业对他们的重视和关怀，从而意识到自身价值的重要性，同时也可以预防可能出现的攻击企业的行为发生，树立良好的企业形象。

（1）离职面谈原则。

本着善待离职员工的原则，对于主动离职的员工，通过离职面谈了解员工离职的真实原因以便企业改进管理；对于被动离职的员工，通过离职面谈为其提供职业发展建议，不让其带着怨恨走，诚恳地希望离职员工留下联系方式以便进行跟踪管理。

（2）离职面谈的问题。

人力资源专员在开展离职面谈时可以充分地运用以下问题清单进行沟通。

离职面谈问题

（1）你是如何做出离职决定的？

（2）你决定离职的主要原因是什么？

（3）你决定离职的其他原因是什么？

（4）在你决定离职的原因中，你最在意的是什么？

（5）公司本可以采取什么措施让你打消离职的念头？

（6）你本希望问题如何得到解决？

（7）你觉得有哪些机会本可以预防出现现在的情况或解决好现在的问题？

（8）你对导致这些问题或导致你决定离职的流程或系统有何看法？

（9）你对公司将来如何处理好这种情形或解决好这些问题有什么具体的建议？

（10）你对公司有何感想？

（11）你在公司有什么开心的或满意的经历吗？

（12）你在公司有什么沮丧的或困难的经历吗？

（13）如果公司提供机会，你本可以在哪些方面做得更好或更多？

（14）你自己本想承担哪些额外的职责？

（15）公司本可以怎样使你更好地发挥才能和潜力？

（16）你觉得自己还缺少哪些方面的培训？这造成了什么样的影响？

（17）你觉得公司对你的培训和发展需求的评估妥当吗？你的培训需求得到了满足吗？

（18）你觉得什么样的培训和发展计划对你最有帮助，而且你最感兴趣？

（19）你觉得公司或部门内的沟通如何？

（20）你觉得应如何改进公司的客户服务？

（21）你对公司的企业文化有何感想？

（22）你觉得公司各部门之间的沟通和关系如何？应该如何改进？

（23）你觉得自己的角色发展或定位适当吗？

（24）你觉得公司应如何更好地引导你进入自己的角色？

（25）针对在公司工作一年左右的离职人员，你觉得公司招聘你的方式如何？与你进公司时对它的期望相比，现实是如何改变的？公司应如何改进对你的招聘，应如何改进对你的入职培训？

（26）你觉得公司应该如何帮助你更好地了解其他部门或更好地与之合作，以提高公司的运作效率？

（27）你对公司对你展开的绩效评估和给出的绩效反馈有何看法？

（28）你对公司的绩效考核系统有何看法？

（29）你对公司的激励机制有何看法？你认为应如何进行改进？

（30）你觉得公司应如何改进工作条件、工时、换班制度、便利设施等？

（31）你觉得公司的哪些设备或机器要更换、升级，或没有得到充分及合理的使用？

（32）你觉得公司对你的管理方式如何？

（33）你本来想如何改变公司对你设定的期望、目标？为什么？

（34）你觉得公司存在哪些特别荒谬的政策、制度或指令？

（35）你觉得公司存在哪些荒谬的资源浪费、毫无意义的报告或会议、官僚作风等？能具体谈谈吗？

（36）你觉得公司应如何缓解员工的压力？

（37）你觉得公司应该如何让你更好地利用自己的时间？

（38）公司或管理层有没有在什么方面给你的工作造成麻烦，或使你沮丧，或降低了你的效率？

（39）你觉得公司如何才能更好地利用员工的见解和经验？

（40）撇开导致你决定离职的原因，是什么使你起初决定与公司长期共同发展事业？

（41）公司怎样才能留住好的员工（不再失去像你一样优秀的员工）？

（42）当情况好转，你会考虑重新回公司吗？

（43）你是否愿意谈谈你的去向（如果你已经决定了）？

（44）是什么吸引你想加入他们？

（45）他们提供了什么重要的条件正是我们这所缺少的？

（46）如果合适，是否可以谈谈或重新考虑你留在公司的可能性？

（47）你需要我们为你提供一些帮助，以更好地决定下一步应该怎么做吗？（很显然，我们不能给予任何承诺。）

（48）你离职后是否愿意继续和公司保持联系？

（49）你是否介意公司经常告知你公司的发展状况，打听你的发展情况，邀请你回来参加公司活动？

（50）当你在其他公司见识到更好的管理办法或经过对照想到对公司更好的建议时，是否愿意主动与公司分享？

（51）如果有机会，你是否还愿意重新加入公司？

此外，当公司知道员工将要离职时，在他离开公司前或进行离职面谈前，可以考虑使用下面的问题创造知识转移的机会，不要等到离职面谈时才问这些问题。

（1）在你离开公司前，公司可以如何受益于你的知识、经验、客户名单等？

（2）你是否愿意在离开公司前与经理、继任者或同事举行简短的会议，以便我们可以从你的知识和经验中受益？

（3）我们怎样才能让你在离开公司前尽量将知识和经验转移给继任者？

（4）你将在什么时候，以何种方式将你的知识转移给继任者？

（5）你即将离开公司，心中不免百感交集，但我们仍真诚希望你可以帮助我们理清你手上的一些重要事情。在让你转移知识方面，我们怎样才能达成一致意见呢？

（6）如果你愿意在离职前将×××（接任者姓名）介绍给你的关键客户，我们将不胜感激，你愿意帮助我们吗？

（3）离职面谈的沟通时机。

离职面谈的沟通时机为：

第一次为得到员工离职信息时或做出辞退员工决定时；

第二次为员工离职手续办理完毕准备离开公司的最后一个工作日。

（4）离职面谈责任人。

①第一次离职面谈的责任人。对于主动提出辞职的员工，员工直接上级或其他人得到信息后应立即向其部门负责人和人力资源部员工关系专员反映，拟辞职员工部门负责人应立即与其进行离职面谈，了解其离职原因，对于欲挽留员工要进行挽留面谈，对于把握不准是否挽留的应先及时反馈人力资源部以便共同研究或汇报，再采取相应措施。

②第二次离职面谈的责任人。对于最终决定离职的员工，由人力资源部进行第二次离职面谈。

一般员工由员工关系管理专员进行离职面谈，二级部门负责人以上员工（含二级部门负责人）由人力资源部负责人进行离职面谈。

在第二次面谈过程中，员工关系管理专员或人力资源部负责人填写“离职员工面谈表”的相关内容，离职员工签字认可后存档。

7.3.5 与拟辞退员工进行离职面谈时要谨慎

对于企业辞退的员工，在辞退决定批准后，由员工所在部门负责人进行第一次离职面谈，并以书面形式说明辞退原因和经过。

（1）离职面谈的准备阶段。

①了解员工的个人信息和工作档案，包括被辞退员工所在部门的经理的态度和要求、工作进展情况、业绩考核情况、劳动合同状况，以及有无附属协议，如培训协议、保密协议、竞业限制协议等，还有财务借款情况、办公用品及设备、车辆使用情况、业务往来中的财物情况等。

②明确解除劳动合同的事实依据、规章制度以及法律适用条款。

③制定可能出现意外情况的处理方案。

④列明离职面谈提纲。

⑤选择合适的离职面谈时间和空间。例如，可以选择在能够让人精神放松的伴有舒缓音乐的空间明亮的咖啡厅，而不是每天都令人紧张压抑的办公室。这样不仅可以预防冲击行为的产生，也不会对其他在职员工造成影响。时间以 20 分钟至 40 分钟为宜。

（2）进行阶段。

①每个被辞退的员工个体不同、工作时间不同、岗位不同、解聘原因不同、解聘条件不同、心理承受能力不同……这诸多不同决定了离职面谈不能一同进行，而是要分别开展。

②技巧问题。在离职面谈中，企业在信息掌握方面占有主动地位，员工处于相对被动的地位，但想要就离职方案达成一致意见，还需要掌握更强的面谈技巧。

员工关注的内容主要有两个：辞退的理由和辞退的补偿。因此，在离职面谈中要让员工清楚明白地了解企业对这两点的解释，不能含糊、闪烁其词。如果员工心生怨情，也应让员工有辩解和倾诉的机会，引导员工化解心中的不悦。当然，为了缓和气氛，人力资源管理人员也可以在离职面谈前先行营造轻松的气氛，如给员工倒水、询问家庭状况等，以善意的动作卸去员工的防备，设法将自己的立场与员工处在同一阵线，多听少说，适时地提供分析建议和意见。但也应注意不要把个人感情带入离职面谈中，更不要轻易做承诺。根据需要，可以结合员工的看法进行适当的分析。

③离职面谈结束后，管理者应对面谈结果进行经验总结，提出改善计划。

（3）面谈的重点。

在辞退员工时，管理人员通常对拟辞退员工有了比较客观的分析及评价。此时，离职面谈的重点在于如何保证该员工以健康的心态接受企业的决定及做好工作交接，要在面谈中平衡员工的心理耐受性，尽可能地减少离职后的风险。

因此，在对拟辞退员工进行离职面谈时，管理者有以下五个方面的话绝对不能说。

①有法律风险的企业制度。在进行离职面谈时，管理者一定不要提有法律风险的企业制度，如末位淘汰制度。从法律的角度讲，企业和员工共同签订劳动合同是双方的法律行为，在合同期限未满前，任何一方单方解除合同，都必须有法定的理由，否则就视为违法。而在末位淘汰制度中，企业与员工解除合同的理由仅仅是员工的工作表现，其法律依据是不足的，因此企业应该承担相应的法律责任。另一方面，末位淘汰制度也有损人格尊严，过于残酷。

②有损人格的词汇。有损人格的词汇包括“无能”“混蛋”“傻帽”等，在《中华人民共和国刑法》中有关于侮辱罪的定义，这里不再赘述。即便被辞退员工不进行法律诉讼，这类话语对于拟辞退员工的身心必然产生严重伤害，使企业与员工关系对立，由此也可能引发其他方面的法律或经营风险。

③没有足够证据支撑的说辞。没有足够证据支撑的说辞包括能力不足、不符合企业任职条件等。《劳动合同法》等在这方面有着严格的规定，如果要说明员工能力不足或不符合任职条件，需由企业提交相关的证据。而能力不足、不符合任职条件等事项，是在员工入职时就进行过评价的。只有在员工入职后发现学历造假、履历造假等情况下，才可以用不符合企业任职条件为理由辞退员工。

④员工的隐私问题。员工的隐私问题包括个人作风问题等。个人作风问题是私人生活方式，只要不触犯企业的各项制度，不触犯法律，从《劳动合同法》的角度都看，都不涉及企业与员工劳动合同义务与责任的履行，不能作为辞退员工的理由。

⑤个人矛盾。个人矛盾的用语包括“我觉得”“我认为”等。这类用语过于主观，缺乏客观依据，容易使拟辞退员工认为是因为企业政治问题、个人恩怨问题导致自己被辞退，而不能正视自己在工作中存在的问题，由此产生激烈的对立情绪。在很多情况下，劳动诉讼都是由于个人关系对立引发的。

在与拟辞退的员工进行离职面谈时，管理人员需要以拟辞退员工的实际绩效表现、工作状态作为依据，证明员工的实际情况是不符合企业岗位要求的。而在面谈过程中，务必避免简单、粗暴的态度。

7.3.6 经济性裁员的离职面谈要充分重视

在企业的经济性裁员中，离职面谈是直接面对被裁员工的最重要一环，员工的很多情绪与不满都有可能在这一过程中得到宣泄或者被化解。因此，企业需要对这一环节给予充分的重视。

企业组织规模不同，对于面谈人员的安排也有所不同。一种方式是由人力资源部负责人进行直接的面谈，好处是容易统一标准、控制过程；坏处是时间可能过长，而且人力资源部负责人可能无法一一了解被裁人员的具体情况，从而无法在沟通过程中进行正确的回应。另一种方式是由被裁人员的部门负责人进行直接的面谈，好处是这个人是最了解被裁人员的，容易找到正确的沟通方式，并且能详细地说明情况；问题是有可能不同的部门负责人在面谈过程中标准不统一，影响效果。在实施具体面谈时，企业应注意以下三点。

（1）安排好谈话时间，最好安排在休息日前，以便通过后面的休息日给对方一个心理缓冲的时间。

（2）直接切入主题，说明情况。细致地说明相应的补偿与帮助计划，说明员工获得补偿与帮助的具体方式，注意不要做任何其他承诺。

（3）倾听员工的应答并给予清晰的回应。不要与被解雇人员陷入争执，而是要用比较积极的方式来疏导员工的情绪。

7.3.7 员工离职统计与分析

离职面谈是针对离职员工个体进行的调查工作，得到的信息不免有偏颇之处。要了解员工的整体情况，对企业员工管理工作做出比较客观的评价，还要依靠员工离职统计和分析工作。这项工作主要分为以下四个方面。

（1）收集离职员工资料。

收集方式：可以通过员工离职访谈、问卷调查等方式进行资料收集。

收集内容：收集的内容主要包括离职员工的类别、离职的原因、企业与员工去留相关的政策、业界员工的平均离职情况。

（2）分析资料，确定问题。

有了足够且真实的资料后，企业需要整理并分析这些资料，界定企业目前面临的问题。例如，企业发现某个部门的员工离职率特别高，通过分析资料发现，可能是该部门的主管给予员工的自主性及弹性不足，造成员工对工作不满；或者是招聘程序不当，无法有效筛除不适合企业或喜欢更换工作的求职者，以致员工在企业工作的时间无法长久等。

（3）针对问题找出办法。

找出问题后，就要针对各个问题找出解决的方法。例如，男性员工及女性员工的离职率相差不多，但离职的原因却大不相同。女性员工比男性员工更常因家庭因素、升迁机会不佳、办公室性骚扰等因素离职。因此，要减少女性员工的离职，就应从提供家庭帮助、晋升机会或制定性骚扰惩戒措施等方面入手。

（4）制定企业离职管理策略。

在制定企业离职管理策略时，首先要确定离职管理目标，该目标可以是针对整个企业的，也可以是针对某个部门的。例如，5年内，公司的整体离职率减少4%。其次要决定采取的措施，这就需要企业根据离职原因分析所得出的结论制定相应的办法。

7.4 离职期纠纷预防

7.4.1 解雇纠纷预防细节

解雇即解除雇用，是指用人单位解除与员工的劳动关系，不再雇用该员工。这在企业用工中是一种十分常见的企业行为，也是企业更换员工、寻求合适员工的手段之一，由此引起的争议在劳资纠纷中比较普遍和突出。

按照《劳动法》及相关规定，企业无理解雇员工的，应当支付相当于其平均工资的经济补偿金，以其在企业工作时间而定，每年补一个月。如果企业解雇员工没有充足的理由，势必要支付这一笔费用。

企业要想防范解雇纠纷，就应当做好以下工作：

（1）签订劳动合同时，规定员工的工作岗位及职责；

（2）在劳动合同中约定解雇条款，即规定企业在哪种情况下可以解除劳动合同而不承担支付经济补偿金的义务；

（3）在管理上，严格执行各种管理制度，对每个员工都应建立档案并进行跟踪管理，凡员工违反企业规章制度或者工作不认真负责、完不成工作任务的，均应记录在案；

（4）当员工存在劳动合同约定的解雇事项时予以解雇，而如果属于大规模的裁员，则应另当别论；

（5）在解雇员工时，企业应当按照规定提前一个月通知其本人。

只要做好了以上工作，相信解雇纠纷会减少，即使个别员工申诉，也会因其无理而得不到有关部门的支持。

7.4.2 开除争议的预防细节

（1）开除的情形。

开除是指企业按照《劳动法》第二十五条的规定解除劳动合同的行为。按照该条款的规定，劳动者有下列情形之一的，用人单位可以解除劳动合同：

①在试用期间被证明不符合录用条件的；

②严重违反劳动纪律或者用人单位规章制度的；

③严重失职，营私舞弊，对用人单位利益造成重大损害的；

④被依法追究刑事责任的。

（2）容易引发争议的开除。

通常容易发生争议的开除有两种：①严重违反劳动纪律或者规章制度的开除；②严重失职、营私舞弊造成重大损害的开除。其原因是企业不按规定开除员工或者开除员工时没有掌握足够的证据材料，从而引发争议。

（3）《劳动法》对开除不当的规定。

根据《劳动法》的相关规定，企业开除员工不当的，或者收回开除决定让员工继续工作，或者支付其经济补偿金，支付标准为员工本人的月平均工资。

（4）企业开除争议的防范。

对于开除争议，企业应当从以下五个方面来进行防范。

①企业制定的劳动纪律和规章制度应明确具体，同时要将其提交给劳动管理部门备案确认。只有经劳动管理部门备案确认的劳动纪律和规章制度，才能作为企业开除违纪员工时的执行依据。

②凡员工违反劳动纪律和规章制度的行为均应有相关纪录、证明材料，若能取得员工本人对违纪行为事实确认的书面材料则最佳。

③员工因严重失职、营私舞弊给企业造成重大损害的，企业应收集相关证据，计算损失数额，并确认损失是因为该员工的失职或者营私舞弊行为而造成的。

④决定开除员工时，开除决定书或者公告必须明确列举员工所犯的错误。

⑤如果员工所犯错误不严重或者虽然属于严重错误但缺乏足够的证据证明时，企业可先对该员工进行降职、降级、降薪处理。通常员工被进行降职处理后会觉得没有面子再在企业待下去，从而自行辞职，这样企业就省去了开除所带来的麻烦。

7.4.3 辞工和自动离职争议的预防

（1）辞工和自动离职争议的主要表现。

辞工和自动离职都属于员工单方面解除劳动合同，按照相关规定，企业不用承担相关经济补偿等方面的义务。但是，如果企业在员工辞工或者自动离职时没有处理好相关手续方面的问题，也很可能陷于被动。这些主要表现在图 7-3 所示的三个方面。

表现一：员工辞工时，企业没有让员工填写辞工申请书（辞工单），或者将辞工单交给其本人拿去办理离职手续而没有追回

表现二：辞工时没有将其工资结清

表现三：自动离职的员工自行离职时未到规定的自动离职处理时间就做自动离职处理

图 7-3　辞工和自动离职争议的主要表现

（2）怎样预防辞工和自动离职争议。

企业预防辞工和自动离职争议的措施有图 7-4 所示的三种。

措施一：提供员工辞工单（申请书）及企业的批示，一式二份，企业保留一份，交员工一份

措施二：员工辞工离开时，企业支付其应得的工资报酬

措施三：员工旷工或者不请假外出且达到企业规章制度规定的天数，才能对其做自动离职处理

图 7-4　预防辞工和自动离职争议的措施

管理工具

【工具 7-01】

员工离职管理制度

1. 目的

为了规范公司员工的离职管理工作，确保公司和离职员工的正当权益，特制定本制度。

2. 范围

公司所有员工，不论何种原因离职，均依照本制度办理。若有特例，须由总经理签字认可。

3. 内容

3.1 离职的类别与定义

3.1.1 解除劳动合同关系

（1）辞职：是指在任职期间，由员工提出提前终止劳动雇佣关系的行为。

（2）辞退：是指在任职期间，员工的工作表现、学识、技能等不符合公司要求，或因劳动合同无法继续履行等，公司决定提前终止与员工劳动雇佣关系的行为。符合下列情况之一的，公司可以辞退员工。

①在试用期，被证明不符合录用条件或能力较差、表现不佳的。

②患有非本职工作引起的疾病或非因公负伤，医疗期满后，经医疗部门证实身体不适，不能胜任本职工作的。

③工作能力明显不适应本职工作要求，又无法转任其他岗位的。

④参加岗位适应性培训后考核仍不合格且无法转任其他岗位的。

⑤劳动合同订立时所依据的客观情况发生重大变化，致使原劳动合同无法履行，经当事人协商不能达成变更劳动合同协议的。

⑥公司因生产经营状况确需裁减人员的。

⑦试用期满后工作态度差，工作缺乏责任心和主动性的，无法满足工作要求的。

⑧法律法规或公司制度规定的其他情形。

（3）开除：是指在任职期间，员工违反公司有关规定或做出有损于公司利益的行为，给公司造成较大损失，公司根据有关规定随时与其解除劳动合同，予以开除。有下列情况之一的，公司有权开除员工。

① 严重违反劳动纪律或公司规章制度的。

②严重失职、营私舞弊、贪污腐化或有其他严重不良行为，对公司利益或声誉造成损害的。

③对公司有严重欺骗行为的。

④因触犯法律而被羁押拘留、劳教、逮捕、判刑或被追究刑事责任的。

⑤泄漏公司商业秘密，使公司蒙受损失的，以及年度内被处以大过处罚达到三次的。

⑥其他违反公司制度中有关开除类规定的。

⑦国家或地方政府法律法规规定的其他情形。

（4）自动离职（自离）：是指在合同期内，员工未经公司批准而擅自离开工作岗位的行为。有下列情况之一的，公司将按员工自动离职处理，并暂时冻结其工资。

①连续旷工 3 个工作日或在 1 个月内累计旷工达 5 个工作日，经劝诫无效的。

②未按正规手续申请离职而自行离开工作岗位的。

③已申请离职但在15个工作日内未办妥离职交接手续而自行离开公司的。

3.1.2 合同期满（不再续签劳动合同）

（1）公司提出不再续签劳动合同是指合同期满，公司根据情况不再与员工续签劳动合同，并提前30天通知员工的行为。

（2）员工提出不再续签劳动合同是指合同期满，员工不愿与公司续签劳动合同，并提前30天通知公司的行为。

3.2 辞职程序

3.2.1 辞职申请的提出及辞职手续办理时间。员工申请辞职时，首先须填写“员工辞职/辞退联系表”，经各级单位负责人签字审批后，然后再填写“工作移交单”，并经各级单位负责人审批。在每月25日方可办理辞职手续。如遇特殊情况需提前离职，应出示相关有效证据。否则，每提前1天离职，均需在工资中扣除相应天数的基本工资作为代通知金。具体所需提前提出时间详见“员工离职类别与要求说明表”。

3.2.2 辞职申请的撤销及其办理时间。拟辞职员工若需撤销辞职申请，拟辞职员工需填写“工作联络单”，经单位直属主管和部门负责人批准后，报人力资源部审核和存档，在每月15日和30日办理方可有效，否则按正常辞职程序办理。

3.2.3 辞职申请的审批。

（1）对于员工提出的辞职申请，员工所在部门负责人或直接上级需与员工进行积极的沟通，对绩效良好的员工努力挽留，并探讨改善其工作环境、条件和待遇的可能性。

（2）经沟通无效，由部门负责人或直接上级对员工的辞职申请进行初步审批，随后报人力资源部审核。

（3）综合管理部有责任与辞职员工进行沟通，沟通无效后，由人力资源部人事文员依据“离职审批权限表”报批。

（4）“员工辞职/辞退联系表”经最终批准后，由人力资源部保存，并告知该辞职员工的直属主管批准结果。由其直属主管根据批准结果安排工作交接事项，并安排该员工于离职日到车间统计员处领取“员工辞职/辞退联系表”并到人力资源部办理相关离职手续。

3.3 辞退程序

3.3.1 辞退申请的提出

（1）公司辞退员工，原则上由其直属单位主管填写“员工辞职/辞退联系表”，若是非员工过失性辞退，应提前一个月通知被辞退员工，必要时须协商解除劳动关系。

（2）在辞退员工时，其直属部门（单位）主管须与被辞退员工面谈，清晰明确地告知其被辞退的原因，并负责解答其与被辞退有关的问题，人力资源部人员可陪同以提供必要的支持。

3.3.2 辞退申请的审批依照“离职审批权限表”执行。

3.4 开除程序

3.4.1 公司开除员工时,由其直属单位主管填写“员工辞职 / 辞退联系表”,通知被开除员工。

3.4.2 开除申请的审批依照“离职审批权限表”执行。

3.5 自动离职程序

3.5.1 对于未经预告而自动离职的员工,所属单位须于当天(原则上是三天)及时填写“工作联络单”并将其报人力资源部。

3.5.2 属于员工主动提出自动离职的,须由员工本人填写“员工辞职 / 辞退联系表”,经直属单位主管和部门负责人签署后,到人力资源部办妥离职手续后方可离职。

3.6 合同期满(不再续签劳动合同)

3.6.1 属于公司提出不再续签劳动合同的,人力资源部应在合同到期 2 个月前将合同到期需续签合同人员名单提交各部门负责人,各部门根据员工的工作表现及公司发展需要,决定是否与名单上的员工续签劳动合同,并在 15 天内反馈给人力资源部,由人力资源部安排合同续签事宜,或提前一个月填写“员工辞职 / 辞退联系表”,通知员工不再续签劳动合同。相关离职手续按辞退程序办理。

3.6.2 属于员工提出不再续签劳动合同的,员工应在合同期满前一个月填写“员工辞职 / 辞退联系表”,通知公司不再续签劳动合同。否则,每提前 1 天离职,均需在工资中扣除相应天数的基本工资作为代通知金。相关离职手续按辞职程序办理。

3.7 离职谈话

3.7.1 员工离职时,其部门负责人或直接上级需与离职人进行谈话。如有必要,可请其他人员协助。谈话时应完成下列内容。

(1)审查文件、资料的所有权,核实管控情形。

(2)审查其了解公司商业秘密的程度。

(3)审查其负责的工作和工作进度,以及在工作中的角色。

(4)阐明公司和员工的权利和义务。

(5)有权代表公司根据其工作进展情况确定离开公司的具体日期。

记录离职谈话清单,经员工和谈话负责人共同签字后归档。

3.7.2 员工离职时,人力资源部应与离职员工进行谈话。谈话时应完成下列内容。

(1)了解员工入职以来的工作业绩。

(2)解答员工可能有的问题。

(3)征求员工对公司的评价及建议。

3.7.3 在工作期间，离职员工不得拒绝接受公司所要求的会谈，否则将予以处分。

3.8 离职移交

3.8.1 工作交接：指将本人经办的各项工作、保管的各类工作性资料等移交至直接上级所指定的人员，并要求接交人在“工作交接单”上签字确认，具体内容如下。

（1）公司的各项内部文件。

（2）经管工作的详细说明。

（3）“客户信息表”“供销关系信息表”（含姓名、单位、联系方式及其他相关信息）。

（4）培训资料原件。

（5）公司的技术资料或职位所涉及的文件性资料（包括书面文档和电子文档两类）。

（6）项目工作情况说明，包括项目计划书、项目实施进度说明、项目相关技术资料和其他项目相关情况详细说明。

（7）目前工作的进展情况。

（8）任职期间的工作记录资料。

3.8.2 物品移交：员工在公司就职期间所有领用物品的移交，并应由交接双方签字确认。

（1）所领用的办公用品交还行政部。

（2）公司配置的通信工具。

（3）各类钥匙。

（4）借阅的图书资料。

（5）各类工具（如维修用品、移动存储工具、保管工具等）。

3.8.3 款项移交内容如下。

（1）将经手的各类项目、业务、个人借款等款项移交至财务部。

（2）经手办理的业务合同（协议）移交至该部门或综合管理部。

3.8.4 以上各项交接工作均应由交接人、接交人签字确认，经人力资源部审核备案后方可认定为交接完成。

3.8.5 在离职手续的办理中，出现部分文件或资料遗失时，应采取以下措施。

（1）出现文件遗失，相关部门有备案的，可以拷贝一份。

（2）出现文件遗失，其他部门没有备案的，由移交人回忆文件内容，并将回忆的内容报部门负责人审核，经审核通过后方可将遗失的文件交接。因个人原因造成文件遗失无法追回的，后果由个人承担，视文件的重要性由部门负责人联合公司高层确定应由移交人承担的经济补偿额度。

（3）出现物品、图书遗失的，依据物品、图书的记录价格，按本制度规定的赔偿标准赔偿。

无记录价格的物品和图书，按市场现行价格的最高价赔偿。

3.8.6 相关部门负责人签字。

（1）相关部门负责人需要做好本部门与离职员工涉及的工作、物品、文件的审核工作。

（2）办理交接手续时，如遇相关部门负责人不在岗，可由相关部门人员打电话通知相关部门负责人，获得批准后，方可由相关部门负责人指定代理人代签。

（3）员工离职交接涉及各部门相关交接手续，各部门负责人需本着对公司负责、对个人负责的原则，认真检查与审查离职员工与本部门涉及的工作事宜；如发现相关部门不负责任，敷衍了事，出现问题，公司将根据给公司造成的损失，要求相关部门负责人加倍赔偿。

3.8.7 离职人员原则上须亲自办理离职手续，并在双方确定的离职日期办理完交接手续；如离职人员指定代理人代办离职手续，须由离职人员出具代办委托书，在“员工辞职／辞退联系表”和“工作移交单”中写明指定代理人的姓名、工号，一并交至人力资源部，并在确定的离职日期办理完交接手续。

3.8.8 离职员工若未办理或未办完移交手续就擅自离开公司，公司有权通过法律手段追究其法律责任。

4. 离职结算

4.1 结算条件：当交接事项全部完成，并经相关人员签字确认后，方可对离职人员进行相关结算。

4.2 结算部门：离职人员的工资、违约金等款项的结算由财务部和人力资源部共同负责。

4.3 结算项目

4.3.1 违约金：因开除、辞退、自动离职和违约性辞职产生的违约金，由人力资源部按照合同违约条款进行核算。违约金主要分为：

（1）《劳动合同》规定的合同期未满违约金；

（2）其他违约金。

4.3.2 赔偿金结算。

（1）物品损失赔偿金：1000 元以下按物品购入原价赔偿；1000 元以上按物品使用年限折旧后的余额赔偿。

（2）培训损失赔偿金：培训费 × 合同未满月数／合同期限月数，或依相关规定办理。

4.3.3 工资结算。

（1）对于辞退和开除类别的离职员工，在其办妥离职手续和完成工作交接后，即可结算支付其全部应得薪资。

（2）对于辞职类别的离职员工，在其办妥离职手续和完成工作交接后，可结算支付其离职当月上月尚未结算的薪资，而离职当月薪资及其他项目金额，统一于离职后的第一个工资结算日结算支付。若不能亲自结算，可在办理离职手续时填写“工资结算委托书”，委托公司在职员工代理结算。

（3）对于未办妥离职手续和完成工作交接者，公司有权冻结其工资，直到办妥各项手续为止。

（4）代通知金：员工若未按要求提前提出辞职申请，则扣以相应应出勤工作日的基本工资作为代通知金，其计算公式如下。

应扣代通知金＝应提前提出辞职申请日历天数内的工作日数 × 基本工资

（5）若员工提前提出辞职申请，继而要求提前办理离职手续，经部门（单位）主管与人力资源部审核、综合管理部负责人批准后，对于提前日期内所包含的工作日可不扣相应的代通知金，其应扣代通知金计算公式如下。

应扣代通知金＝（应提前提出辞职申请日历天数内的工作日数－允许提前离职天数内的工作日数）× 基本工资

（6）若员工提前提出辞职申请，部门主管应根据客观情况决定是否同意让该员工提前办理离职手续，报人力资源部审核、综合管理部负责人批准后，即可不扣代通知金。

（7）离职员工所应扣作代通知金的基本工资天数，由人力资源部在“工作移交单”相应栏位内明确标注，薪酬专员据此天数在结算时扣除相应的基本工资。

4.3.4 项目损失补偿金：项目开发人员违约性离职，其负责的开发任务未能完成和移交，应付公司项目损失补偿金。

4.3.5 公司应付给员工的其他款项。

4.3.6 员工应付的公司借款、扣款。

4.4 若员工应付、扣费用大于支付给员工的费用，则应在收回全部费用后才给予办理相关手续。

4.5 由人力资源部在离职员工办妥上述相关手续后，开具“员工离职出厂通知单”交行政总务部办理用餐与住宿清退手续。

5. 其他事项

5.1 在为被辞退与开除员工办理离职手续时，行政总务部需根据实际需要派专人全程监督办理事宜。四等以下职位人员由保安人员监督办理，四等及以上职位人员由人力资源部或行政总务部监督办理。

5.2 行政总务部在员工办妥用餐与住宿清退手续后，填写“员工离职出厂通知单”并通知大门值班保安进行相关检查后放行。

5.3 离职人员离厂时间：原则上所有离职员工必须在一个工作日内办妥全部离厂手续，并于当天离厂。因特殊情况需继续在公司食宿的，须在办理手续时向行政总务部提出，由行政总务部主管根据实际情况批准，但以一个晚上为限，且必须于次日 14：00 前离厂。因特殊情况需延长食宿时间的，需报综合管理部负责人批准。

员工离职类别与要求说明表

<table>
<tr><th colspan="2">离职类型</th><th>提出方</th><th colspan="2">离职原因</th><th>应提前通知时间（日历天数）</th><th>通知形式</th><th>办理离职手续时间</th></tr>
<tr><td rowspan="12">解除劳动关系</td><td rowspan="3">辞职</td><td rowspan="3">员工单方面提出解除</td><td>非因公司原因解除</td><td>员工因个人原因辞职</td><td>30 天</td><td rowspan="3">填写《员工离职通知书》</td><td rowspan="3">经批准的办理日期</td></tr>
<tr><td rowspan="2">因公司原因解除</td><td>在试用期内</td><td>30 天</td></tr>
<tr><td>劳动法规规定的其他情形</td><td>30 天</td></tr>
<tr><td rowspan="2">辞退</td><td rowspan="2">公司单方面提出解除</td><td>非因员工原因解除</td><td>劳动法规规定的相关情形</td><td>30 天</td><td rowspan="10">填写《员工离职通知书》</td><td></td></tr>
<tr><td>因员工原因解除</td><td>试用期间不符合要求或法规规定的相关情形</td><td>随时</td><td>随时</td></tr>
<tr><td rowspan="5">开除</td><td rowspan="5">公司单方面提出解除</td><td rowspan="5">因员工过失解除</td><td>违反劳动纪律或规章制度且情节严重</td><td rowspan="5">随时</td><td rowspan="5">随时</td></tr>
<tr><td>营私舞弊、失职给公司利益造成重大损害的</td></tr>
<tr><td>被追究刑事责任的</td></tr>
<tr><td>弄虚作假、欺瞒公司的</td></tr>
<tr><td>公司制度或相关法规规定的情形</td></tr>
<tr><td>协议离职</td><td>双方协商一致解除</td><td colspan="2">双方均可提出，经协商一致提前解除劳动关系，并签署解除协议</td><td>随时</td><td>协定日期</td></tr>
<tr><td>自动离职</td><td>员工单方面提出解除</td><td colspan="2">员工单方面终止劳动关系</td><td>随时</td><td>随时</td></tr>
<tr><td colspan="2">终止劳动合同</td><td>合同到期前，任何一方提出</td><td colspan="2">劳动合同到期前，任一方提出不再续签劳动合同</td><td>合同到期日前 30 天以上</td><td>合同到期日次日</td></tr>
</table>

员工离职审批权限表

离职类别	职位等级	单位主管	部门主管	人力资源部主管	管理部经理	总经理
辞职	1等	初审	复审	复审	终审	
	2～3等	初审	复审	复审	终审	
	4等及以上	初审	复审	复审	复审	终审
辞退	1～3等	初审	复审	复审	终审	
	4等及以上	初审	复审	复审	复审	终审
开除	1～3等	初审	复审	复审	终审	
	4等及以上	初审	复审	复审	复审	终审
自动离职	1～3等	初审	复审	复审	终审	
	4等及以上	初审	复审	复审	终审	
合同期满不再续签	1～3等	初审	复审	复审	终审	
	4等及以上	初审	复审	复审	终审	

【工具7-02】

员工辞退通知书（Ⅰ）

________先生/女士：

因本公司的经营方针和业务发生重大的调整和变化，您所学的专业和您的经历、能力均不符合公司的要求，故请您于____年__月__日离开本公司。

谢谢您多年来对本公司的支持和帮助。

您的一切待遇均按照国家法律法规、我公司的________规定和劳动合同的约定处理。

××有限公司

年　月　日

【工具7-03】

员工辞退通知书（Ⅱ）

姓名		部门		职务	
到职日期	年　月　日	离职日期	年　月　日	工资	
辞退（辞职）原因					
上级主管意见	签字：				
人力资源部主管意见	签字：				
总经理意见	签字：				

注：此通知书一式三份，个人、上级主管、人事部门各执一份。

【工具7-04】

离职申请表

职员编号：　　　　　　　　　　　　　　　　　　填表日期：

姓名		单位		学历		职务	
到职日期		合同到期日		预订离职日			
离职种类：□辞职　□辞退　□合同到期							
1. 您离职的原因： □薪资偏低　□福利不佳　□晋升机会　□工作环境　□工作时间长 □无法适应倒班　□人际关系　□上学进修　□健康因素　□无法调转人事关系 □家庭因素　□交通不便　□其他＿＿＿＿＿＿							

（续表）

2. 您对目前服务单位的建议： ________________ ________________ 3. 您对公司的建议： ________________ ________________
面谈记录： 面谈人：

人力资源部主管	公司总经理	部门主管	直属主管

备注：本表应依核决权限逐级核准。
离职员工→直属主管→部门主管→公司管理部→公司总经理→事业群总经理→集团总部管理部→集团执行董事→集团总经理

【工具7-05】

离职移交手续

单位		职称		姓名	
已获准于　　年　月　日离职，请依下列所载项目办理离职手续					

顺序	应办事项	经办单位	经办人签章	扣款金额
1	经办工作交接清楚（业务人员应列册）	服务单位		
2	缴回职章	总经理办公室		（限主管人员）
3	住宿人员办理退舍	行政部		
4	缴回制服、钥匙			
5	缴回个人领用的文具用品	行政部		
6	缴回员工手册	人力资源部		
7	缴回识别证			
8	办理退保退会			

（续表）

顺序	应办事项	经办单位	经办人签章	扣款金额
9	填写离职人员意见表	人力资源部		
10	填写停薪单并送财务部			
11	填写人员异动记录簿、人员状况表、名册			
12	审核上列事项	人事主管		
13	有无欠账，有无财务未清事项	财务部		
14	发薪审核	财务主管		
1. 上列事项完全办理清楚后方可离职 2. 财务部凭本单核发离职人员薪金后，转回人力资源部存查				

【工具7-06】

员工辞职/辞退联系表

种类：□辞职　□辞退　　　　填表日期：　　年　月　日

姓名		工号		部门（车间）	
主要原因					
主管人员意见（准否离职、工作移交情况）	年　月　日				
人力资源部终审意见（服装、违约金、保险及福利情况）	年　月　日				
以上各栏经有关人员签字后，请到财务部结算工资。					

注：1. 此表单共两联。一联交人力资源部（白），二联交员工所在部门 / 车间（黄）；
2. 此表由辞职 / 辞退人员送到有关部门审查、签字；
3. 财务部凭此表且审查无误后才能结算工资。

【工具7-07】

离职手续办理单

年　月　日

<table>
<tr><td>姓名</td><td></td><td>单位</td><td></td><td>部门及岗位</td><td></td></tr>
<tr><td colspan="6">各主管部门填写</td></tr>
<tr><td colspan="4">相关手续办理</td><td>经办部门</td><td>经办人签字</td></tr>
<tr><td colspan="4">1. 当月考勤情况</td><td rowspan="4"></td><td rowspan="4"></td></tr>
<tr><td>病假</td><td>事假</td><td>节加</td><td>加班</td></tr>
<tr><td></td><td></td><td></td><td></td></tr>
<tr><td colspan="4">2. 获准离职日期：　年　月　日
3. 获准离职日期：　年　月　日</td></tr>
<tr><td colspan="4">相关手续办理</td><td>经办部门</td><td>经办人签字</td></tr>
<tr><td colspan="4">4. 工作交接清结：填写“工作交接单”
5. 归还资产：填写“岗位管理资产交接单”</td><td></td><td></td></tr>
<tr><td colspan="4">公司借款清结</td><td>财务部</td><td></td></tr>
<tr><td colspan="4">1. 办理退宿手续
2. 缴回办公室钥匙
3. 缴回办公用品
4. 缴回其他公司资产</td><td>行政部</td><td></td></tr>
<tr><td colspan="4">归还所借书籍及其他资料</td><td>档案室</td><td></td></tr>
<tr><td colspan="6">注：以上项目全部办理完毕后，赴人力资源部办理以下手续</td></tr>
<tr><td colspan="4">1. 注销内部邮箱账户</td><td></td><td></td></tr>
<tr><td colspan="4">2. 核查人事费用借款</td><td></td><td></td></tr>
<tr><td colspan="4">3. 开具离职证明</td><td></td><td></td></tr>
</table>

【工具7-08】

工作交接单

部门		姓名		职务（岗位）	
文件及其他工作资料移交					
名称		数量	单位		内容
待办事项移交					
代办事项		已完成情况		待办重点	备注

说明：1. 本清单一式三份，一份存人事部门，一份交接交人，一份交移交人。

2. 移交人员如果是部门经理（主管），应另附该部门人员名单及各员工工作说明书。

【工具7-09】

劳动合同解除（终止）审查案表

单位名称		所有制性质		联系电话	
职工姓名		身份证号码		家庭住址	
劳动合同起止时间		本单位工作年限		到本单位工作起始年限	
解除（终止）劳动合同的原因、依据：					
缴纳社会保险情况					有关情况说明
1. 养老保险费：从　　年　月　日缴纳到　　年　月　日					

（续表）

2. 医疗保险费：从　　年　月　日缴纳到　　年　月　日	
3. 失业保险费：从　　年　月　日缴纳到　　年　月　日	
4. 工伤保险费：从　　年　月　日缴纳到　　年　月　日	
5. 生育保险费：从　　年　月　日缴纳到　　年　月　日	
6. 住房公积金：从　　年　月　日缴纳到　　年　月　日	
7. 其他：	
工资、生活费发放情况：从　　年　月　日发放到　　年　月　日	
用人单位意见： 法人盖章及法定代表人签章：　　年　月　日	
职工本人意见： 本人签字：　　年　月　日	
劳动保险部门审查确认意见： 年　月　日	

【工具 7–10】

离职沟通面谈表

员工姓名		部门及岗位		
沟通时间	____年__月__日__时__分至__时__分止		沟通地点	
离职原因	请在相应处打“√”： □家庭因素　□健康因素　□学习深造　□有更好的发展机会 □对薪酬福利待遇不满　□无培训机会　□缺乏成就感 □不认同公司企业文件　□工作压力大　□与上级工作关系不融洽 其他：			

（续表）

对公司的意见和建议	
其他	

注：沟通结果表需与离职手续一同报至人力资源部。

沟通人签字： 沟通日期：

【工具 7-11】

员工离职出厂通知单（人力资源部、行政总务部）

<table>
<tr><td>人力资源部</td><td>行政总务部：
兹有员工＿＿＿＿＿（工号： ）因□辞职□辞退□开除□合同期满□自动离职已办妥相关离职手续，请办理用餐与住宿清退手续。
办理人： 日期：</td></tr>
<tr><td rowspan="2">行政总务部</td><td>□未登记住宿 □已收回房间钥匙 □已注销床位
□行李已清理出房间 其他：
□未在公司用餐 □已退餐</td></tr>
<tr><td>大门值班保安：
该员工已办妥宿舍清退手续，要求于 月 日 时 分前出厂，请核查放行。
办理人： 日期：</td></tr>
<tr><td rowspan="2">大门值班保安</td><td>携带出厂行李物品核查无误，予以放行。</td></tr>
<tr><td>该员工离厂时间： 年 月 日 时 分
值班保安签字：</td></tr>
<tr><td>离职员工</td><td>本人已于上述离厂时间正式离厂。
签字：</td></tr>
</table>

注：此单待离职员工签署后于次日（工作日）上午交回人力资源部。

【工具 7-12】

员工离职出厂通知单（会计科联）

<table>
<tr><td rowspan="1">人力资源部</td><td>行政总务部：
　　兹有员工＿＿＿＿＿＿（工号：　　　　）因□辞职□辞退□开除□合同期满□自动离职已办妥相关离职手续，请办理用餐与住宿清退手续。
　　　　　　　　　　　　　　　　办理人：　　　　　日期：</td></tr>
<tr><td>行政总务部</td><td>□未登记住宿　　　□已收回房间钥匙　　　□已注销床位
□行李已清理出房间　　其他：
□未在公司用餐　　　□已退餐</td></tr>
<tr><td rowspan="2">行政总务部</td><td>大门值班保安：
　　该员工已办妥宿舍清退手续，要求于　月　日　时　分前出厂，请核查放行。
　　　　　　　　　　　　　　　　办理人：　　　　　日期：</td></tr>
<tr><td>请会计科扣除以下款项：
　　扣款　　　元，罚款　　　元，赔偿金　　　元，其他　　　元。

　　　　　　　　离职员工本人签字：　　　　行政总务部主管：</td></tr>
<tr><td>财务部</td><td>已于　　年　月　日　时结清全部薪资。
　　　　　　　　　　　　　　　　　　　　结算人签字：</td></tr>
</table>

注：会计科凭此单结算薪资。

【工具 7-13】

解除劳动合同通知书

＿＿＿先生 / 女士：

基于您＿＿年＿月＿日向公司提出离职申请，根据相关法律法规和公司具体情况，您与公司的劳动合同将在＿＿年＿月＿日终止。请您接到本通知后，在＿＿年＿月＿日前到所属人力资源部办理相关离职手续。

同时，也非常感谢您一直以来辛勤的工作，希望您在新的工作岗位上能取得更大的成绩！

本通知书一式两份，人力资源部和解除劳动合同的员工各执一份。

××实业有限公司

人力资源部

＿＿年＿月＿日

（续表）

员工确认书

本人已知晓《解除劳动合同通知书》，并将在规定的时间内办理离职手续。

员工签字：

____年__月__日

【工具 7–14】

员工解除劳动合同申请书

姓名：　　　　编号：　　　　部门：

职位：　　　　入职日期：

我因故向 ×× 国际大酒店提出解除劳动合同，自今天起提前　　天通知，敬请批准。

我计划在此的最后工作日是：____年__月__日

我解除劳动合同的原因是：________________________________。

本人明白必须按酒店规定在最后工作日次日办理离职手续，交还酒店财物，并最迟于次日迁出员工宿舍；本人保证遵从酒店的相关离职程序和规定。

员工签字：

日期：____年__月__日

本部门确认于____年__月__日收到该员工的解除劳动合同申请，与该员工谈话于____年__月__日进行。

部门意见：

本部门拟同意该员工的最后工作日为____年__月__日。

部门经理／总监：________________________ 日期：__________

人力资源部意见：

确认最后工作日为____年__月__日。

人力资源部经理／总监：________________________ 日期：__________

总经理签批：________________________ 日期：__________

备注：第一联白色（人力资源部）；第二联黄色（财务部）；第三联红色（用人部门）；第四联蓝色（员工）。

【工具 7–15】

终止劳动合同通知书（个人不续签）

______先生 / 女士：

您于____年__月__日向公司提出了不再续签劳动合同的申请，鉴于您与公司签订的劳动合同有效期截至____年__月__日，请您于____年__月__日前将离职手续办理完毕，并到人力资源部结算工资。

同时，也非常感谢您一直以来辛勤的工作，希望您在新的工作岗位上取得更大的成绩！

本通知书一式两份，人力资源部和终止劳动合同的员工各执一份。

××实业有限公司
人力资源部
____年__月__日

员工确认书

本人已知晓《终止劳动合同通知书》，并将在规定的时间内办理离职手续。

员工签字：
____年__月__日

【工具 7–16】

终止劳动合同通知书（公司不续签）

______先生 / 女士：

经公司研究决定，在您与公司当前履行的劳动合同到期后，不再与您续签。由于您与公司当前履行的劳动合同有效期截至____年__月__日，所以请您于____年__月__日前将离职手续办理完毕，并到人力资源部结算工资。

同时，也非常感谢您一直以来辛勤的工作，希望您在新的工作岗位上取得更大的成绩！

本通知书一式两份，人力资源部和终止劳动合同的员工各执一份。

××实业有限公司
人力资源部
____年__月__日

（续表）

员工确认书
本人已知晓《终止劳动合同通知书》，并将在规定的时间内办理离职手续。 员工签字： ____年__月__日

【工具 7-17】

解除劳动合同通知书（公司提出）

______先生／女士：

根据公司与您签订的《离职协议书》，公司自____年__月__日起将与您解除劳动聘用关系，终止与您的劳动合同。

解除（终止）合同的原因如下：____。

请接到本通知后，在____年__月__日前到所属人力资源部办理相关离职手续。

同时，也非常感谢您一直以来辛勤的工作，希望您在新的工作岗位上取得更大的成绩！

本通知书一式两份，人力资源部和解除劳动合同的员工各执一份。

××实业有限公司

人力资源部

____年__月__日

员工确认书

本人已知晓《解除劳动合同通知书》，并将在规定的时间内办理离职手续。

员工签字：

____年__月__日

【工具 7-18】

关于解除劳动合同的通知（Ⅰ）

（适用于试用期间被证明不符合录用条件的情况）

××实业有限公司于____年__月__日与______先生/女士签订了劳动合同，原劳动合同的有效期为____年，至____年__月__日止。双方约定的试用期为____月，从____年__月__日起，至____年__月__日止。现因您在试用期间被证明不符合录用条件（以法定的最低就业年龄等基本录用条件以及招用时规定的文化、技术、身体、品质等条件为标准），根据《中华人民共和国劳动合同法》第三十九条和第四十六条的规定，《××市劳动合同条例（规定）》第××条和第××条规定，以及原劳动合同的相关约定条款，经公司管理层批准，依法与您解除原劳动合同。

按照国家和××市政府的劳动管理规定，公司将支付您本月应得的工资。现特此通知______先生/女士，原劳动合同将于____年__月__日正式解除，请即日起与公司办理相关离职手续并领取本月应得的工资。自____年__月__日起，______先生/女士与××实业有限公司完全脱离劳动关系。

特此通知。

××实业有限公司
人力资源部
____年__月__日

员工确认书

本人已知晓《关于解除劳动合同的通知》，并将在规定的时间内办理离职手续。

员工签字：
____年__月__日

【工具 7-19】

关于解除劳动合同的通知（Ⅱ）

（适用于严重违反劳动纪律或者企业规章制度的情况）

××实业有限公司于____年__月__日与______先生/女士签订了劳动合同，原劳动合同的有效期为____年，至____年__月__日止。现因您于____年__月__日严重违反了公司规定的劳动纪律（或者公司的规章制度），根据《中华人民共和国劳动合同法》第三十九条和第四十六条的规定、《××

（续表）

市劳动合同条例（规定）》第 ×× 条和第 ×× 条的规定，以及原劳动合同的相关约定条款，经公司管理层批准，依法与您解除原劳动合同（企业对违纪职工做出开除、除名、辞退等导致双方劳动关系解除的处理，都属于因员工违纪解除劳动合同）。

按国家和 ×× 市政府的劳动管理规定，公司将支付您本月应得的工资。现特此通知______先生／女士，原劳动合同将于____年__月__日正式解除，请即日起与公司办理相关离职手续并领取本月应得的工资。自____年__月__日起，______先生／女士与 ×× 实业有限公司完全脱离劳动关系。

特此通知。

×× 实业有限公司
人力资源部
____年__月__日

附：关于______先生／女士严重违反劳动纪律的事实。

员工确认书

本人已知晓《关于解除劳动合同的通知》，并将在规定的时间内办理离职手续。

员工签字：
____年__月__日

【工具 7-20】

关于解除劳动合同的通知（Ⅲ）

（适用于严重失职、营私舞弊、对企业利益造成重大损害的情况）

×× 实业有限公司于____年__月__日与______先生／女士签订了劳动合同，原劳动合同的有效期为____年，至____年__月__日止。现因您于____年__月__日，在______方面严重失职（或营私舞弊）并对本公司的利益已经造成了重大损害，根据《中华人民共和国劳动合同法》第三十九条和第四十六条的规定、《×× 市劳动合同条例（规定）》第 ×× 条和第 ×× 条的规定，以及原劳动合同的相关约定条款，经公司管理层批准，依法与您解除原劳动合同。

按照国家和 ×× 市政府的劳动管理规定，公司将支付您本月应得的工资。现特此通知______先生／女士，原劳动合同将于____年__月__日正式解除，请即日起与公司办理相关离职手续并领取本月应得的工资。自____年__月__日起，______先生／女士与 ×× 实业有限公司完全脱离劳动关系。

由于您的严重失职（或营私舞弊）使本公司的利益受到了重大损害，并在经济上造成了一定的

（续表）

损失。因此，本公司将保留要求您向公司赔偿经济损失的权利，以及保留依法对您起诉追究法律责任的权利。

特此通知。

××实业有限公司
人力资源部
____年__月__日

员工确认书

本人已知晓《解除劳动合同通知书》，并将在规定的时间内办理离职手续。

员工签字：
____年__月__日

【工具 7-21】

关于终止劳动合同的通知（Ⅰ）

（适用于劳动合同期满，公司不续签或因公司降低劳动合同约定条件，员工拒绝续签劳动合同而终止的情况）

××实业有限公司于____年__月__日与______先生/女士签订了劳动合同，原劳动合同的有效期为____年，至____年__月__日止。现因双方签订的原劳动合同期满，根据《中华人民共和国劳动合同法》第四十四条和第四十六条的规定，以及原劳动合同的相关约定条款，经公司管理层批准，依法与您终止原劳动合同。

按照国家《中华人民共和国劳动合同法》的相关规定，公司将支付您本月应得的工资及相应的经济补偿金。一次性支付经济补偿金及其他费用共计人民币______元整，其中包括：

（1）按在本公司的服务年限，每满一年发给相当于员工本人一个月工资的经济补偿金（满六个月的按一年计算，不满六个月的支付半个月工资），合计人民币______元整；

（2）其他应付款项，合计人民币______元整。

现特此通知______先生/女士，原劳动合同将于____年__月__日正式终止，请即日起与公司办理相关离职手续并领取本月应得的工资及相应的经济补偿金，并于____年__月__日起，______先生/女士与××实业有限公司完全脱离劳动关系。

特此通知。

（续表）

××实业有限公司
人力资源部
____年__月__日

员工确认书

本人已知晓《关于终止劳动合同的通知》，并将在规定的时间内办理离职手续。

员工签字：
____年__月__日

【工具7-22】

关于终止劳动合同的通知（Ⅱ）

（适用于劳动合同期满，因公司维持或提高劳动合同约定条件，员工拒绝续签劳动合同而终止的情况）

××实业有限公司于____年__月__日与______先生/女士签订了劳动合同，原劳动合同的有效期为____年，至____年__月__日止。现因双方签订的原劳动合同期满，因您本人原因拒绝与公司续签劳动合同，根据《中华人民共和国劳动合同法》第四十四条和第四十六条的规定，以及原劳动合同的相关约定条款，经公司管理层批准，依法与您终止原劳动合同。

按照国家《中华人民共和国劳动合同法》的相关规定，公司将支付您本月应得的工资。现特此通知______先生/女士，原劳动合同将于____年__月__日正式终止，请即日起与公司办理相关离职手续并领取本月应得的工资，并于____年__月__日起，______先生/女士与××实业有限公司完全脱离劳动关系。

特此通知。

××实业有限公司
人力资源部
____年__月__日

员工确认书

本人已知晓《关于终止劳动合同的通知》，并将在规定的时间内办理离职手续。

员工签字：
____年__月__日